LEGAL RISK MANAGEMENT PRACTICE OF INSURANCE COMPANY

保险公司
法律风险管理实务

本书编写组◎编著

首都经济贸易大学出版社
Capital University of Economics and Business Press

前言 Foreword

保险业具有高负债性、高风险性的行业特性，其经营管理和业务发展会面临诸多的法律风险。鉴于此，为提高中国人民财产保险股份有限公司广大员工对保险公司法律风险的认识、管控水平，进一步普及保险公司风险管理实务法律知识，特结合工作实际情况编写此书，供公司广大干部员工学习、使用。

本书分为五大部分，第一部分为“法律风险管理概述”，概括性的介绍了法律风险管理理论和公司法律风险管理现状。第二部分为“统一法人授权经营管理”，介绍了法人、授权和统一法人授权经营管理在公司的应用及其前景探索。第三部分介绍了“保险条款、合同审核及外聘非诉律师管理”，主要内容是主要险种保险条款审核要点、合同法律审核和外聘非诉律师管理。第四部分为“从诉讼案件管理防范法律风险”，主要介绍了诉讼案件管理、诉讼外聘律师管理、“诉调对接”工作、法院执行中的法律风险防范等问题。第五部分为“‘六五’普法相关文件”，列举了几个开展普法工作的指导性文件。

本书的汇编整理工作由中国人民财产保险股份有限公司法律部总经理邹志洪主持，法律部副总经理白飞鹏做了大量协助工作，法律部默燕兵、郑璐璐、罗蔚文、万千、钱魏、李超田、任江凌、张优优、徐宏笑宇、董博、李姗姗、张辰、熊玉菲、宋李娜、曹辉等同志参与了本书的撰写、汇编、整理工作。

本书从筹划到出版得到了中国人民财产保险股份有限公司领导的关怀和支持，得到了首都经贸大学出版社的大力配合，在此表示感谢。

由于时间仓促，本书编写难免有不足之处，恳请读者批评指正。

本书编写组

二〇一四年三月九日

目录

第一章 法律风险管理概述

第一节 法律风险管理理论

一、企业法律风险的概念

（一）法律风险的概念

目前对企业的法律风险并没有一个统一的定义。但是，企业法律风险经常被提及并在管理学界和法律界广为传播。对于如何对其进行准确清晰界定，国内外也存在很多观点。国际上关于企业法律风险的定义如下：

1. 国际律师协会（IBA）将其定义为企业因经营活动不符合法律规定或者外部法律事件导致风险损失的可能性。

2. 全球企业法律顾问协会（ACC）将其定义为企业所承担的发生潜在经济损失或其他损害的风险。

在我国的法律、行政规章中首次出现“法律风险”一词的，是中国人民银行1998年颁布的《贷款风险分类指导原则（试行）》的附件《贷款风险分类操作说明》。在《贷款风险分类操作说明》第三部分中，仅仅有一个法律风险的提法，并没有相应的解释。

在2006年2月颁布并于2007年1月1日起生效的《中国注册会计师审计准则》中，将法律风险定义为“某项法律法规或监管措施阻止被审计单位或交易对方执行合同条款或相关总互抵协议，或使其执行无效，从而给被审计单位带来损失的风险”。

2006年6月，国务院国有资产管理委员会颁布了《中央企业全面风险管理指引》（以下简称《指引》），在该《指引》中，将企业风险分为战略风险、财务风险、市场风险、运营风险、法律风险五大类。但该《指引》同样未对法律风险给予解释。

2007 年 5 月，在中国银监会颁布的《商业银行操作风险管理指引》附录中，将法律风险的外延描述为“法律风险包括但不限于下列风险”：

“(1)商业银行签订的合同因违反法律或行政法规可能被依法撤销或者确认无效的；(2)商业银行因违约、侵权或者其他事由被提起诉讼或者申请仲裁，依法可能承担赔偿责任的；(3)商业银行的业务活动违反法律或行政法规，依法可能承担行政责任或者刑事责任的。”从上述描述可以看出，其只是对法律风险的一种列举，而不是定义。

国家标准化委员会颁布的《企业法律风险管理指南》(GB/T24353—2011)，首次对法律风险进行了定义。企业法律风险是指“基于法律规定、监管要求或合同约定，由于企业外部环境及其变化、或企业及其利益相关者的作为或不作为，对企业目标的影响”。

国内的学术界，关于企业法律风险主要有以下观点：

1. 指在法律实施过程中，由于企业做出的具体法律行为不规范而导致与其所期望达到的目标相违背的法律不利后果发生的可能性。

2. 指因法律法规因素所引致的由企业承担的潜在经济损失或其他损害的风险。

3. 指企业经营行为违法而招致的法律责任。

结合国内外的各种观点，我们认为：所谓法律风险，是指可以通过法律手段来控制的风险。在各种表述中，《企业法律风险管理指南》的表述相对更为全面、准确，即企业法律风险是指“基于法律规定、监管要求或合同约定，由于企业外部环境及其变化、或企业及其利益相关者的作为或不作为，对企业目标的影响”。

(二)法律风险的特点

法律风险具备如下特点：

一是法律风险的广泛性。作为市场经济活动的主体，企业的所有行为在一定意义上都是法律行为，都要受到法律的约束，可以说法律风险可能发生在企业运营的所有领域和各个环节，企业法律风险分布的范围和企业风险分布的范围基本一致，而其他几种风险只分布在特定的领域和环节，企业外部的社会、经济环境及内部的经营和管理环境，几乎都有可能存在法律风险。

二是法律风险的非独立性。法律风险产生于企业生产经营管理活动，通常没有独立存在的法律风险，法律风险的存在通常意味着还有其他风险存在，与其他风险相伴相生；同时在一定条件下，他们还相互转化，其他风险超过一定的限度将引发法律风险，法律风险发生的后果也一定会导致其他风险的发生。

三是法律风险的相对客观性。法律风险的发生前提是违反法律法规或合同约定,法律法规和合同是判断风险是否存在、风险后果是否严重的基本依据,因此,和其他风险相比,法律风险具有相对客观性,不能依靠相关人员的主观判断。

四是法律风险后果的不确定性。法律风险是否会演变为风险损失,往往取决于相关的各类因素的共同作用。这些因素中,有一些是当事人自己的主观意志所无法控制的因素。正是由于这些因素的不可控制性,才导致风险存在不确定性。

法律风险的上述特点使得法律风险管理在全面风险管理中具有的地位重要,因为企业实施任何经营活动都可能引发一定的风险,不仅包括商业风险还包括法律风险。因而当遇到任何一种风险时,都不能孤立地看待,而应当分析这种风险背后存在的法律问题,从法律的层面加以预防和控制,使得法律风险管理的价值和管控点与公司业务有机结合,并且使法律有效地支持各项业务发展的同时将经营管理风险降到最低。

(三)法律风险的分类

企业的法律风险,根据不同的标准,可以有不同的种类。在此,我们按照法律风险的来源和后果进行分类。

1.按照法律风险的来源分类

(1)企业内部法律风险。所谓企业内部的法律风险,是指企业在设立及内部经营过程中产生的各种法律风险。企业在经营过程中,要遵循各种法律、法规及行政规章,这些“游戏规则”相当于一条底线。底线之上,企业有充分自主经营的权利,在生存的基础上不断发展、壮大。而跨越底线,企业将面临来自法律的制裁。

(2)企业外部法律风险。所谓企业外部的法律风险,是指企业在与他方进行合作、交易过程中产生的法律风险。企业经营的目的大多是为了追求利润,利润的形成必须通过交易达成。在交易的过程中,企业不可避免地要与外部打交道,因此也会面临相应的法律风险。这其中可能是合同相对方违约的风险,也可能是第三方侵权的风险。和企业内部法律风险相比,这种他方制造的风险更为常见,也更容易引起企业的关注。

2.按照法律风险的后果分类

(1)刑事法律风险。刑事法律规范涉及国家安全、公共安全、公民的人身权利及民主权利、公民和企业的合法财产权利等方方面面。从不断发布的刑法修正案来看,刑法在根据国家社会经济形势的变化而不断地调整刑事犯罪的内涵与外延,从而对社会、经济的健康发展提供基本的秩序保障。

任何行为只要触犯了刑法,都会面临刑事处罚的风险,自然人不必说,作为企业也不例外。企业的行为如果构成犯罪,企业会被判处罚金,直接负责的主管人员与其他责任人员会被判处刑罚。若是企业高管受到刑事处罚,则企业的正常运营会受到沉重打击。

例如生产彩色显像管的企业红光实业,因虚报利润1亿多元骗取股票上市资格,其公司多名高管及中介机构受到司法追究。

有着多年中国500强美誉的"三九集团",因管理混乱和盲目扩张欠下107亿元的巨额债务,多名高管相继被捕并被追究刑事责任。

拥有系列上市公司和庞大产业帝国的"德隆系",因并购重组而招致570亿元的负债,核心人物唐万新因刑事犯罪被捕入狱,整个企业也因之消亡。

从以上机构的例子可以看出,刑事责任风险,对于企业的生存、发展有着至关重要的影响。

(2)民事法律风险。民事法律风险是相对最常见、也最易发生的法律风险。民事法律风险主要包括各类合同违约风险和各类侵权风险。在民事法律风险方面,实体法和程序法中大多规定了行使权利的期限和方式,如果在实践中不注意这些细节或不能熟练运用相关的规定,极易造成合法权益的丧失。

刑事和行政方面的法律规定因为要考虑可执行性的问题,一般对于处罚的幅度规定要相对具体。而民事法律规范,不论是合同责任还是侵权责任,既有比较具体的规定,也有较为宽泛、难以确定具体额度的规定。总的来说,我国的民事赔偿制度未能摆脱"填平主义"的思路,因此造成的后果是:一方面某些赔偿难以确定额度,另一方面总的赔偿范围只能围绕另一方的损失进行。在具体的实务中,必须要注意我国赔偿制度的特点,才能更好地控制法律风险。

(3)行政处罚风险。行政处罚风险发生的概率低于民事责任风险,高于刑事责任风险。所谓行政处罚风险,是指企业在经营过程中,违反了行政法规、地方性法规、规章的强制性规定,而受到有权机关的处罚。和法律条文相比,行政法规、规章的严谨性相对较差,而且我国来自方方面面的各种规章很多,企业稍不留意就会触犯这些规定而受到处罚。

行政处罚对企业的影响是直接的、甚至是严厉的,某些行政处罚可以直接导致企业经营资格的丧失。例如对于保险企业,如果严重违反监管规定,保险监管部门会给予在某一期间停办某一险种的处罚,这对保险公司的打击是非常大的。

(4)权益丧失风险。所谓权益丧失法律风险,是指企业由于自身的原因,没有及时行使权利,而造成了某些权益的全部或部分丧失。在前面提到的刑事、民事、行政法律风险中,多数情况是因为企业违反了刑事、行政方面的法律规定而受到了公权力的惩罚,或是由于违反了民事法律规定而受到其他主体的索赔。但是在单方权益丧失的情形下,企业并没有违反刑事、民事、行政的法律规定,也没有合同违约,但是却给自身造成了损失。造成这种情况的原因有企业相关人员的法律知识欠缺、经验不足以及工作中存在失误或疏忽等多方面的原因。例如在保险企业中,有因为诉讼时效已过而丧失追偿权的情况,这可以说是典型的单方权益丧失法律风险。

(四)保险公司的法律风险

结合保险公司的经营管理特点,我们认为保险公司的法律风险主要是:保险公司在开展保险业务和资金运用过程中可能违反法律法规的风险,及其他因法律法规因素引致的公司承担潜在经济损失或其他损害的风险。

保险业是一个高风险行业。路伟国际律师事务所早在其2005年3月发布的《中国100强企业法律风险环境排名分析》的报告中就指出,保险业的法律风险在所有行业对比中列第二位,仅低于与生命健康息息相关的医药行业。相对于传统工商业和其他金融行业,保险业在运营时发生法律风险的概率更高,因为保险行业的产品主要就是保险服务及其与之对应的法律合同。置身激烈市场竞争中的保险公司面临的法律风险主要来源于:

1. 保险产品的不断创新使保险合同内容更加广泛和复杂,给产品核保、理赔等环节带来诸多挑战,涉及的法律风险也显著增加。

2. 保险产品的销售方式不断拓展,网络销售、电话销售的出现使得围绕保险产品的销售产生许多法律风险。

3. 公司统一法人治理结构不断推进,业务规模和经营范围不断扩展,保险公司集约化经营程度普遍提高,引致法律风险产生的因素明显增多,防范法律风险的任务也更加繁重。

4. 法制体系不断完善,保险监管日益规范和严格,消费者保险意识和法律意识普遍提高,同行业竞争更加激烈,保险公司经营合法性要求明显增加,以上因素导致保险公司面临的法律事务和涉讼风险的可能性与日俱增。

5. 部分保险公司在境外上市,使其面临的法律、政策和市场运营环境发生深刻变化:境外上市的保险公司不但要遵守国内,而且还要遵守上市地法律规范。

鉴于保险企业的法律风险状况,中国保险监督管理委员会(以下简称保监会)于2010年8月10日下发了《保险公司内部控制基本准则》,明确要求,保险公司在制度制定、合同订立和管理、重大事项决策和处置、纠纷诉讼等方面,应当有法律职能部门和专业人员的提前介入和充分参与,以最大限度地防范法律风险。

二、法律风险管理概念及原则

(一)法律风险管理概念

关于法律风险的概念,虽然没有统一的定义,但毕竟还存在若干表述。相比之下,关于法律风险管理的概念,却鲜有提及。结合法律风险的概念、特点以及来源,我们认为,所谓法律风险管理,是指企业在对法律风险充分评估的基础上,围绕企业的战略目标,结合企业自身的行业特点,在综合考虑内外部因素的基础上,利用法律所赋予的权利,采取综合的手段以避免、降低企业法律风险的法律事务处理过程。

(二)法律风险管理原则

根据《企业法律风险管理指南》,为了有效管理法律风险,支持企业的决策和经营管理活动,企业进行法律风险管理时可遵循以下原则:

1. 以企业战略目标为导向的原则。企业法律风险管理的目的在于促进企业战略目标的实现。在法律风险评估和应对等企业法律风险管理活动中应充分考虑法律风险与企业战略目标之间的相互关系、影响等因素。

2. 审慎管理的原则。由于法律风险的特殊性,对于法律风险应坚持审慎管理的原则。要在尊重法律、保持诚信的前提下,开展法律风险管理活动,风险管理的策略和方法不应违反法律的强制性和义务性规定。

3. 与企业整体管理水平相适应的原则。法律风险管理是企业管理的有机组成部分,并和企业战略管理、流程管理、绩效管理、信息管理等密切相关。法律风险的识别、分析、评价和控制等活动只有与企业整体管理水平相适应,才能取得良好的效果。

4. 融入企业经营管理过程的原则。法律风险发生于企业的经营管理活动,其识别、分析、评价和应对都不可能脱离企业经营管理过程,法律风险管理必须融入企业经营管理过程,成为其有机组成部分。

5. 融入决策过程的原则。企业所有决策都应综合考虑风险,以便将风险控制在企业可接受的范围内。法律风险作为企业的重要风险范畴,应纳入企业决策过程,作为企业决策应考虑的重要因素。

6. 纳入企业全面风险管理体系的原则。法律风险管理是企业风险管理体系的组成部分,应与其他风险的管理整合,以提高风险管理的整体效率和效果。

7. 全员参与、全过程开展的原则。法律风险产生于企业经营管理的各个环节,因此法律风险管理需要企业所有员工的参与并承担相关责任,其中特别包括企业专职的法律管理部门(或人员)。各方人员分工负责,以形成法律风险管理的长效机制。

8. 持续改进的原则。法律风险管理是适应企业内外部法律环境变化的动态过程,其各步骤之间形成一个循环往复的闭环。随着内外部法律环境的变化,企业面临的法律风险也在不断发生变化。企业应该持续不断地对各种变化保持敏感并做出适当反应。

(三)法律风险管理的特点

1. 法律风险管理强调事先防范。法律风险管理与传统的法律工作在内容和理念上均存在较大的差别,传统的法律工作主要是处理法律风险的事中或事后工作,充当消防员的角色;但法律风险管理强调实施前的计划阶段就充分考虑好实施中可能出现的问题以及最为合适的应对方法,以实现法律风险的最小化和企业利益的最大化。

2. 法律风险管理强调围绕企业战略目标。法律风险管理充分考虑企业的现状及企业的发展目标、具体经营行为所要达到的目的,并以此为依据寻求最为合适的解决方案,实现风险利益与风险收益的平衡。

3. 法律风险管理强调采用综合方法。法律风险管理跻身于应用法学与管理学之间,运用运筹学、管理学、统计学、会计学等学科的工作方法,从而能在预见法律风险时能够系统地识别并得出全面的结论,并采取企业能够实现的方式去具体操作。

4. 法律风险管理强调融入企业管理。每个具体的企业存在着不同的法律风险,法律风险管理强调针对企业的实际情况将具体事务中的法律风险进行专门管理,将法律风险管理融入企业经营管理过程,成为其有机组成部分,实现与企业管理的有机结合。

三、法律风险管理的起源及发展

(一)法律风险管理在国外的起源与发展

法律风险管理一词,国外相对应的概念多使用 legal risk management。在法律风险管理的实践方面,欧美诸国早就开始了尝试,并积累了许多值得我们学习借鉴的经验。在企业中设置法律顾问,是欧美各国比较通用的进行法律风险管理的措施。因此,在某种意义上来讲,西方各国法律风险管理的沿革实际上就是企业法律顾问的发展史。

美国是市场经济最为发达的国家,也是法律制度最为健全的国家。美国的企业法律顾问制度起源于19世纪末。1882年,美国新泽西州标准石油公司最早设立了法律事务部门并专门配备了从事法律事务的人员。当时美国企业的组织形式比较简单,生产活动也比较单一,国家约束企业活动的法律规范也比较少,因此除个别超大型企业外,一般企业不设法律事务部门,也不配备法律顾问。大多企业通过临时聘请外聘律师,以满足企业处理法律纠纷的需要。

第二次世界大战后,以下几方面的因素促使企业法律顾问制度得以广泛发展。一是企业面临着外界日趋复杂的经营环境。随着企业的经营发展,不断涌现出新的客观情况,要求企业采取有效的防范措施。如环境保护问题、公害问题、产品质量问题、消费者权益保护问题、与雇员的劳动合同问题、同业竞争问题等。二是美国的法律不断增多,判例也日渐复杂。在这种情况下,企业有必要聘请专职法律顾问,从而熟练掌握相关的法律规定,避免企业的经营活动违反国家的法律和判例。三是基于企业自身的专业和管理流程的需要。和社会律师相比,法律顾问有更强的专业性,对企业的管理体系也更为熟悉和适应。四是企业业务国际化发展的需要。企业在国际化的发展进程中,进一步提高了对法律人才专业化的要求。例如跨国企业会面临技术转让、许可证贸易、海外投资以及知识产权保护等问题,企业应根据自身的业务特点和发展要求,对国外法律环境以及合作伙伴的资信情况进行调查、分析和评判。

在美国,企业的法律事务机构一般称为法律事务部,其负责人一般由企业的副总经理担任。负责人一般称作"总法律顾问或总律师"、"首席法律顾问"、"法律董事"等。目前,美国企业的法律顾问人数近20万人,占律师总数的21%。无论企业的经营性质、业务规模,也无论何种行业,基本上都有自己的企业法律顾问。越来越多的企业已经认识到,法律不仅仅是企业进行管理的工具,法律本身就是企业经营管理中一项非常重要的内容。目前,美国大公司的法律事务管理,日渐向集中化、垂直化的方向发展。特别是大型跨国公司,在总部设立法律事务机构的同时,其子公司、分公司根据业务需要,也要设立法律事务机构,其负责人由总部的总法律顾问任命和考核。

英国路伟律师事务所一项调查表明,每千名雇员对应的公司法律顾问人数,美国和欧盟为1.4人,亚洲除中国外也为1.4人,而中国只有0.37人。

(二)法律风险管理在国内的发展

1.企业法律顾问制度在我国的发展。我国在20世纪80年代开始出现有关企业法律顾问工作的部门规章。在律师制度恢复后不久,在当时的全民所有制企业(即现在的国有企业中),开始设立企业法律顾问。按照规定,企业的法律顾问由企业自行设置，由法定代表人直接领导，为企业的经营管理活动提供法律依据和帮助，维护企业的合法权益。企业的法律顾问一般是其企业的员工。当时，并不是所有的企业都要设立法律顾问，而是大中型国有企业的义务。

20 世纪 90 年代，人事部、司法部等部门共同对企业法律顾问资格考试等问题进行了明确规定。此后，企业法律顾问资格成为与律师资格并行的专业资格。1997 年后，国家经济贸易委员会相继颁布了《企业法律顾问管理办法》《企业法律顾问注册管理办法》，进一步将企业法律顾问确定为一个独立的职业。2004 年，国务院国有资产管理委员会颁布了《国有企业法律顾问管理办法》，将企业法律顾问的地位提到了一个新的高度。该办法明确规定了企业法律顾问、企业总法律顾问的职责，企业法律顾问的作用不断得到强化。

但是，和欧美不同的是，我国的企业法律顾问制度，仅仅是针对国有企业，目的是通过设立、强化企业法律顾问制度，保护国有资产安全。对于民营企业，设立企业法律顾问或法律机构，完全是出于自身防范法律风险的需要。

2. 行政规章中关于法律风险管理的由来及概念。在我国的行政规章中，最早并没有使用法律风险管理一词，而是与此含义相类似的“法律风险防范”。2004 年 5 月 11 日国务院国有资产管理委员会颁布的《国有企业法律顾问管理办法》（以下简称《办法》）首次使用“法律风险防范”一词。2004 年 5 月 14 日国资委颁布的《关于在国有重点企业加快推进企业总法律顾问制度建设的通知》（以下简称《通知》）中，使用的也是“法律风险防范”。在上述《办法》和《通知》中及此后的“法律风险防范”，均只是提及这一措词，并未对此概念进行解释。

2006 年 6 月，国务院国有资产管理委员会颁布了《中央企业全面风险管理指引》（以下简称《指引》），将企业风险分为战略风险、财务风险、市场风险、运营风险、法律风险五大类，并将法律风险纳入了企业管理的内容。因此，可以认为该《指引》间接地使用了“法律风险管理”的提法，并且没有对“法律风险管理”进行解释。

2012 年 2 月 1 日，在国家标准化委员会颁布的《企业法律风险管理指南》（以下简称《指南》）中，正式使用了“法律风险管理”一词。该《指南》提出了企业法律风险管理的原则，法律风险管理的过程，法律风险管理的实施等内容，对企业进行法律风险管理有非常重要的指导意义和参考作用。但遗憾的是，该《指南》同样没有对“法律风险管理”给出一个明确的定义。

从“法律风险防范”到“法律风险管理”措辞的演变，可以看出法律风险管理在我国还是一个新兴的课题。至今为止，有关法律风险管理还没有一个统一的概念。

这一点上，我们不难得出这样一个结论：无论是理论研究方面，还是实务实践方面，法律风险管理的研究任重而道远。

四、法律风险管理与其他风险管理的关系

（一）法律风险管理与风险管理

1. 法律风险管理只是企业风险管理中的一部分。在国务院国有资产管理委员会颁布的《中央企业全面风险管理指引》中，将企业风险分为战略风险、财务风险、市场风险、运营风险、法律风险五大类，法律风险只是企业风险管理中的一部分内容。

2. 风险管理的内容和方法适用于法律风险管理。法律风险管理是企业全面风险管理的组成部分，贯穿于企业决策和经营管理的各个环节。企业风险管理的目标、组织职责、管理流程等同样适用于企业法律风险管理。企业风险管理中涉及的风险识别、评估、应对等流程及方法也同样适用于法律风险管理。

3. 法律风险更关注于法律上的安全性问题。企业的风险管理，要充分考虑潜在损失的大小，要充分考虑收益与损失之间的关系，要充分考虑损失发生的概率，其关注的核心在于收益和经济损失之间的平衡。而法律风险管理要考虑的则是企业在经营过程中，各项活动是否合法，若出现问题法律上需承担何种不利后果。企业法律风险管理通过对企业具体行为可能导致的法律后果的考量，通过对导致不利后果的成因分析、法律关系分析，进而提出相应的应对措施，从而减少法律风险给企业带来的损失。

4. 法律风险管理对解决方案的设计要严格限定在法律的框架内。企业其他的风险管理解决方案，可以采取规避、控制、承受、转移以及对抗等，选择较多。相比之下，法律风险的解决方案大多缺乏自由度，被动性较高。

法律的规定是刚性的，企业的行为，包括作为与不作为，都有可能违反法律的规定，在这种情况下，企业必须根据现行的法律规范调整自身的行为。因为受制于法律规范体系，所以企业围绕法律风险所要采取的任何一种解决方案，都要从法律视角出发，这样才能避免风险，或者是以较小的风险替代较高的风险。

（二）法律风险管理与合规风险管理

法律风险与合规风险在不少情况下是重合的。以保险公司为例，在从事某项业务违反法律遭受处罚时，保险公司既面临合规风险，同时也要承担法律风险。因此，法律风险管理与合规管理存在重叠内容。许多中外大型企业也都是将法律风险与合规风险统一管理，在机构设置上，统一设立法律合规部。法律风险与合规风险是交叉关系，二者既有相同点，也有不同点。

1. 要达到的目标基本相同。合规，一般包括两方面的含义：一是企业的内部管理制度和业务规则符合法律法规、监管规定和行业规则；二是内部的管理制度、业务规则得到实际执行，各级机构的行为符合制度、规则的规定。合规管理，是通过对公司重要业务活动进行合规审查，识别、评估、监测公司经营中的各种违规风险，主动避免违法违规行为的发生，从而使公司免受法律制裁或财务、声誉等方面的损失，防范经营风险，提升公司形象，最终达到强化公司竞争力的目的。

法律风险管理与合规管理，所依据的一部分规则是相同的法律规范，所要避免的违法风险也是相同的。其最终的目标都是避免法律制裁，提升公司形象，最终提高公司的竞争力。

2. 依据的规则层级与效力不同。法律风险管理依据的是各个不同层级的法律规范，而合规所依据的有一部分是出于法律规定，大部分则是不属于法律规范范畴的准则、行业规范以及公司内部规定等。显然，法律规范的层级与效力要远远高于各类准则、行业规范。法律规范具有普遍的约束力，而合规所依之“规”，一般只约束本企业，至多是本行业。此外，合规之“规”中，还包括了道德准则。例如在保险领域，中国保险监督管理委员会在《保险公司合规管理指引》中给合规的定义是：“本指引所称的合规是指保险公司及其员工和营销员的保险经营管理行为应当符合法律法规、监管机构规定、行业自律规则、公司内部管理制度以及诚实守信的道德准则。”

还有一个应注意的情况是，合规之“规”，由企业内部人员、行业内部人员自行制定，因为上述人员对法律的熟悉程度不同，“规”本身是否合法也是需要加以高度关注的。我们在日常的工作中，曾经发现过不少“规”不合法的情况。

3. 对内与对外的操作重心不同。法律风险管理，虽然也有解决企业内部法律风险的问题，但主要是解决对于外部法律环境下，通过对法律风险的识别、评估与应对，实现企业利益的最大化、风险最小化。而合规管理，主要是解决企业内部机构、员工与相关规则之间的符合性问题，既有对内行为，也有对外行为，但其中涉及更多的是对内行为。

在法律风险管理的框架下，企业面对外部的法律规范，只能是被动地接受。而合规管理中，在面对相关之“规”方面则有一定的主动性。企业可以依据其经营目标，通过制订和实施一系列制度、程序和方法，对合规风险进行事前防范、事中控制和事后监督及纠正。

第二节 中国人民财产保险股份有限公司法律风险管理现状

随着对风险管理研究的不断深入,法律风险也逐渐成为国内外企业重点关注的风险之一。在这样的背景下,保监会借鉴国际惯例,立足国内实际,先后出台了《关于规范保险公司治理结构的指导意见(试行)》《保险公司风险管理指引(试行)》《保险机构案件责任指导意见》等一系列规范文件。这些规范性文件是保险企业有效开展法律风险管理工作的前提。

为了更好地应对和解决法律风险,人保财险公司结合自身的实际情况和需求,制定了《中国人民财产保险股份有限公司法律事务管理办法》《中国人民财产保险股份有限公司统一法人授权管理规定》《中国人民财产保险股份有限公司领导责任追究暂行规定》《中国人民财产保险股份有限公司保险条款框架》等。这些文件是人保财险开展法律风险管理工作的基础文件。

一、保监会对风险管理的相关规定

2006 年 2 月 8 日,保监会出台了《关于规范保险公司治理结构的指导意见(试行)》(以下简称《指导意见》)。该《指导意见》从规范公司治理结构的角度对保险公司的风险管理提出了原则性的要求,主要包括以下 6 方面的内容:强化主要股东义务、加强董事会建设、发挥监事会作用、规范管理层运作、加强关联交易和信息披露管理以及治理结构监管。保监会希望能够通过《指导意见》中构建的严格问责体系,有效防范各种经营风险,切实保护被保险人、投资者及其他利益相关者的合法权益。

《指导意见》在加强董事会建设中明确规定:保险公司董事会除履行法律法规和公司章程所赋予的职责外,还应当对以下事项负最终责任:"使保险公司建立识别、评估和监控风险的机制,并对保险公司业务、财务、内控和治理结构等方面的风险定期进行检查评估。"《指导意见》还规定保险公司应设立风险管理部门,"负责对公司的风险状况进行检查并定期提交风险评估报告"。《指导意见》将保险风险企业的风险管理工作提升到了一个前所未有的高度。

2007 年 4 月,保监会根据《关于规范保险公司治理结构的指导意见(试行)》及相关法律法规,印发了《保险公司风险管理指引(试行)》(以下简称《指引》)。《指引》规定:"保险公司应当明确风险管理目标,建立健全风险管理体系,规范风险管理流程,采用先进的风险管理方法和手段,努力实现适当风险水平下的效益最大化。"《指引》还从风险管理组织、风险评估、风险控制、风险管理的监督与改进、风险管理的监管等方面对保险公司的风险管理问题进行具体规范。

《指引》中首次明确了保险公司风险管理的概念,即"保险公司围绕经营目标,对保险经营中的风险进行识别、评估和控制的基本流程及相关的组织架构、制度和措施"。根据《指引》的规定,保险公司应当设立"风险管理部门"或"指定工作部门"负责风险管理相关事务。对风险管理的方式,《指引》做了两个方面的规定:

一是风险管理制度及文化的建设,即"建立健全风险管理体系,规范风险管理流程",应当定期对高级管理人员和员工进行风险管理理念、知识、流程以及控制方式等内容的培训,"培育和塑造良好的风险管理文化"。

二是日常风险管理,包括"识别和评估经营过程中面临的各类主要风险","制订风险解决方案和方案的组织实施","对风险管理的流程及有效性进行检验评估,并根据评估结果及时改进"。

《指引》还强调,保险公司"应当建立由董事会负最终责任、管理层直接领导,以风险管理机构为依托,相关职能部门密切配合,覆盖所有业务单位的风险管理组织体系"。

《指引》还从风险评估、风险控制、风险管理的监督与改进以及风险管理的监管等方面,对保险公司的风险管理工作做了比较详细的规定。《指引》是整个保险行业风险管理工作的指导性文件。虽然《指引》对保险公司的法律风险管理也具有指导意义,但其毕竟不是直接针对法律风险管理的,因此保险公司在法律风险管理实践中,还应结合自身的特点,对其中的一些规定进行细化,以便具有更强的操作性。

二、人保财险公司法律风险管理概况

作为中国最大的非寿险公众公司,中国人民财产保险股份有限公司多年来坚持依法治司,诚信经营,积极探索具有金融保险企业特色的法律风险管理机制建设。随着公司规模的不断扩大和市场交易规则的日趋复杂,传统的以处理保险纠纷和各种诉讼事务为主,忙于事后补救工作的法律服务模式越来越难以满足公司经营管理发展需要。经过多年来的努力,人保财险公司已逐步实现从事后救济到事前防范、事中控制、事后救济一体的全方位法律风险管理机制。公司法治建设成效显著,经营管理迈上法治化轨道。在"五五"普法中,我公司法律部被中宣部、司法部评为 2006 ~ 2010 年全国法律宣传教育先进单位。

（一）高层重视，积极倡导依法治司的法治文化

人保财险公司管理层对法律风险管理有着深刻的认识，始终积极倡导依法治司的企业法治文化。

1. 树立正确的法律风险防范意识。公司高层深刻地认识到，一方面，在公司业务高速发展的同时，各级机构也面临着防范违法违规行为、确保依法合规经营的重要任务。另一方面，随着中国社会法制建设的发展，社会公众的法律意识普遍增强，投保人、被保险人日益倾向于通过法律途径解决与公司之间的纠纷，公司各级机构涉及的诉讼案件也大幅度增加。违法违规行为和法律纠纷虽然是个案问题，但如果这些个案处理不善、积少成多，导致事态扩大，必然会对公司整体形象和正常经营发展产生严重影响，给公司造成重大的经济损失，并给公司今后业务发展造成阻碍。因此，公司经营管理和改革发展大局需要公司各级法律部门提供有力的法律保障。换言之，法律风险管理作为公司的重要事务，一定要纳入公司的整个风险管理体系。

早在十几年之前，人保公司就开始了把法律风险纳入公司管理体系的尝试。1998 年我公司开始在系统内全面推行统一法人授权经营制度，通过上级机构向下级分支机构逐级授予部分经营管理权限的方式，明确各层级分支机构的经营管理权限。至今，统一法人授权经营制度在公司系统内已实行十余年，对防范和控制经营风险，强化系统的集中管理与内部控制，起到了十分重要的作用。经过多年的实践，我公司的统一法人授权制度仍在不断的完善中。

2. 公司决策者将法律风险管理提升到战略目标的高度。公司决策层理解并体会到，构建企业法律风险防范管理体系应与公司的整体发展战略相联系，并应在实施过程中根据企业发展战略的调整而调整。根据公司高层的要求，人保财险公司的法律风险管理，始终围绕着公司的经营目标和战略举措进行。随着公司内外形势的发展、变化，公司的战略举措进行调整，法律风险管理的工作思路和主要任务也会相应调整。例如在“十一五”计划的后期，公司法律工作的主要任务是围绕保监会“防风险、调结构、稳增长”的要求和公司“促发展、保效益、防风险”的主基调进行。2011 年，人保财险公司提出了“十二五”期间的发展指导思想、发展目标和主要任务。“十二五”期间，公司将以“四个一流”为标准，以四化建设为路径，深入推进改革转型，全面提升发展能力、盈利能力、管控能力；公司将力争进入全球可比非寿险公众公司前 5 名，确立公司在亚洲非寿险市场的引领地位。围绕上述目标定位，公司对法律风险管理提出了新的要求：法律工作应进一步加强；公司要继续坚持“依法治司”的理念；要求系统上下牢固树立依法办事的意识；要求公司各级

机构善于用法律手段保护公司合法权益、保持公司持续健康发展、保障公司依法合规经营。公司各级法律部门则要努力提高专业能力和业务水平,密切关注法律环境的发展变化,努力化解公司经营发展所面临的法律风险,为公司“十二五”时期的改革发展保驾护航。

3. 注重培训,着力建设依法治司的法治文化,使法律风险管理成为企业文化的一个重要组成部分。只有大力培育和塑造良好的法律风险管理文化,才能在企业内部形成正确的法律风险防范和控制理念,提高员工法律风险管理的意识。培训是构建法律风险管理文化的一个有效手段。近几年来,公司聘请专家、资深法官,通过总裁共享课堂等多种形式,组织了对2009年修订的《保险法》的培训,组织了“五五”普法的培训,组织了有关最高人民法院《关于道路交通损害赔偿司法解释》《关于保险法司法解释(二)》的专题培训。通过专题培训和后续一系列的学习、案例分享、改进业务流程讨论等,努力将学法、知法、懂法、用法的意识转化为干部员工的共同认识和自觉行动,从而促进公司建立规范的、系统的、高效的法律风险管理机制。

(二)建立规章制度,构建法律风险管理的制度框架

规章制度是开展法律风险管理的依据和前提。人保财险公司目前有关法律风险管理的制度包括《中国人民财产保险股份有限公司法律事务管理办法》《中国人民财产保险股份有限公司统一授权经营管理规定》《中国人民财产保险股份有限公司总部授权经营管理暂行办法》《中国人民财产保险股份有限公司保险条款框架》《中国人民财产保险股份有限公司行政处罚案件处理流程》《中国人民财产保险股份有限公司重大案件领导责任追究暂行规定》。

1.《中国人民财产保险股份有限公司法律事务管理办法》概况。为促进公司的法制化建设,加强统一法人授权经营管理,充分发挥公司法律专业力量的服务职能,建立健全适应公司发展的法律事务管理体系,2004年,公司制定了法律事务管理办法。它是公司法律事务管理的指导性文件。公司在法律风险管理方面的基本问题都体现在法律事务管理办法中。

法律事务是指公司系统各级法律部门为防范法律风险,维护公司合法利益,从合法合规性角度对公司经营管理活动提供的各种法律服务,主要包括:公司重大经营决策的法律支持;统一法人授权经营管理;公司规章制度审核;保险条款审核;合同审核;拒赔案件审核;行政处罚案件管理;诉讼、仲裁案件管理;追偿案件管理;外聘律师及常年法律顾问管理;法制宣传与法律培训;法律咨询;依法进行经营监督检查;为国家法律法规的制定、修改提供咨询意见;其他法律事务等方面的内容。

2.《中国人民财产保险股份有限公司统一法人授权经营管理规定》概况。为有效实行统一法人制度,强化公司系统上下的集中管理与内部控制,增强防范和控制风险的能力,促进业务持续健康发展,保护被保险人和公司自身的合法权益,保证各级分支机构依法开展经营活动,2004年公司制定了上述统一法人授权经营管理规定。

统一法人授权管理规定分为8章,包括了授权的组织管理、基本授权的直接授权、特别授权的直接授权、转授权和再转授权、授权的监督与检查、罚则等内容。

3.《中国人民财产保险股份有限公司重大案件领导责任追究暂行规定》概况。为规范公司经营管理人员的行为,有效遏制重大案件的发生,防范和控制经营风险,促进公司稳定、持续、健康、快速发展,2006年,公司根据相关法律法规和公司规章制度,制定了本规定。重大案件领导责任是指因总公司或分支机构部门负责人、分管领导、主要负责人等相关领导人员的渎职、失职行为导致发生保险业重大案件,应当承担的责任。

本暂行规定分为5章,包括责任追究标准、责任追究程序、罚则等内容。

(三)构建完整的法律风险管理体系

1.总公司设立法律部,总体负责公司系统上下的法律风险管理工作。法律工作的战略目标是:

第一,从法律角度确保公司战略、重大举措和重大事项的处理保持正确方向。通过参与公司重大经营战略制订、参与处理公司经营管理中涉及的重大事项等工作,确保公司战略、重大举措和重要事项的依法合规,保证公司发展的正确方向。

第二,保持法人结构的稳定和有序、高效运转。统一法人授权经营制度是公司经营管理的核心基础,关系到整个法人机构的稳定和有序运转。应当按照“四化”的要求,将授权经营管理与公司业务系统对接,实现《权责规范手册》的智能化落地,打造标准化运行、集中化管理、差异化授权的授权经营管理和权责规范管理平台,保证统一法人授权经营制度的高效运转,从而实现保证法人结构稳定的目标。

第三,从法律角度为公司经营发展创造良好外部环境。通过与立法机关、司法部门、监管机构、仲裁机构、法律中介机构保持顺畅沟通,用我公司的观点影响上述机构,积极维护我公司利益,从法律角度为公司经营发展创造良好外部环境。

第四,提高公司创利能力,为公司完成经营目标作贡献。通过开展追偿管理工作,我部指导分公司做好追偿工作,保持稳定的追偿收入,直接为公司增加利润、提高公司创利能力,为公司完成经营目标做出了贡献。

第五,防范法律风险,减少和避免公司损失。

(1)通过诉讼案件管理,积极争取案件胜诉,减少直接损失。

(2)通过拒赔案件法律审核,避免不必要的诉讼,维护公司形象、消除发生损失的可能。

(3)通过合同审核、条款审核等工作,防范法律风险,避免可能遭受的损失。

A. 围绕法律工作的战略目标,法律部的核心工作事项在以下几方面展开:

(1)参与公司重大经营战略制订,保证其符合相关的法律规定。按照公司领导要求,参与公司经营战略的研究、分析等工作,对其中涉及的法律问题和法律风险提出建议。

(2)参与处理公司经营管理中涉及的重大事项,为公司领导和有关部门妥善处理有关问题提供充分的法律支持。对于公司经营管理中涉及的重大事项,例如分支机构重大违规事件的处理、公司经营重大举措、公司管理重大问题等为公司领导和有关部门提供法律支持。

(3)高层次协调立法机关、司法部门、监管机构、仲裁机构、法律中介机构的关系,利用各类研讨会、保险行业协会、中国海商法协会等平台,用我公司的观点影响上述机关,为公司经营发展创造良好的法律环境。

(4)统一法人授权经营管理工作。

(5)权责规范有关工作。

(6)诉讼管理工作。

(7)拒赔案件法律审核工作。

(8)合同审核工作。

(9)保险条款审核工作。

法律部下设授权经营管理处、诉讼处、合同审核处、保险条款审核处具体负责上述第(4)~(9)项工作。

B. 授权经营处的核心工作事项有:

(1)统一法人授权经营管理工作。拟订公司统一法人授权经营管理制度;公司基本授权、转授权管理,制订公司年度《授权书》,审核分公司上报的转授权书;对公司各业务部门涉及的特别授权事项进行管理、审核,并出具法人授权书、总裁授权书。

(2)权责规范有关工作。

①研究、探索公司权责规范工作,指导全系统权责规范有关工作的开展;

②组织制订、修订《总部权责规范手册》,协调有关部门开展《总部权责规范手册》电子化展示的日常维护工作;

③组织分公司制订、修订分公司《权责规范手册》，指导分公司开展《权责规范手册》的电子化展示的日常维护工作；

④在全系统组织实施《权责规范手册》智能化落地工作，与信息技术部共同对《权责规范手册》与公司业务系统对接开展日常管理和维护。

C. 诉讼处的核心工作事项有：

(1)追偿管理工作。主管系统内追偿事务，制订追偿工作规章制度，组织实施全系统追偿工作。根据公司下达的年度非车贷险追偿收入指标，指导分公司积极开展追偿工作，保持追偿收入稳定。随着公司内部职能的调整，目前追偿工作已划归理赔管理部负责。

(2)诉讼管理工作。主管系统内诉讼工作。直接参与分公司涉及的重大诉讼案件和总公司直接涉及的诉讼案件。对分公司开展诉讼的情况进行统计分析，并在宏观层面指导分公司做好诉讼案件的应诉工作。

(3)拒赔案件法律审核工作。从法律角度，对理赔部提出的拟拒赔案件进行审核，对拒赔的法律依据是否充分等问题进行深入研究，并提出是否同意拒赔的法律审核意见。

(4)为内部客户提供法律支持。针对分公司和公司有关部门等内部客户在业务发展和经营管理中遇到的法律问题，进行分析研究，出具法律意见、提供法律建议。

(5)有效利用社会法律资源。对与公司有业务关系的律师事务所及律师进行沟通管理，最大限度地发挥他们在协助公司处理有关法律事务中的作用，充分发挥社会法律资源的作用。

D. 合同审核处的核心工作事项有：

积极完善合同管理制度、推动合同法律审核工作的规范化、标准化建设。

(1)会商外聘律师拟订更新和完善标准合同文本，服务于公司的采购行为，最大程度地维护公司利益和防范风险。

(2)结合公司合同审核管理实际情况，制定《总部合同审核流程指南》，规范合同审核流程和各部门分工、协作，防范因合同审核而带来的法律风险。

(3)合同的法律审核，对于公司对外签署的合同进行法律审核，包括合同内容是否合法、是否有利于维护公司利益、合同相关内容是否具体明确、用语是否准确严谨等内容。

(4)参与公司非保险业务项目招投标工作，按照公司集中采购工作要求，配合各主办部门，完成招投标工作涉及的相关法律文件的审核工作。

E. 制度条款处的核心工作事项有：

(1)保险条款的法律审核。

①根据《中华人民共和国保险法》等法律、行政法规和中国保监会的有关规定，对于保险条款进行审核，并出具法律责任人声明书；

②为有关部门在保险产品开发过程中，涉及的条款问题，提供法律意见和建议；

③根据业务部门的需求，为公司重大承保项目谈判提供法律支持；

④制订并实施地方性保险条款审核制度，配合公司地方性保险条款开发的二级开发体制，指导分公司法律部门及区域责任人做好分公司层面的条款审核法律服务工作。

(2)参与公司招投标工作，配合各产品线部门，完成招投标工作涉及的相关法律文件的审核工作。

(3)法律法规研究。高度关注最新立法动态及法律环境的变化，就法律法规变化的影响对公司高层和各部门提出建议。

(4)普法工作。根据中共中央宣传部、中华人民共和国司法部和全国普及法律常识办公室以及集团公司的普法工作要求，组织实施我公司的普法工作。

2. 在分公司层面，省级分公司设立法律部，有条件的地市级分公司设立法律部，不具备条件设立部门的，要设立法律岗，作为法律管理部门的下属机构，负责本级分公司以及下辖分支机构的法律管理工作。

3. 在省级分公司设立区域性条款负责人。在省级分公司设立区域性条款负责人，是我公司在保险条款审核的过程中，为解决实践中出现的问题，经过探索而实行的一项制度。

保险条款的法律审核是法律部的一项重要工作，直接关系到公司保险条款的合法合规性、严谨规范性、公平公正性。保险条款审核工作如果把控到位，能够有效规范承保理赔、加强业务风险防控、促进依法合规经营，还能减少投诉数量、降低诉讼风险。公司在2004年制定了《法律事务管理办法》，对总、省两级公司相关部门在条款法律审核的职责、内容、程序、责任等方面做了明确规定，有力地促进了公司保险条款法律审核工作的制度化和规范化。

在条款审核工作的执行过程中，我们也发现了一些问题，其中一点就是区域性保险条款的法律审核工作规范性相对较差。一些区域性保险条款未经省级分公司法律部门审核、出具意见并相应修改，就直接报送总公司相关产品开发部门，再转由总公司法律部审核。省级分公司法律部门在条款法律审核方面的职能和作用没有充分发挥，许多本应发现并修改的问题累积到了总公司层面，导致工作被动。这其中，较为典型的例子就是自2006年下半年以来，地方政府、地方保险行业协会等主导某些区域性保险条款制定，而后再由保险公司报备使用的情况增多。由于省级分公司法律部门未能在条款拟订阶段积极介入、进行法律审核，等到条款定稿、省级分公司向总公司申请批准报备的时候，条款中的一些问题、有时可能是比较严重的问题往往不能再反馈并予以修改，导致公司权益有受到损害的潜在风险。

为进一步加强公司保险条款法律审核工作，着力解决区域性保险条款法律审核中的问题，充分发挥省级分公司法律专业力量的服务职能，公司决定在省级分公司逐步建立区域性保险条款法律责任人制度。

省级分公司区域性保险条款法律责任人的职责是：从合法合规性角度对省级分公司区域性保险条款进行法律审核、提出法律意见，并对反馈意见的接受情况进行确认，以确保保险条款符合《保险法》等法律、行政法规和中国保监会有关规定，确保不损害社会公共利益，不侵害投保人、被保险人和受益人的合法权益，确保合同要素完备、文字准确、语言通俗、表述严谨。

在明确区域性保险条款法律责任人职责的同时，公司也明确规定了责任人的任职条件。自区域性条款责任人制度施行以后，区域性条款的质量有明显提高，有效维护了投保人、被保险人和受益人的合法权益；同时，也有效地维护了公司的合法权益。

（四）建立规范高效的法律风险管理流程

公司在多年的法律风险管理实践中，通过不断探索，建立了一套规范高效的法律风险管理流程，包括风险识别、风险分析、风险评价、风险应对、监督检查、问责反馈六个环节。

1.法律风险识别。法律风险识别的目的是要全面、系统、准确地描述企业法律风险的状况。进行法律风险识别，首先是要查找总部各部门、各分支机构在各项重要的业务流程中，以及各项重要的经营活动中存在的法律风险，其次是对查找出的上述风险进行分类，归纳分析其产生的原因，可能影响的范围和潜在的不利后果，最后生成公司的法律风险清单。

法律风险识别需要所有涉及相关业务的公司人员参与。例如我公司在制定《权责规范手册》的过程中，公司法律部人员、全部产品线部门、信息技术部门等共同参与、分工协作，依据各岗位说明书、年度授权书和各岗位工作实际情况等，梳理在业务操作流程中可能存在的风险，确定可能导致的法律风险事件的风险来源，是否都能通过公司的信息系统掌握在公司的控制之下。通过梳理,形成了可能产生法律风险的汇总清单。

2. 法律风险分析。法律风险分析,是指对已经识别出来的法律风险进行定性和定量的分析,通过对下述因素进行考量,如法律风险来源、可能导致法律风险的直接原因、法律风险事件发生的可能性及后果等,为法律风险的评价和采取应对措施提供支持依据。

要进行法律风险分析,一定要以大量的信息数据为依据。在对信息数据进行分析时,不只是定性的,还要定量,必要时还要定性和定量相结合。在对法律风险进行分析的过程中,我们还充分考虑了下述因素:

(1)保险监管部门的执行力度。

(2)公司内部规章制度的完善情况、执行情况。

(3)需要进行权责配置的每一层级相关人员的法律素质及业务素质。

(4)合同利益的相关方,如投保人、被保险人的综合素质。

3. 法律风险评价。法律风险评价是指将风险分析的结果和企业对法律风险管理的目标、价值观、资源、偏好和风险承受能力相比较,和各种风险分析结果进行比较,从而确定法律风险的程度,做出法律风险应对的决策。

在法律风险评价的过程中,不仅要单纯考虑法律风险,而且还要考虑对资源的投入、成本和收益之间的比例关系等因素。例如,当一个法律风险事件发生的可能性低、影响程度又较小的情况下,花大力气规避或控制风险,对一个企业来说,未必是一个理性的选择。

4. 法律风险应对。法律风险应对是指企业针对法律风险,采取合理的措施将法律风险控制在企业可承受的范围内。

针对不同的法律风险,企业在识别、分析及评价以后,可以采取规避、控制、转移和接受等措施。选择法律风险应对措施,要考虑若干因素,如企业的战略目标,企业的法律风险管理目标,实施应对措施的成本和收益等等。

在确定了法律风险应对策略后,对公司法律风险管理的现状也应予以评估,才能确定我们能采取何种风险应对计划。评估应对现状时应着重考虑以下因素:

(1)机构和人员的配备情况,机构设置和人员配备是否充足。

(2)能否对持续性的业务经营活动保持定期和不定期的监督和检查。

(3)职责权限和责任承担。首先,是否明确规定了法律风险应对的分工、各自的职责和权限;其次,如果没有履行好自己的职责,是否应承担相应的责任。

其他要考虑的因素还包括执行者的能力、相关人员的法律风险意识以及外部法律环境等方面的问题。

法律风险应对是一个递进的动态过程，在选择应对策略、评估应对现状后，还要制定具体的法律风险应对计划。法律风险应对计划至少应包括以下内容：

(1)实施法律风险应对措施的具体机构、人员，以及对应的责任。

(2)涉及的具体业务以及流程。

(3)信息技术支持保证。

(4)监督和检查的要求。

(5)实施法律风险应对措施的先后顺序以及时间表。

(6)资源需求和配置方案。

5. 监督和检查，问责和反馈。法律风险管理的监督和检查环节，是法律风险管理能够持续改进的不可缺少的组成部分，其目的是使得法律风险管理流程形成可持续运转的闭环。我公司在多年的法律风险管理实践中，始终坚持监督检查的管理机制。以授权经营管理为例：

根据公司《统一法人授权经营管理规定》，为确保各项授权权限的正确行使，公司法律部门主要负责协调督促各职能部门开展授权经营的监督检查工作。

为确保授权经营制度的贯彻落实，公司先后制定下发了《统一法人授权经营管理规定》《关于违反“六条禁令”的处理方法》《重大案件领导责任追究暂行规定》等规定，对授权经营的监督执行及违反授权经营的罚则做出了详细规定。

公司关于授权经营监督检查的制度性工作主要有：

(1)定期报告制度。目前，公司授权经营管理工作已经形成了定期报告的工作制度，以督促、检查分公司推进各项授权经营管理有关工作。

(2)系统授权经营执行情况统计分析、通报问责制度。总公司法律部各季度均会对系统授权经营执行情况进行统计分析并形成报告，报告包括从系统内各口径汇总的越权行为有关情况，主要问题分析、改善建议等内容。而后，通过公司内网向全系统通报越权行为情况，并将越权信息向总公司相关部门及监察部/审计部反馈，由总公司对口部门依职权督促分公司进行事后问责工作。

(3)授权经营检查工作制度。为了检验分公司每年的授权经营管理有关工作完成情况，发现存在问题，以推进系统授权经营管理工作的完善和升级，总公司法律部每年会组织对分公司的授权经营管理工作进行现场和非现场的检查。对于检查中发现问题进行及时的反馈，督促、指导分公司进行整改，以推进分公司有关工作的进一步完善。

三、对做好法律风险管理工作的几点思考

以上简单介绍了人保财险公司法律部在法律风险管理方面的一些做法。客观地讲，公司在法律风险管理的实践方面积累了一些经验，取得了一定的成绩。衡量的标尺是：法律工作有力地促进了公司业务的发展，期间，公司也没有发生较大的法律风险事件。能取得这样的成绩，我们也进行了深入的思考，以下几点经验供其他公司的法律部同仁们参考。

（一）形成以企业核心价值观为代表的依法合规企业文化

人保财险公司的核心价值观是“风雨同行，至爱至诚”。诚信，是尊重法律、尊重契约的核心。企业的核心价值观仅仅印在公司的文件上显然是不够的。公司领导十分重视企业文化的建设：首先是领导重视，管理层负责。其次是通过多层次的培训、系统大讨论、流程约束等实现员工的认同。认同，是企业文化建设的核心。最后是努力内化为员工的自觉行动。目前公司基本形成了依法合规的企业文化。广大员工在开展重大业务活动时都会就依法合规问题咨询法律合规部门意见。相关业务部门在制定条款、签订合同、对案件拒赔时，都会主动听取法律部的意见。这种内化的自觉行动，是企业文化建设成功的重要标志。

（二）法律部的目标管理与公司的战略发展相吻合

法律部在内部的目标管理上不仅仅是防范法律风险，还应有更高的要求，就是要树立起一系列与公司整体的方针政策及战略发展方向配套的服务理念。这种目标可以简单地分为短期目标、中期目标和长期目标。短期目标一般是未来一年内的工作目标，中期目标是未来 3 至 5 年的工作目标，长期目标是未来 5 年以上的工作目标。中长期目标体现了公司的战略发展方向，理论上，短期目标要服务于公司的中长期目标并基本保持一致。但在实践中，由于公司内外部环境的变化，公司每一年的工作目标会略有不同，这就需要法律部的短期工作目标也随之进行调整。总之，法律部的目标要适应公司商业上的发展战略，要使法律服务始终支持公司的可持续发展和业务的不断增长。

（三）法律部定位准确、组织架构和职能分工清晰

明确法律部在公司中的定位及全面管理公司法律事务的特殊作用，根据全国业务的需求，建立合理的组织架构和职能设置。在这一过程中，要兼顾不同地区的业务发展情况以及不同产品线部门的业务发展情况，保证组织架构和职能配置及时根据业务发展的变化而进行资源的合理分配和调整，保证重点发展的业务、当前的热点问题能够有与之匹配的足够资源。如在 2004 年前后，公司在全国的范围内

发生了较大规模的机动车辆消费贷款保证保险诉讼、仲裁案件，为解决相关问题，法律部指定专人负责上述仲裁、诉讼案件，此外组织相关人员制定了《中国人民财产保险股份有限公司机动车辆消费贷款保证保险诉讼、追偿案件的指导意见》。该指导意见的出台，为处理汽车贷款保证险案件提供了有力的支持。又如，总公司法律部原设制度条款处，统一负责保险条款和公司合同的审核工作，随着公司集中采购、固定资产投资、股权收购等项目的增多，合同管理制度需进一步完善，合同法律审核工作的规范化、标准化建设也要进一步提高，因此，原制度条款处分拆成两个处室，一个仍为制度条款处，单纯负责保险条款的审核工作，同时另组建合同审核处，专门负责公司对外签署合同的审核。

另外，总公司、省级分公司和地市级分公司法律部要按照各自的职能开展工作，各司其职、密切配合。根据职能和工作内容不同，不同层级的法律部门可以划分为以下两个类型：

1. 常规部队。省、地市分公司法律部。其职能是解决所在分支机构涉及的日常法律事务，处理常规性的、大量的法律工作，具体工作包括：日常经营管理和业务中的一般性法律问题；包括车险诉讼在内的一般性的法律诉讼、仲裁；与所在地区司法机构保持日常工作联系和协调沟通；开展本分支机构律师管理工作。

这支队伍要求人数众多，分散配属在各分支机构，能够在日常工作中消灭大量问题风险点，保持公司法律风险防范机制正常运转。

2. 火力支援部队。总公司法律部的职能是研究、解决公司面临的重大、疑难问题；处理分公司涉及的重大、疑难诉讼和仲裁；与最高人民法院等机构保持工作联系和沟通等。

这支队伍人数不可能太多，但是一定要具有足以肩负其职责的专业能力和水平。这支队伍集中在总部使用。在分支机构的常规部队遇到无法解决的重大、疑难问题时，即可呼叫总部进行专业支援。

总公司法律部将不断加深对分公司重大诉讼案件的参与程度，将工作内容从对案件的管理向案件管理与直接处理总公司权限案件应诉事宜转变；从管理型向管理与操作并重转变。在此基础上，探索建立内部成本分摊制度和内部计价制度，完善为内部客户提供诉讼法律服务的机制。

（四）形成法律部特有的人才管理体制

由于法律部在公司的重要作用和特殊使命，其对人才的要求也有很高的标准，需要这些人才具备较高的道德水准、非常强的专业能力、平衡法律风险和业务发展的能力、犀利的分析判断能力等。上述标准需要法律部在选才、录才、用才、育才、平才、提才、留才等各方面要有自己一套团队建设方法和体系。我公司在人才管理体制上的做法:一是实行了区域性条款负责人制度,在上文已有介绍;二是对法律工作人员实行上岗考试制度;三是对法律岗人员实行定期培训制度;四是对法律工作人员的考核制度。

1. 法律工作人员上岗考试制度。针对法律工作专业性较强的特点,围绕公司"专家治司、技能制胜"的指导思想,为打造一支"法律知识丰富、专业技能过硬"的高素质法律工作者队伍,我公司一直注重对系统法律工作人员法律专业知识进行更新,及对法律实践能力的培养。从 2012 年起,通过组织系统法律工作人员任职资格考试的形式,建立了一套"考训结合、以考促学、进退畅通"的法律人才培养模式。只有考试合格者才能从事法律岗的工作。目前,公司法律工作者任职资格考试项目仅适用于省级分公司、地市级分公司法律部(或法律岗)所有从事法律工作的员工,待运行成熟后将推广至县支分公司。从考试制度的效果看,2013 年各分公司对"法律工作人员任职资格考试"的重视程度有了显著提高。大多数分公司在考试前组织了有针对性的培训和模拟考试,"以考促学"的目标正在逐渐实现,考试效果正在显现。

上岗考试制度的建立,有力地提升了系统内法律战线的专业力和战斗力,为公司稳定、长远发展提供了更好的法律支持。

2. 法律工作人员定期培训制度。法律工作人员的定期培训制度,是提升专业素质,促进公司建立高效、规范法律风险管理机制的有效手段。总公司法律部自成立以来,注重对系统法律工作人员的培训工作,建立了定期培训制度。根据外部法律环境的变化和公司业务发展的需要,法律部每年定期举办大规模的全系统法律人员培训,并举办不定期的法律专业培训若干次。在培训的方式上,也呈现出多样化:既有外部专家的专题授课,也有内部组织的专题讨论。

例如在 2011 年 11 月,为提高我公司系统法律工作人员涉外案件追偿水平,法律部与教育培训部组织在深圳、香港举办了为期 5 天的"2011 年境外追偿实务培训班"。此次培训特别邀请了国际知名律师事务所资深律师向参训人员讲授境外追偿实务相关问题;同时,参训人员与美亚保险香港有限公司负责追偿工作的同行进行了深入交流。本次共有 27 家分公司、38 人参加了培训,通过资深律师对境外追偿相关问题深入浅出、结合实际的讲授,以及与美亚保险香港有限公司同行就境外追偿工作经验的分享,使大家进一步了解境外追偿实务中应注意的问题,为今后境外追偿工作夯实了基础。

又如 2013 年,我公司重点组织了对《保险法司法解释(二)》的培训。各级法律部门开展了卓有成效的培训、宣传活动。总公司层面，一是利用总裁共享课堂的机会，邀请到最高院《保险法司法解释（二）》的主笔人，面向全国地市分公司进行讲解；二是组织对系统分公司法律人员进行了专题培训。分公司层面，多家分公司积极组织论坛、现场培训、视频培训等活动，对《保险法司法解释（二）》内容进行宣讲，并坚持“请进来、走出去”的思路，邀请法官、律师就有关内容进行专题讲解，拓宽了思路，加深了理解。

3. 对法律工作人员考核制度。科学合理的考核制度，是提升法律工作水平的有效手段。依据公司的规范性文件，如《授权书》《权责规范手册》《法律事务管理办法》等，结合法律风险的管理目标，法律部制定了专门的法律事务考核办法。内容涉及授权经营管理、超授权案件上报、诉讼仲裁案件管理、案件数据维护管理、法律队伍建设、律师管理、区域法律责任人履职、普法开展工作、案件数据维护管理、年度重点法律工作执行情况、法律职业资格考试通过情况等，基本涵盖了法律事务管理所涉及的各个方面。

考核制度的建立，确保了公司法律工作目标的贯彻落实，提升了下级公司的执行力，同时也防范和降低了法律风险。

（五）在主要业务环节建立法律风险防范机制，实行法律风险动态管理

在主要业务环节建立制度化的法律风险防范措施，就要求法律风险防范措施嵌入公司的业务流程中，要求法律部门与公司承保、理赔等业务部门密切配合，深度参与公司主要业务环节。

例如，对于公司营销、承保业务中的对免责条款履行明确说明义务问题，法律部门可以制定《保险合同说明指南》，明确法律对免责条款履行明确说明义务的要求，对公司单证印制、营销人员展业、出单中心单证审核、电销和网销业务等都提出具体而明确的要求。

又如，对于公司理赔环节的法律风险，法律部门应按照公司《法律事务管理办法》的要求，开展拒赔案件法律审核工作，从源头上避免不当拒赔情况的发生。对于重大疑难的理赔案件，在案件发生之初，法律部门就应当与公司理赔部门密切配合，在证据收集、法律关系梳理、与对方谈判、理赔程序事项等方面提供法律支持和帮助，确保理赔处理依法合规，避免法律风险。目前，关于拒赔案件法律审核等法律风险防范措施已经成为公司的制度，嵌入了公司业务流程中，公司各级机构都应当严格遵守、认真履行。同时，公司各级机构还应当结合本分支机构的实际情况，认真探索有效的法律风险防范措施，并及时予以制度化，确保公司主要业务环节的法律风险得到有效防范。

无论是外部环境的变化或者是内部结构的改变，都会导致法律风险的变化，因此，法律风险管理工作并非是一成不变的。在制度化的法律风险防范措施构建完成之后，会有一些新的法律法规或政策出台，相应引起法律环境的变化，或在业务开展中发现原有的法律风险防范措施存在漏洞。这都需要对法律风险管理机制不断进行完善。

因此，公司法律风险管理并非单向流程，而是一个循环的系统。公司应当对法律风险进行动态管理，形成法律风险的发现、研究解决措施、业务环节改进的良性循环。具体说来就是：公司业务部门和法律部门在各自工作领域内及时发现法律风险、报告法律风险；公司法律部门应当针对发现的法律风险开展研究、提出有效解决措施；这些解决措施应当再次反馈到公司业务部门，落实到公司的业务流程当中。上述过程随业务发展和法律法规的变化不断循环往复。公司法律风险管控水平也将螺旋式上升，逐步得到提高。

（六）建立统一授权和层层审批的运作机制

通常保险公司分支机构众多，行政区域分布广泛，各分支机构所面临的法律环境也有所不同。因此判断并控制风险对公司的经营成果至关重要。为了达到这一目的，需要建立一套行之有效的授权和审批制度。包括：

1. 承保、理赔、诉讼等风险（以下简称项目风险）的审批权限制度。项目审批权限制度的目的是对各类风险进行分类，并规定哪一级别的人员有权批准何种风险。实践证明这一制度能够有效控制项目风险、减少成本开支并确保公司的内部政策的贯彻。

2. 定期报告制度。一是总公司要求各分公司法律部按月上报其每月度的法律工作情况，从中及时发现问题。二是总公司法律部每季度形成季度法律风险分析报告，包括诉讼/仲裁案件数据分析、重大案件的进展情况等，上报公司领导。

3. 授权书的签发有明确的政策和流程。

（七）依托 IT 系统做好法律风险防范

法律风险防范措施嵌入主要业务环节的业务流程后，公司必须同时开发使用相应的 IT 系统并与公司主要业务系统对接，才能够使法律风险防范措施嵌入公司业务流程中，才能实际落地并真正发挥作用。

例如，为了避免越权风险，公司可以在大内控系统中开发相应的权责管理模块，把公司有关岗位权限在该系统中予以设置。该系统同时与公司的 HR 系统、承保系统、理赔系统相对接，对在系统中操作的承保理赔人员的权限实现刚性管控，从源头上预防主要业务环节的越权风险。又如，为了防止签订合同、开发条款中的法律风险,公司可以借鉴国际大型公司的经验,使用合同条款审核系统,合同条款的有关内容在系统中自动生成,并确保表述准确、完整。

依托IT信息系统,可以大大提高法律人员的工作效率和工作质量,有利于提高公司法律风险管理水平,对做好法律风险防范工作具有重要意义。

(八)国际化发展过程中法律冲突的协调处理机制

由于各国政治、经济、文化以及历史传统均有不同,因此在法律规定上也各有差异。只要各国的法律规定不一致,公司在经营与法律制度差异性之间的矛盾冲突就会一直存在。在业务发展过程中,企业会不断遭遇到对域外法律的理解与适用的问题。在传统的业务中,如进出口货运险、远洋船舶保险,主要涉及国际惯例、英国法的适用,还有一些保险事故发生地国家法律的适用;在一些新型业务中,如产品责任险、董事责任险,涉及欧洲一些国家的法律、美国法律的适用。因此,企业在不断走向世界的过程中,需要更为广阔的国际化视野。一是要深入收集管辖法院所在国的法律法规,在法律法规存在冲突时,要采取谨慎的做法,选取最严格的标准做判断。二是除了指出存在的风险外,还要在对法律风险把握的基础上,提供有效降低公司风险、实现公司利益最大化的有力方案。只有这样,才能不断提升法律部门的作用。

第二章　统一法人授权经营管理

第一节　法人授权有关问题

一、法人的概念、特征及分类

法人,是相对于自然人而言的一类民事权利主体,是民事主体中的重要组成部分。我国《民法通则》第 36 条规定:“法人是具有民事权利能力和民事行为能力,依法独立享有民事权利和承担民事义务的组织。”

法人具有以下基本特征:

1. 法人是一种社会组织。法人是一种客观存在,但它和自然人不同的是,它不是作为有血有肉的生物存在,而是作为组织体存在。

2. 法人是依法成立的社会组织。依法成立,是一定的社会组织能够成为民事主体的基本前提。

3. 法人是具有民事权利能力和民事行为能力的社会组织。法律对法人的承认,其目的在于使其能够作为民事主体参与民事法律关系,因此,法人具有民事权利能力和民事行为能力。

4. 法人是能够独立承担民事责任的社会组织。我国《民法通则》第 37 条明确规定法人应当能够独立承担民事责任,法人的独立责任是指法人在违反义务而对外承担责任时,其责任范围应当以其所拥有或经营管理的财产为限,法人的成员和其他人不对此承担责任。

我国《民法通则》根据法人设立目的的不同将法人分为两类:一类是企业法人;另一类是机关、事业单位和社会团体法人,又称为非企业法人。企业法人是以营利为目的、独立从事商品生产和经营活动的经济组织,其设立后的组织活动以营利性的经营活动为主。非企业法人则不以营利为目的设立,其从事的活动以非营利性活动(如行政管理活动、学术研究活动、社会公益活动等)为主。

二、法人授权的法律基础

法人作为一个依法成立的组织,可作出独立的意思表示,这就构成了法人授权的法律基础。

《民法通则》第36条规定:"法人是具有民事权利能力和民事行为能力,依法独立享有民事权利和承担民事义务的组织。法人的民事权利能力和民事行为能力,从法人成立时产生,到法人终止时消灭。"

法人的民事权利能力,是指法人作为民事权利主体,参加民事法律关系,取得民事权利、承担民事义务的资格。法人的民事权利能力,是法人从事民事行为和民事活动的前提和基础,受法律、行政法规和其章程和目的的限制。

法人的民事行为能力,是指法人作为民事权利主体,以自己的意思独立进行民事活动,享受民事权利并承担民事义务的资格。法人的民事行为能力是以其不同于单个自然人意思的团体意思为前提的,法人的意思表示是根据一定决策机制得出的团体意思表示,区别于其自然人成员的意思表示。但是,在法人对外的实际经济交往中,其意思表示又必须由特定的人代为做出,因此法人授权成为必要。

三、授权的概念及作用

"授权"是由"科学管理之父"泰勒在1911年发表的专著《科学管理原理》中率先提出来的,也称为"例外原则",即高层管理者应把处理日常事务的权利授予下级,而自己只保留对例外事例(即重要事项)的决策权。而后,随着管理理论和管理实践的不断发展,授权也被组织管理者越来越重视。

概括而言,授权就是要由上级主管或权力者委授下属以一定的责任与事权,使之在其监督下得以自主地在所授权限范围内做出决策,完成一定行为。授权人对被授权人保持有指挥与监督之权。被授权人对授权人负有报告与完成之责。

授权作为最为重要的管理手段之一,它的应用效果直接影响到企业的运行状况。合理的授权机制不仅可以最大限度地将管理者从繁重的日常工作中解放出来,将精力用在长远发展方向和重大事项决策中,更可以激发企业内部活力。具体而言,授权具有以下重要作用:

1. 从琐碎事务中解放领导,有利于组织长远发展。在现今的企业组织中存在着这样一种领导,他们每天忙于各种事务,事必躬亲,把精力消耗在了纷繁的会议、公文和报告之中,而没有时间和精力考虑公司的大局发展战略。从长远来看,这样的管理方式既对领导者本身不利,也对组织不利。一个组织的领导者,如果能学会科学授权,就可以将自己从琐碎的日常工作中解放出来,去系统性地考虑组织发展所面临的重大问题,使组织发展地更为卓越。

2. 补充和完善组织制度,有利于组织运作的优化。伴随全球化经济的发展,越来越多的公司将业务与机构扩展到世界各地,延展的业务链条背后,是庞大的机构组织结构和繁多的管理制度。庞大的组织,意味着其在活动中所要面对和处理的情况千变万化,即使存在详尽的组织制度设计也无法保证足以应对各种情况,使组织的各个职能机构、各个成员的职能分配达到最优状态。授权的存在则能对于组织制度起到补充和完善的作用,更有利于组织运作的优化。同时,庞大的组织还意味着信息传递的链条复杂化和管理效率的降低,合理的授权,则可以简化管理流程,提高管理效率,以满足公司内部管理和客户的需要。

3. 有效激励下属员工,有利于筛选优秀人才。员工是组织最为重要的财富,员工的素质和积极性直接影响到公司的发展和创新能力。只有让员工能够在每天的日常工作中获得与工作相关技能和知识的切实增长,在公司内部形成一个良好的员工成长环境,才是最有效培养员工的方式。而授权,恰恰是实现这种方式的最佳手段。通过充分合理的授权,员工可以在自身权限内独立自主的处理和解决问题。由于在解决问题过程中不受到外界的介入和指挥,员工的办事能力和创造性能够得到最大程度地调动。不仅如此,在工作能力得到提升的同时,员工作为被授权人,在处理工作的过程中还会承担起相应的责任,心理素质也会得到很好的磨炼,从而成长为更优秀的人才更好地为组织服务。

同时还要注意,有效的授权是建立在对下属员工进行科学、公平、客观的绩效考核和评价基础之上的。通过把权力授予给那些对工作有高度责任心、有能力、有成就的下属,起到对优秀员工进行甄别、选拔、重点培养的作用,使优秀的人才拥有更多学习、成长的机会。

4. 有利于达成组织认同。组织成员对于组织的认同感和归属感在组织的良好运转中发挥着不可估量的作用。正确而有效的授权,可以将上级的信任传递给下属,强化员工的成就感及对组织的认同感。通过授权,使组织成员在对于组织目标、组织文化等方面拥有更好的沟通和交流,达成趋同甚至一致,从而加强对组织的认同感,强化组织所期望的行为。

四、法人授权的有关法律问题

法人的独立人格,令法人具有民事权利能力和民事行为能力,能够依法独立享有民事权利和承担民事义务。由此也决定了,法人内部决策权和指挥权必须由一定的组织机构通过特定机制进行集中行使,实现意思表示及责任承担的一体化。法人组织的对外决策应该遵循一定的规则做出,这种规则包括:第一,法律法规及公司内部规章制度,例如公司法及公司的内部规章制度等均会按照所涉事项对公司的重要程度对于内部机构或成员的权利进行一定的分配。第二,组织内部授权。法人对组织内部成员的授权对于组织对于其外部行为民事责任承担具有重要意义。由于法人组织内部成员在代表组织对外做出意思表示时的个人行为,会被视为组织行为,从而对法人组织产生相应的法律责任和后果。这时,就存在该成员可能做出与组织意思相反或者相冲突行为的风险。为了避免或降低这种风险,法人在进行授权时应对组织内部的个人行为进行制约,让其不能随意代表组织做出一定的意思表示行为,或者最大程度的减少可能出现的越权行为造成的法律风险。

对企业法人而言,授权的对外效力往往涉及的是对外签约中的代理问题。

代理是指代理人以被代理人(又称本人)的名义,在代理权限内与第三人(又称相对人)实施民事行为,其法律后果直接由被代理人承受的民事法律制度。

在企业法人活动中,最常见的代理行为就是法人组织内部成员代表法人对外签订合同协议等能引起相应民事法律后果的行为,也就是说对外签约权是代理问题的核心。对外签约权涉及的法律问题是:当自然人为法人对外签订合同和协议时,其责任是否可以归属于法人,以及该合同和协议是否能被撤销或者认定为无效。

《最高人民法院关于贯彻执行〈中华人民共和国民法通则〉若干问题的意见》第58条规定:“企业法人的法定代表人和其他工作人员,以法人名义从事的经营活动,给他人造成经济损失的,企业法人应当承担民事责任。”这一规定包含三层意思:第一,企业的法定代表人或其他员工在对外做出一定行为时,必须以法人名义做出,才有可能归责为企业法人;第二,企业的法定代表人是企业的最高授权者,法定代表人以法人名义实施的行为,等同于法人的行为;第三,法定代表人下属的其他员工,原则上应当得到法定代表人的授权,并且以法人名义对外做出意思表示,其行为才能被认定为合法有效的法人行为。当然,这种认定方法为民法上的认定方法,当涉及合同的签约问题时,我国《合同法》还有着特别的规定,即对于表见代理的规定。《合同法》第49条规定:“行为人没有代理权、超越代理权或者代理权终止后以被代理人名义订立合同,相对人有理由相信行为人有代理权的,该代理行为有效。”《合同法》第50条规定:“法人或者其他组织的法定代表人、负责人超越权限订立的合同,除相对人知道或者应当知道其超越权限的以外,该代表行为有效。”至于合同是否得到授权,相对人是否有理由相信行为人有代理权,一般实践中采用合同上是否有法定代表人签字、是否有公司印章等判断标准。

第二节　统一法人授权经营管理在公司的应用

一、实施背景

(一)全国金融工作会议的要求

在1997年全国金融工作会议上,时任总理朱镕基在讲话中强调“要强化和落实金融企业的统一法人制度,加强法人的集中统一管理,这是中央对金融改革提出的基本要求”。

1997年,中国人民银行颁布的《加强金融机构内部控制的指导原则》第14条规定:“金融机构要建立合理的授权分责制度,要按照业务工作程序和授权,健全完善各种审批手续。(一)按照各自经营活动的性质和功能,建立以局部风险控制为内涵的内部授权、授信管理制度。对各分支机构授权、授信要定期检查、确保授权、授信范围适当,有据可查,所授权限和信用额度不得超越和突破。(二)针对部门的工作性质、人员的岗位职责,赋予相应的工作任务和职责权限。(三)各种授权都要以书面形式确认,逐级下达。(四)辖属分支机构、各职能部门及各级管理操作人员,要在各自岗位上按所授予的权限开展工作,并对职责范围的工作负责。(五)凡对外开办的每一笔业务都要按业务授权进行审核批准,对特别授权的业务要经过特别批准。”

(二)全保会的要求

公司领导在1998年、1999年全国保险工作会议上的讲话中强调要在系统内建立统一法人授权经营制度。在1999年,公司系统内实行统一法人授权经营管理制度。

根据公司时任总裁王银成在公司2009年全国分公司总经理会议上提出的“制定下发《权责规范手册》,明确总部和各级分支机构的职责权利,优化内部授权体系,实现管理增值”的总体要求。公司集中力量对系统各类事项进行梳理,编制完成以岗位人员为授权对象的《权责规范手册》。

(三)公司当时运营状况的要求

当时,由于公司系统对统一法人制度没有一个正确的认识,越权行为长期大量发生，如擅自对外担保、越权承保保险业务、分支机构超规模发展基建建设、违规运用资金等，不仅给公司造成了巨大的经济损失，而且给公司的声誉也带来了不良影响。不少分公司领导和基层员工强烈呼吁要明确授权，明确各级公司的权限和职责。

在上述内外部因素的综合影响和要求下，公司自1999年始在系统内实行统一法人授权经营制度。2004年，在公司股改上市后，重新制定下发了《中国人民财产保险股份有限公司统一法人授权经营管理规定》，于2004年初正式在系统范围内执行。

二、基本原则

为有效防范和控制金融风险，强化公司系统的集中管理与内部控制，保证公司安全稳健运行，公司自1998年开始建立起了统一法人授权经营制度，作为开展各项经营活动的基础和保障。

授权作为一种管理行为，在公司管理过程中能够实现诸多管理优势。然而，公司有效的授权需要遵循一定的原则开展，否则不仅无法达到预期的授权效果，甚至会因授权造成很大的管理风险。总公司作为授权人，应当严格遵守合理授权、逐级授权、权责一致、授中有控的原则，各分支机构必须在上一级公司授予的权限范围内开展各项经营活动，不得滥用授权或超越授权。

(一)合理授权

授权中最先要考虑的事，无疑就是将什么权限授予下属以及授予多少权限给下属去执行。在这个问题上，需要综合考虑拟授权事项的重要性、权限大小及被授权人的能力，做到被授权人能力与拟授权事项、权限相匹配，这就是合理授权原则。授予下属权限过小，会造成大材小用，下属能力无法得到充分发挥，对于大部分事项仍需要逐笔上报审批，不仅无法达到解放领导的效果，对于员工的培养和激励也会大打折扣；而如果授权权限过大，超出下属能力范围，这种授权将会直接影响任务和目标的顺利实现。

一方面，合理授权要求授权人向下制定合理的授权方案，总公司对系统各省级分公司运营状况要有充分全面的了解。实践中，总公司会根据分公司业务运营状况、市场竞争水平及分公司人员储备情况系统授权方案，授权方案也会在实施过程中随公司内控及市场竞争情况的变化产生调整。

另一方面，合理授权也要求总公司根据各省级分公司的不同情况在授权方案中予以区别对待，也称为差异授权。具体是指在制定授权方案时，对被授权人当地经济发展情况、内部控制情况、业务经营管理情况、人员配置情况及财务状况等进行综合分析考评，科学客观的针对不同被授权人制定差异化的授权方案。

（二）逐级授权

逐级授权是公司内部授权的一般模式，也是公司管理层级对外严谨授权、逐级控制授权风险的内在需求。

公司内部各层级对外作为唯一法人，只能由法定代表人对外行使民事权利、履行民事义务，因此法定代表人需要将日常经营管理权限授权二级管理层进行独立处理。在存在三级管理层的情况下，二级管理层还需要在自身权限范围内对其所辖三级管理层进行授权，称为转授权。

一方面，逐级授权体现了公司法人授权的内在层次。只有省级分公司明确知悉地市级分公司具体的权限执行情况，在日常管理工作中才能对其授权的执行予以监督，使授权在执行风险方面更加可控。通过与公司现行总、省、地市的机构设置模式相符合的逐级授权，进一步强化授权执行的责任，强化各层级机构对下级机构授权执行过程中的管理责任，有效避免跨级管理带来的管理效率衰减。

另一方面，只有逐级授权才能充分保证下级管理层的合法权利不受侵犯和干涉。总公司通过逐级授权将自身权利授予省级分公司执行，是对作为其直接下级的省级分公司的授权管理。而如果将权利授予与自己没有直接管理关系的地市级分公司，则实质上侵犯了对地市级分公司有管理职责的省级分公司的权利。这种越级授权的做法会在一定程度上扼杀和削弱省级分公司的管理能力和责任意识，造成工作上的被动。

因此，若非情况特殊，公司均应遵守逐级授权的原则，避免越级授权。

（三）权责一致

授权虽然名为授权，但实际上授予的不只是权利，相应的责任也会随之被赋予被授权人。授权与责任是密不可分的。授权应当权责一致，即在被授权人接受权利的同时，相应的责任随之被赋予被授权人，通过权利与责任的对应实现公司授权体系中的权责对等。

授权不论权限大小，都应当辅以完备的责任追究机制。只有在权利与责任被一同授予的情况下，才可以防止被授权人肆意滥用所授权利，被授权人才会更加积极认真的行使自身的权利，保障授权目标的顺利实现。在公司授权实践中，追究责任的方式主要包括通报批评、责令整改、人事处理、绩效减分及权限调整等。

通报批评，顾名思义就是当被授权人在执行授权过程中出现越权、徇私舞弊等严重道德问题时，通过在公司内部公开通报的方式对其进行批评，对被授权人行为进行披露，在批评被授权人的同时对其他下级予以警示。

责令整改，是通过正式渠道命令被授权人对现有不符合要求的行为进行分析，查找授权执行过程中反映出的漏洞，并对制度、流程进行修正和改进。

人事处理，指在授权执行中发生严重问题的情况下，对被授权人进行扣罚薪酬、降职直至解聘等人事处理。

绩效减分，指在授权执行中发生问题时，对被授权人在绩效考核方面进行调整。通过赋予较低的分数或扣减分数影响被授权人的绩效考核结果。

权限调整，是指对于在授权后出现严重问题的被授权人，降低甚至取消其相应权限，通过削弱其自主权限的手段使其丧失一定的经营自主权。被授权人在被削弱权限后，一方面曾经可以自行处理的事务变为需要逐笔上报，导致处理周期变长；另一方面也会使其个体在激烈的市场中丧失快速应变的权力，倒逼其改正自身问题。

（四）授中有控

在授权过程中，当授权权限增大时，效率随权限的增大而提高，同时风险随之加大；当授权权限降低时，效率随之降低，风险也随之减小。简单地来看，授权过程中的效率与风险似乎是不可兼得的两种效果，但在实际工作之中我们可以在确保效率的同时尽可能通过控制来降低风险，实现效率与风险的平衡。

授权人在完成授权后不仅不能够放松，反而要更加重视对授权的控制。失去控制的授权将给公司运营带来极大的经营风险，授权也将变为弃权。由此可见，控制是授权过程中必不可少的环节。授权的控制手段有很多种，主要包括授权前对被授权人的考察、授权过程中对被授权人的指导、授权完成后对被授权人的考核和检查等。

首先，工作要交出去，权力要授权下去，但下属那么多，究竟应将工作和权力授予谁呢？如果被授权人选择错了，不仅授权目标无法顺利完成，而且很可能给公司造成经济损失。因此，在决定授权时，应先对被授权人的职业素质进行综合考察。职业素质不仅包含了被授权人的心理素质和专业素质，更应包含被授权人的思想道德素质。被授权人过硬的思想道德素质是授权执行得以保障的基础和前提。

其次，授权过程中对被授权人的指导也是对授权进行控制的重要手段。为确保授权目标的实现，避免授权过程中信息传递的误解，被授权人在授权执行过程中经常会就授权目标、授权权限等问题与授权人进行沟通确认。这是对被授权人授权执行进行方向引导和纠正的重要手段。

最后，通过授权完成后对被授权人进行考核和检查，可以有效规范被授权人在授权执行过程中的行为,实现对授权过程无形的实时控制。

除此之外,完善的企业文化建设,正确的公司价值观导向也是授权执行过程中对被授权人形成控制的无形力量。

三、实施模式

(一)机构授权

公司在系统授权中实行逐级授权的基本模式,各级授权均通过上级机构制定授权方案授予下级机构经营管理权限的方式进行。即总公司向各省级分公司授权,省级分公司在自身权限内向所辖各地市分公司转授权,地市分公司结合自身权限向所辖各县区支公司进行再转授权。

作为系统授权经营权限的载体,授权方案主要由授权人、被授权人、授权事项、授权适用范围、授权权限范围、授权有效期限等要素构成。各要素之间互为补充,共同构建了公司完整规范、权责清晰、界限明确的授权经营体系。

在公司授权中,作为公司的法定代表人,公司领导将自身的经营管理权限下授给内部员工行使。其中,授权人为公司领导本身,被授权人为公司内部员工。授权必须明确到具体的个人,不能含糊其辞,也不能重复授权。

授权事项是授权的主要内容,是授权人对被授权人授予经营管理权限的具体内容。在表述上,授权事项要做到具体明确,避免因授权事项间的边界模糊和权限重叠造成授权不清。

授权适用范围是对授权事项在时间及空间方面的进一步限定,主要用于对授权事项具体适用区域、年度及月份的规定。如“2013 年广东省分公司员工因私休假审批权”。

授权权限范围是对授权事项在权限大小方面的进一步限定,主要用于对授权事项具体金额及条件的规定。如“2013 年广东省分公司经理室成员以外员工因私休假审批权”。

授权有效期限是授权的必要组成部分,一般分为时间期限与时限期限两种。其中时间期限是对授权时效的时间日期予以明确表示,如“本授权在 2013 年 8 月 4 日前有效”;时限期限是对授权持续时间予以限定的表述,如“本授权有效期为自签发之日起 30 日”或“本授权至广东省 × × 集团 2013 年 × × 项目活动结束止”。

1. 总公司对省级分公司的授权。总公司对省级分公司的授权,通过公司总裁签发《授权书》的形式执行。

(1)《授权书》的制定过程。每年 12 月初,总公司法律部向各职能部门征求下一年度的授权权限修改建议。各职能部门根据各省级分公司所在地的经济发展情况、内部控制情况、业务经营管理情况、人员配置情况及财务状况等，提出差异化的授权建议，在征得分管副总裁同意后反馈至法律部，由法律部统一整理汇总形成《授权书》草稿报公司总裁审批。

(2)《授权书》的结构。由授权人声明、授权人授权、授权期限三部分构成。授权人声明部分主要列明总公司保留行使的权限，对该部分权限，各级分支机构未经总公司特别授权，一律不得行使；授权人授权部分是总公司授予省级分公司行使的权限，其中包括限制转授权的内容，对限制转授权的权限，省级分公司不得向下一级分支机构全部转授；授权期限为本年度《授权书》签发之日起至下一年度《授权书》签发之日止。

(3)授权权限的主要范围。总公司除授予省级分公司承保理赔等保险业务管理权限外，还授予分公司日常经营管理中所涉及的人力资源、计划财务、信息技术、系统需求管理、法律事务、合规事务、监察审计、教育培训、集中采购、企业文化建设、外事宣传管理及单证管理等具体权限。

(4)授权权限的调整。在授权期限内，总公司可以根据各省级分公司的授权执行情况及经营管理状况等，适时调整授权权限。对经营情况良好，无越权经营的分公司，总公司可以根据业务发展需要，在本年度或下一年度适当扩大其业务经营管理权限；对于经营情况不好，存在越权行为的分公司，总公司可以根据情况限制甚至取消其相应业务经营管理权限。

授权权限调整应根据公司《统一法人授权经营管理规定》履行变更程序，由总公司有关职能部门拟订权限变更建议，法律部门审核后，经公司领导签发以公司发文的形式下发被授权人执行。未经前述变更程序，任何部门或个人不得对《授权书》进行变更。

业务属主部门专业负责，法律部归口管理的模式，在保证授权经营工作规范有序开展的同时，兼顾了权限制定时的对口管理，实现了规范性与灵活性的平衡。

2. 转授权与再转授权。每年初总公司向各省级分公司下发《授权书》后，各省级分公司、地市分公司分别在上一级公司授予的权限范围内，通过《转授权书》和《再转授权书》的形式向所属下一级分支机构进行转授权或再转授权。

《转授权书》与《再转授权书》的形成过程、结构、权限范围、权限调整基本与《授权书》一致，但在正式下发之前需要报上一级公司法律部门审核。法律部门重点审核分公司制定的《转授权书》或《再转授权书》的形式和内容是否符合公司规定，确保授权内容不越权。

由于公司近年实行了“省集中”管理模式，目前，《转授权书》《再转授权书》中的保险业务管理权限根据“省集中”管理模式主要集中在各省分公司行使，被转授权、再转授权的权限主要是人力资源、计划财务、信息技术等综合事务管理权限。

转授权与再转授权是逐级授权在公司系统实施的基本模式，该做法充分保证了省级分公司的管理职能，在兼顾省级分公司在所辖范围经营自主性的同时，强化了其对于下级分支机构授权经营管理的责任意识。

（二）岗位授权——《权责规范手册》的创新应用

《权责规范手册》有关工作是对于机构授权模式的进一步深化，是公司对于从岗授权、从人授权的有益探索及创新。

1.《权责规范手册》形式及内容。《权责规范手册》采用表格的形式制定，由分权手册和职权手册两部分构成。分权手册主要以总部各具体管理事项为基础，按事项的审批流程制表，确定各层级岗位在各事项中的工作权限及环节；职权手册主要规定各层级岗位对每一相关管理事项的具体权限。

第一部分分权手册根据管理事项性质的不同，分为产品线部门综合管理权限分权手册、产品线部门业务管理权限分权手册及非产品线部门综合管理权限分权手册。

第二部分职权手册根据岗位的不同，分为总裁职权手册、副总裁职权手册、部门负责人职权手册及处室负责人职权手册。

为阅读方便，《权责规范手册》在排版上主要以部门为单位分别制定。

2.《权责规范手册》的基本原则。《权责规范手册》的制定、解释和执行应遵循定期更新、充分协商异议上报、与作业流程标准化衔接等原则。

定期更新原则，是指《权责规范手册》应根据各部门岗位设置、工作内容及工作流程的变动定期进行更新。在每年年初公司《授权书》下发后，总公司法律部向各职能部门征求本年度《权责规范手册》修改建议。各职能部门根据本部门的实际情况对于上年度《权责规范手册》内容进行修改补充，在征得分管副总裁同意后反馈至法律部，由法律部统一整理汇总形成《权责规范手册》草稿报公司总裁审批后下发。

充分协商、异议上报原则，是指在某项工作事项的主办部门未采纳协办会签部门提出的意见时，该事项应提交双方共同的分管领导审批；双方分属于不同分管领导的，应由各自分管领导共同协商解决；经协商仍不能达成一致意见的，提交总裁审批。

与作业流程标准化衔接原则，是指《权责规范手册》规定的岗位职责权限与公司标准化作业流程互相衔接、保持一致。作业流程标准化是从流程上规范公司各项工作,《权责规范手册》是从岗位权限上规范公司各项工作,侧重点各有不同。在制定《权责规范手册》时要关注与流程标准化的衔接一致问题。

3.《权责规范手册》的制定依据和实施范围。《权责规范手册》的制定依据主要是公司各岗位说明书、年度授权书和各岗位工作实际等。

《权责规范手册》的实施范围主要包括各级公司领导(如总公司的总裁、副总裁,分公司的总经理、副总经理)、部门负责人、处室负责人、主要岗位(如业务部门具有实际业务权限的岗位)、下一级分支机构等,体现的是各事项中上述层级间的权限分配及办理流程。

4.《权责规范手册》制定的重要意义。通过制定、下发各级机构的《权责规范手册》,促使各级机构中担任一定管理职务的领导者将部分解决问题、处理问题的权利授权到相关岗位或个人,理顺管理流程;进一步明确总部和各级分支机构相关岗位或个人的职责权利,实现管理升级,提高公司的决策效率和决策的科学性,规范内部授权体系,防范和化解经营风险。

在制定完成《权责规范手册》的基础上,通过《权责规范手册》与公司核心业务系统的有效对接,实现《权责规范手册》的智能化落地,把《权责规范手册》的内容嵌入公司运营流程中,体现在公司 IT 系统中,落实到业务操作的权限控制中,从而实现对有关权限的系统刚性管控。

(三)特别授权

根据授权内容的不同,公司授权可分为基本授权和特别授权两种方式。前述机构授权与岗位授权均属基本授权中根据授权对象不同进行的分类,主要体现了授权权限在系统执行过程中由机构细化至个人的过程。而特别授权,是指授权人在国家法律法规和公司章程规定的权利范围内,对所属职能部门和省级分公司超出基本授权范围的针对某一特定事项做出的临时性授权。

在公司经营过程中,经常遇到超出被授权人权限,但综合内控风险及运营效率可由被授权人独立处理的事项。这种情况下就需要由授权人在基本授权范围之外,向被授权人出具特别授权书,授予其临时处理该事项的权限。特别授权的范围主要包括特殊业务、创新业务及其他超出基本授权范围的事项。

在形式上,特别授权书应包括授权人名称、被授权人名称、授权内容及授权权限、授权期限、授权时间等必备要素。作为一项临时性授权,特别授权一般在授权事项执行完毕、授权期限届满或授权被撤销时效力终止。特别授权是公司授权制度下不可或缺的授权模式,在丰富基本授权的完整性上发挥着至关重要的作用。

四、监督执行

（一）公司各部门在授权经营监督执行中的职责

1. 公司法律部门的职责。根据公司《统一法人授权经营管理规定》，为确保各项授权权限的正确行使，公司法律部门主要负责协调督促各职能部门开展授权经营的监督检查工作。

2. 公司其他职能部门的职责。根据公司《统一法人授权经营管理规定》，各职能部门应在日常管理中加大对授权执行情况的管控，如发现超越授权、未经授权开展保险业务、超越权限理赔以及其他重大风险事项，各职能部门应及时督促有关机构和个人限期改正并通知法律部门。

（二）公司关于授权经营监督执行的规章制度

为确保授权经营制度的贯彻落实，公司先后制定下发了《统一法人授权经营管理规定》《关于违反“六条禁令”的处理方法》《重大案件领导责任追究暂行规定》等规定，对授权经营的监督执行及违反授权经营的罚则做出了详细规定。对违反授权经营的单位和个人，除依规定对机构进行处罚外，还应当追究主要负责人的领导责任。对机构的处罚，包括通报批评、变更或撤销授权等；对主要负责人的处罚包括警告、记过、记大过、降职、解聘领导职务或撤职、解除劳动合同或开除等。

（三）公司关于授权经营监督执行的制度性工作

1. 定期报告制度。目前，公司授权经营管理工作已经形成了定期报告的工作制度，以督促、检查分公司推进各项授权经营管理有关工作。根据要求，每年 6 月 30 日前各省级分公司应上报本分公司本年上半年授权经营管理工作总结。总结内容应包括本分公司转授权、再转授权工作推进情况，《权责规范手册》的制定上报情况，权限实施查询系统更新工作推进情况，《权责规范手册》与业务系统对接工作维护情况等。

2. 系统授权经营执行情况统计分析、通报问责制度。总公司法律部各季度均会对系统授权经营执行情况进行统计分析并形成报告，报告包括从系统内各口径汇总的越权行为有关情况，主要问题分析、改善建议等内容。而后，通过公司内网向全系统通报越权行为情况，并将越权信息向总公司相关部门及监察部或审计部反馈，由总公司对口部门依职权督促分公司进行事后问责工作。

3. 授权经营检查工作制度。为了检验分公司每年的授权经营管理有关工作完成情况，发现存在问题，推进系统授权经营管理工作的完善和升级，总公司法律部每年会组织对分公司的授权经营管理工作进行现场和非现场的检查。对于检查中发现问题进行及时的反馈，督促、指导分公司进行整改，以推进分公司有关工作的进一步完善。

第三节　统一法人授权经营管理的探索

一、公司现有授权制度存在的问题

公司现有授权制度已实施多年，在实施初期，每年年初系统逐级编制《授权书》《转授权书》《再转授权书》的模式体现出了授权体系的严谨性和严肃性。通过上级机构向下级机构下发授权，被授权机构签署《授权承诺书》的方式，不仅使授权权限逐级可控，也一定程度上强化了下级机构严格遵照授权权限经营业务的依法合规经营意识。但是，现有的授权模式也存在着自身的局限性。

一方面，随着市场环境的逐渐成熟，分支机构作为区域性市场经营主体的作用愈加显现，分支机构对于授权权限细化和个性化的需求逐年增加。公司授权经营虽然一直秉承动态授权的原则，倡导主管部门根据被授权人业务执行情况对其权限予以动态调整。但限于公司授权采用纸质文本编集的方式，从整体修订流程及印制成本的角度考虑，作为统一文档的《授权书》无法对每次权限调整予以体现，造成年度中的权限调整只能通过特别授权发文的形式通知被授权人，并在次年《授权书》中统一进行更新修订，这在一定程度上削弱了《授权书》在系统执行中的唯一性和严肃性。

另一方面，《授权书》纸质文档的属性决定了它特有的制定流程。在根据各部门修订意见完成《授权书》电子文档修订工作后，公司领导对修订完成的电子版《授权书》进行签发生效，但此时作为系统授权文件的纸质文档《授权书》实际刚刚交付印刷。在授权人的《授权书》生效下发后，下级分公司将采取相同的流程先后对被授予权限进行分解，制定《转授权书》《再转授权书》。因此，从公司领导签发《授权书》到权限被逐级分解至基层经营机构，往往需要比较长的时间，一定程度上造成了授权生效时间的延迟。

二、公司授权经营管理工作的新探索——授权管理信息化

针对公司现有的授权制度存在的不足，总公司法律部进行了一系列有益的探索以达到维持公司授权的唯一性和严肃性，同时兼顾系统动态授权的差异化需求

的管理目标,这些探索主要体现为对授权管理信息化工作的逐步推进。

授权管理信息化工作是指通过开发不同功能的信息系统实现对公司授权权限的管理,使公司授权制度的实现模式从书面化转变为信息化,实现授权管理工作的智能化落地。根据信息化系统功能实现的不同,具体可分为以下几个阶段:

(一)授权展示系统

作为公司授权信息的电子化载体,授权展示系统实现了公司系统授权文件的电子化展示和存储。通过统一的格式模板,经领导签字生效的电子版《授权书》被导入至授权展示系统,在省去《授权书》印制环节和成本的同时实现了系统全员对授权权限内容的查询和浏览。

授权展示系统实现了公司授权文本从纸质到电子化文档的转换,使授权权限内容的电子化查询和浏览成为现实,是授权系统化实现的最初阶段。

(二)授权管理系统

授权管理系统,是在授权展示系统的基础上实现对授权权限内容的管理功能。系统通过对授权权限内容的数据库化,实现对下级权限内容的管理。

在授权管理系统的应用下,需对系统授权权限逐条进行标准化梳理。针对同一授权事项,系统各级分支机构需采用相同的权限表述方式进行表述。在权限表述标准化的基础上,系统通过对同一授权事项权限内容的判定,识别下级分支机构的权限设定及分配是否超越上级分公司权限。以此形成该授权事项由上级至下级,权限由高至低的权限管理链条。

授权管理系统规范了以往授权表述及权限标准不一致的情况,在授权权限内容电子化查询和浏览的基础上,以系统智能校验的方式替代了以往人工对下级分公司授权权限的核对,实现授权系统化的初步管理功能。

(三)授权管控系统

授权管控系统是公司授权系统化实现的理想模式,在系统授权电子化制定、权限智能校验、文档电子化查询和浏览的基础上,实现了授权权限的智能化落地。

系统构建完成后,不仅将实现系统各层级授权的标准化在线制定、审核、浏览和导出,还将实现对公司财务、业务等系统中各岗位操作权限的集中管理。通过与相关系统的对接,由授权管控系统取代公司财务、业务等系统的权限配置功能模块,对相应系统中的员工操作权限实现刚性控制。在授权权限制定或发生调整变化时,由主管部门在系统中发起权限调整申请,经有权批准的领导批准后,由本级机构对系统中相关权限配置进行调整,并执行生效。生效后,相关权限调整方案将在对应系统中实时生效。

授权管控系统全面实现了公司授权的集中化闭环管理。在实现授权权限全流程管理的同时,实现了授权权限在对应业务操作系统当中的落地,使授权管控直接作用于公司的一线业务操作。

第三章　保险条款、合同审核及外聘非诉律师管理

第一节　主要险种保险条款审核要点

第一小节　保险条款审核概要

一、保险条款审核依据

（一）保险条款监管的法律依据

保险条款监管的法律依据主要源于《保险法》第136条及第137条的规定。该条规定赋予了中国保监会对保险条款的行政监管权。保监会在法律授权的基础上，于2005年首次颁布了《财产保险公司保险条款和保险费率管理办法》，2004年首次颁布了《人身保险产品审批和备案管理办法》。并分别于2010年和2011年相应更新为《财产保险公司保险条款和保险费率管理办法》（保监会令2010年第3号）和《人身保险公司保险条款和保险费率管理办法》（保监会令2011年第3号），进一步细化了对保险条款监管的具体内容。

（二）保险条款监管的形式

根据《保险法》及保监会的有关规定，保监会对保险条款的监管可以划分为审批和备案两种类型。

按照《财产保险公司保险条款和保险费率管理办法》的有关规定，保险条款分为以下两个层次：①审批类条款：机动车辆保险、非寿险投资型保险、保险期间超过1年的保证保险和信用保险、中国保监会认定的其他关系社会公众利益的保险险种和依照法律和行政法规实行强制保险的险种。②报备类条款：不属于审批类的保险条款。

按照《人身保险公司保险条款和保险费率管理办法》的有关规定，保险条款分为以下两个层次：①审批类条款：关系社会公众利益的保险险种、依法实行强制保险的险种、中国保监会规定的新开发人寿保险险种、中国保监会规定的其他险种。②报备类条款：不属于审批类的保险条款。

（三）保险条款法律监管的具体规定

1. 条款内容的实体性要求。按照《财产保险公司保险条款和保险费率管理办法》的有关规定，法律责任人应当对财产保险条款以下问题进行审核：

（1）保险条款符合《中华人民共和国保险法》等法律、行政法规和中国保监会的有关规定；

（2）保险条款不损害社会公共利益、不侵害投保人、被保险人和受益人的合法权益；

（3）合同要素完备、文字准确、语言通俗、表述严谨；

（4）中国保监会规定的其他责任。

按照《人身保险公司保险条款和保险费率管理办法》的有关规定，法律责任人应当对人身保险条款以下问题进行审核：

（1）保险条款公平合理，不损害社会公共利益，不侵害投保人、被保险人和受益人的合法权益；

（2）保险条款文字准确，表述严谨；

（3）具有产品说明书的，产品说明书符合条款表述，内容全面、真实，符合中国保监会的有关规定；

（4）保险条款符合《保险法》等法律、行政法规和中国保监会有关规定；

（5）中国保监会规定的其他责任。

2. 条款报备的程序性要求。根据《财产保险公司保险条款和保险费率管理办法》和《人身保险公司保险条款和保险费率管理办法》的规定，保监会按照财产保险条款、人身保险条款、报批类条款、报备类条款作了不同的监管规定。

报批类条款：应当经过保监会审批后方可使用。

报备类条款：报备类财产险条款应当在经营使用后 10 个工作日内报保监会备案；报备类人身保险条款应当在不迟于产品使用后 10 日内将备案材料报送中国保监会。

3. 条款违法的后果。根据《保险法》第 137 条的规定，如保险公司使用的保险条款和保险费率违反法律、行政法规或者国务院保险监督管理机构的有关规定的，由保险监督管理机构责令停止使用，限期修改；情节严重的，可以在一定期限内禁止申报新的保险条款和保险费率。

二、一般保险条款的构成要素

(一)保险合同的构成要素

根据《保险法》第18条对保险合同构成要件的规定,保险合同中一般应当载明以下内容:

1. 保险人名称和住所;
2. 投保人、被保险人名称和住所,以及人身保险的受益人的名称和住所;
3. 保险标的;
4. 保险责任和责任免除;
5. 保险期间和保险责任开始时间;
6. 保险金额;
7. 保险费以及支付办法;
8. 保险金赔偿或者给付办法;
9. 违约责任和争议处理;
10. 订立合同的年、月、日。

需要说明的是,以上内容属于《保险法》对所有保险合同的示范性内容,并不一定适用于某一具体的保险合同。例如,非补偿性人身保险合同及不定值财产保险合同中就不会载明具体的保险价值。

(二)保险条款的构成要素

保险条款记载了保险合同当事方的主要权利义务关系,是保险合同重要的组成部分。保险条款一般记载如下事项(一些具体信息则在保险单及其他单证中载明):

1. 总则;
2. 投保人、被保险人及保险标的范围条件;
3. 保险责任;
4. 责任免除;
5. 保险期间和保险责任期间计算方法;
6. 保险金额确定的方法;
7. 保险人的义务;
8. 投保人、被保险人义务;
9. 保险金赔偿或者给付办法;

10. 法律适用、争议处理规则；

11. 解除保险合同规则及退还保险费计算办法等。

上述内容属于一部完整的保险条款所应当具有的一般性条款。不同类型的条款可能需要根据具体情况对具体内容作出相应的增减。例如，财产保险条款中可能会对保险价值的计算方法作出明确的约定；人身保险中可能会对受益人确定及变更规则作出明确的约定。

三、适时完善保险条款框架

公司保险条款应严格遵守《保险法》等法律法规及保监会监管要求。为逐步推进公司保险条款开发的规范性及标准化水平，有效提高保险条款法律审核服务的效率，逐步合理缩短保险条款审核流转的时间，法律部于 2006 年首次制定了包括财产保险、责任保险、意外伤害保险的覆盖三大险种的保险条款框架，并总结了包括企业财产保险、责任保险在内的主要险种保险条款审核要点，供全系统法律工作人员及产品线在保险条款开发、审核时参照适用。自拟定保险条款框架和编写审核要点以来，公司的保险条款开发、法律审核工作规范化、标准化及审核效能均得到稳步提升。

法律部在不断总结日常保险条款审核经验的基础上，参照已有保险条款框架体例、结构，扩充了保险条款框架的覆盖范围，目前已有农业保险（包括种植险和养殖险）、财产保险、责任保险、意外伤害保险（包括团险和个险）、国内货运险、政策性农房保险以及附加险条款（包括 A 款和 B 款）共 10 类保险条款框架。

现行条款框架是在 2006 年版本基础上经过两次系统性修改而来。第一次修改时间为 2009 年，系基于 2009 年《保险法》的修订而进行的适法性修订。2009 年《保险法》加强了对投保人、被保险人的保护，并对相关规定作了修改。第二次修改时间为 2012 年。公司根据新的监管动向及产品线的业务管控需求，为进一步提高保险条款开发、审核的规范性，保证公司条款依法合规，对公司条款框架进行了再次修订。此次修订对原框架进行了全面精简：①删除了保险人明确说明、保险合同解除权行使期限等义务，保留了签发保险单等保险人主要义务。②对投保人及被保险人义务进行了精简，删除了不履行义务的惩罚性法律后果。③统一增加了合法性保证条款。毋庸置疑，伴随着监管要求的变化和保险市场的发展，保险条款框架需要适时合理调整，以符合保险法律法规以及监管部门的要求，并最大限度地满足产品线业务发展需求。

第二小节　企业财产保险条款审核要点

一、总则

（一）保险合同的构成及形式

1. 保险合同的构成要素完整。一般而言，一份完整的保险合同由保险条款、投保单、保险单以及批单组成。出于业务和管理的需要，一些险种设计有除保险单以外的其他保险凭证，此时在“合同构成”中应当增加“其他保险凭证”一项。另外，由于“特别约定”一般包含在保险单中而成为保险单的组成部分，无须在构成要素中单独列出。

2. 保险合同应当约定采用书面形式。为了明确保险合同双方的权利义务，减少争议和纠纷，同时也为了便于举证，保险条款应当约定“凡涉及本保险合同的约定，均应采用书面形式”。

（二）投保人、被保险人范围

对投保人、被保险人资格有特殊要求的保险条款，应列明投保人、被保险人的范围。列明范围时应做到不重复、不遗漏，界定清楚明确，列举完整齐备。

（三）综合保险条款各部分约定的适用范围

包含不同保险责任的综合保险条款一般采用分为几个部分约定的方式，如总则、财产损失保险部分、营业中断保险部分……通用条款部分等。应在条款中约定有关各特定保险责任的部分适用于各自部分，总则、通用条款适用于整个保险合同，以明确不同部分内容的适用范围。

二、保险标的

由于企业财产种类繁多，价值确定方式和价值数额相差较大，风险程度也各不相同，并且企业财产范围很广，保险人无法对所有财产进行承保。因此，企业财产有的是可以承保的，有的是不可承保的。与之相应，企业财产可以分为一般承保财产和不保财产。

（一）一般承保财产

一般承保财产，即符合特定企业财产保险条款风险要求和保障范围的企业财产。要求条款中应表述清楚明确，没有歧义。

(二)不保财产

有些企业财产不符合特定企业财产保险条款的风险要求,不在该特定险种的保障范围之内。不予承保的原因包括不能用货币衡量其价值、道德风险极大难以控制、违反法律法规或社会公共利益、是其他险种的保险标的等。

三、保险责任

保险条款中有关保险责任的约定必须界定清楚,含义明确。对于一些具有特殊含义以及与通常理解不一致的用语,必须对其含义作出清楚明确的界定。企业财产保险项下的保险责任可以进一步细分为承保风险直接造成保险标的的损失赔偿责任(责任1)、施救费用赔偿责任(责任2)。应注意,在我公司现行条款体系中,责任1是作为保险标的的损失赔偿,并不得超过保险金额,责任2则在保险标的损失赔偿金额以外另行计算,最高不超过被施救保险标的的保险金额。

四、责任免除

一般可分为原因除外和损失(费用)除外两部分。

(一)原因除外

1.由于保险人要援引"原因除外"所列原因而免除责任,需要证明"原因"与"损失"之间存在因果关系,因此,对于一些很难证明与"损失"之间存在因果关系的项目,需要从"原因除外"中剔除,而作为不需要证明因果关系的"免责情形"列入"损失(费用)除外"项下或单列一条"除外情形"。

2."原因除外"一般应包括常规除外原因(如投保人、被保险人的故意行为,战争、敌对行动、军事行为、武装冲突、罢工、骚乱、暴动、恐怖活动,行政行为或司法行为……)以及与特定保险条款风险选择与控制、费率厘定因素相关联的其他除外原因。列举除外原因要明确、全面。

(二)损失(费用)除外

应注意明确约定保险人不负责赔偿被保险人的间接损失、保险合同载明的免赔额或根据保险合同载明的免赔率计算的免赔额。

五、保险金额与免赔额(率)

(一)保险金额

保险金额可以由投保人参照保险价值自行确定,并在保险合同中载明。需要注意:由于企业财产保险在理赔处理中首先需要将保险金额与保险价值加以比较以确定是否足额投保，并且不足额投保的一般将比例赔偿，为减少争议和纠纷，保险金额可以由投保人参照一定基础自行确定或由投保人和保险人双方协商确定。

（二）免赔额（率）

为控制风险，增强被保险人的责任心，可以约定免赔额（率）。由于免赔额（率）与最终赔偿金额密切相关，并且还会与保险费率关联，因此要注意免赔额（率）要由投保人和保险人在订立合同时协商确定，并在保险合同中载明。

值得注意的是，根据《保险法司法解释（二）》第9条的规定，保险人提供的格式合同文本中的免赔额（率）属于“免除保险人责任”的条款，应该突出显示（黑体字方式）。审核条款时应当予以关注。

六、保险期间

由于财产保险一般均为短期险种，大多为一年期险种，当然也可由当事人根据具体情况做不同约定，因此需在条款中明确：“除另有约定外，保险期间为一年，以保险单载明的起讫时间为准”。

公司以前的条款习惯称之为“保险期限”，为与《保险法》表述一致，在对以前的条款进行修订的时候，应注意将“保险期限”修改为“保险期间”。

七、保险人义务

2009年保险法修改后，法律更加注重对投保人、被保险人权利的保护，为凸显保险合同中双方权利义务的对等，我公司新的保险条款框架中统一增加了保险人义务一章。

（一）签发保单义务

《保险法》第13条规定了保险合同成立后，保险人向投保人签发保险单或者其他保险凭证的义务。

（二）补充索赔证明和资料的通知

《保险法》第22条明确了保险人要求补充索赔资料的，应当一次性通知投保人、被保险人。

（三）及时核定、赔付义务

《保险法》第23条明确规定了保险人的理赔时限，同时也赋予了保险人与投保人另行约定复杂案件理赔时限的权利，制定条款时应当按照法律的规定并结合业务具体情况合理制定复杂案件的理赔时限。

八、投保人、被保险人义务

(一)如实告知义务

《保险法》第16条对如实告知义务有明确规定。条款中仅约定提醒投保人履行该义务即可。而对于客户未履行该义务的法律后果,鉴于《保险法》16条已有明确约定,无需再在条款中重复约定,可直接适用《保险法》该条规定。

(二)保险费交付义务

根据公司现行条款的约定,企业财产保险的保险费以一次交付为原则,以分期交付为例外,并且分期交付须经保险人同意。应注意条款的表述要与此保持一致。

关于违反交费义务的惩罚性法律后果,保险法没有具体规定,一般也不应约定,实践中可通过业务实务指引进行管控。

(三)防灾防损义务

条款中仅约定提醒投保人、被保险人履行该义务。而对于投保人、被保险人未履行该义务的法律后果,鉴于保险法51条已有明确约定,无需再在条款中重复约定。

(四)保险标的转让通知义务

《保险法》第49条对此有明确规定。条款中仅约定提醒被保险人、受让人履行该义务即可。而对于被保险人、受让人未履行该义务的法律后果,鉴于《保险法》49条已有明确约定,无需再在条款中重复约定。

(五)危险程度增加的通知义务

《保险法》第52条对此有明确规定,应严格按照该条规定予以审核。2009年对《保险法》修订后,新法将原有"危险程度增加"改为了"危险程度显著增加的",审核时应当特别予以注意。而对于被保险人未履行该义务的法律后果,鉴于保《险法》52条已有明确约定,无需在条款中重复约定。

(六)保险事故通知义务

《保险法》第21条将投保人、被保险人违反本项义务,保险人相应免责的后果限定在了投保人、被保险人"故意或者因重大过失"的情形下,未及时通知,保险人对因此无法确定的保险事故部分不承担赔偿责任。且排除了保险人通过其他途径已经及时知道或者应当及时知道保险事故发生时,投保人、被保险人违反本项义务的法律后果。

条款中一般应约定被保险人施救义务、及时通知义务两方面的内容。而对于违反前述两项义务的法律后果,鉴于《保险法》对此有明确规定,无需再在条款中重复约定，可直接适用《保险法》该条规定。

（七）追偿协助义务

《保险法》第60条、第61条、第63条对此有明确规定，需特别注意《保险法》将被保险人过错致使保险人不能行使代位请求赔偿的权利的法律后果，修改为了被保险人"故意或者因重大过失"致使保险人不能行使代位请求赔偿的权利的法律后果，并且《保险法》第61条第3款规定了被保险人"故意或者因重大过失"致使保险人不能行使代位请求赔偿的权利的法律后果。

条款中一般仅约定提醒投保人、被保险人履行该义务。而对于投保人、被保险人未履行该义务的法律后果，鉴于保险法已有明确约定，无需再在条款中重复约定。

（八）单证提供义务

1. 应根据《保险法》第22条规定，明确投保人、被保险人负有提供与确认保险事故的性质、原因、损失程度等有关的证明和资料的义务。证明和资料与保险事故要具有相关性，列举要全面，还要考虑实际的操作性。需要注意的是，《保险法》还特别规定，保险人只能要求投保人、被保险人提供其可能拥有和掌握的证明和材料。

2. 而对于违反前述义务的法律后果，关于违反单证提供义务的惩罚性法律后果，《保险法》没有具体规定，一般也不应约定，实践中可通过业务实务指引进行管控。

九、赔偿处理

（一）被保险人索赔的基础

《保险法》第48条规定了保险事故发生时，被保险人对保险标的不具有保险利益的，不得向保险人请求赔偿保险金。为保障保险利益和损失补偿原则的实现，应按照上述条文予以严格审核。

（二）赔偿方式选择

一般而言，保险人的赔偿方式有以下三种：货币赔偿、实物赔偿、实际修复。

企业财产保险事故发生后，保险人有权从自身利益出发，选择对自己有利的赔偿方式；保险人选择了一种赔偿方式意味着放弃了其他的赔偿方式，保险人作出选择后不得再行更改。

（三）残值处理

根据保监会有关规定，保险标的遭受损失后，如果有残余价值，应当由双方协商处理。应避免直接做出“残余的受损标的折归被保险人所有”的规定。

(四)标的损失计算

注意应当分足额保险和不足额保险分别约定:

1.足额保险情况下,按实际损失计算赔偿,最高不超过保险价值。

2.不足额保险情况下,按保险金额与保险价值的比例乘以实际损失计算赔偿,最高不超过保险金额。

3.受损保险标的不止一项时,应分项按照上述约定计算赔偿。

(五)免赔额(率)适用

1.免赔额(率)在适用中存在两种做法:第一种是先从实际损失中扣减再按照合同约定计算赔偿金额;第二种是先按照合同约定计算赔偿金额再予以扣减。由于扣减的顺序不一样,导致实际赔偿金额也不一样。因此应当在条款中明确约定免赔额(率)的适用方法。

2.在公司目前的条款体系中,系采用第二种做法。

3.根据《保险法》的规定,为鼓励被保险人积极施救,避免损失扩大。施救费用不应扣减免赔额(率)。

(六)保额冲减与恢复

1.适用条件。仅适用于保险标的发生部分损失的情况,原因在于保险金额是保险人承担标的损失赔偿责任的最高限额。

2.保额冲减。保险标的发生部分损失,保险人履行赔偿义务后,保险金额将自损失发生之日起按保险人的赔偿金额相应减少,保险人不退还保险金额减少部分的保险费。

3.保额恢复。如投保人请求恢复至原保险金额,应按原约定的保险费率另行支付恢复部分从投保人请求的恢复日期起至保险期间届满之日止按日比例计算的保险费。

十、争议处理

(一)争议处理方式

公司现行保险条款一般约定两种争议处理方式,即申请仲裁或诉讼,由当事人在合同约定从下列两种方式中选择一种:①因履行本合同发生的争议,由当事人协商解决,协商不成的,提交保险单载明的仲裁委员会仲裁;②因履行本合同发生的争议,由当事人协商解决,协商不成的,依法向人民法院起诉。

值得明确的是,为了降低成本、提高效率、维持当事人之间的良好关系,对于前述争议处理方式，当事人都要先行协商，协商不成再申请仲裁或提起诉讼。

另对于仲裁机构或管辖法院，不要在条款中约定，以避免限制投保人、被保险人选择权的嫌疑。

(二)法律适用

应明确约定“与本保险合同有关的以及履行本保险合同产生的一切争议，适用中华人民共和国法律(不包括港澳台地区法律)”。这对于具有涉外因素的保险合同尤为重要。由于法律制度和法律规定的差异，保险人责任的有无和责任的轻重可能相差巨大，为避免外国法律对保险人责任的影响，有必要如此约定。同时，为了明确法律仅涉及中华人民共和国全国性法律，因此有必要排除“港澳台地区法律”。

十一、其他事项

(一)合同解除权约定

1. 首先应当明确，在我国目前法律体系下，除《保险法》另有规定或保险合同另有约定外，保险合同成立后，投保人可以解除保险合同，而保险人不得解除保险合同。因此，对投保人的解除权不要轻易予以限制，而对保险人的解除权不要轻易予以扩大。

2. 要注意明确约定合同解除的条件、程序、合同解除的时间以及保险费如何处理，减少争议。

(二)合同终止约定

1. 保险标的发生全部损失，如果属于保险责任，则在保险人履行赔偿义务后，因保险标的灭失，风险不复存在，保险合同自应终止。保险人由于已经按照保险合同约定履行了全部义务，因此不存在退还保险费的问题。

2. 保险标的发生全部损失，如果不属于保险责任，由于保险标的灭失，风险不复存在，保险合同也应终止。由于保险人承担了自保险责任开始之日起至损失发生之日止期间的风险，有权收取上述期间的保险费，剩余部分保险费退还投保人。

3. 除前述情况外，根据法律规定保险标的在保险期间内未发生保险事故或保险合同解除时，保险合同也发生终止。

(三)合法性保证约定

符合法律、行政法规和保监会的有关规定，是保险条款基本的合法性保证。为依法维护投保人、被保险人合法权益，为保证保险条款依法合规，现条款一般都约定“本保险合同约定与《中华人民共和国保险法》等法律规定相悖之处，以法律规定为准。本保险合同未尽事宜，以法律规定为准”。

十二、释义

对于保险条款中需要进一步明确含义的词语,可以统一在此作出定义。需要作出释义的原因一般有:保险条款中赋予特定含义、与通常含义不一致、容易引起误解等。

释义内容应符合《保险法司法解释(二)》第17条的规定,审核释义条款时应当根据前述规定要求进行严格审核。

第三小节　责任保险条款审核要点

一、总则

(一)保险合同的构成及形式

1.保险合同的构成要素完整。一般而言,一份完整的保险合同由保险条款、投保单、保险单以及批单组成。出于业务和管理的需要,一些险种设计有除保险单以外的其他保险凭证,此时在"合同构成"中应当增加"其他保险凭证"一项。另外,由于"特别约定"一般包含在保险单中而成为保险单的组成部分,无需在构成要素中单独列出。

2.保险合同应当约定采用书面形式。为了明确保险合同双方的权利义务,减少争议和纠纷,同时也为了便于举证,保险条款应当约定"凡涉及本保险合同的约定,均应采用书面形式"。

(二)投保人、被保险人范围

对投保人、被保险人资格有特殊要求的保险条款,应列明投保人、被保险人的范围。列明范围时应做到不重复、不遗漏,界定清楚明确,列举完整齐备。

应当注意的是,责任保险的被保险人必须是在法律上可能对第三人承担民事损害赔偿责任的人,被保险人以自己的潜在责任为标的投保,保障自己的经济利益在责任事故发生后不受影响。因此,确定被保险人范围的时候,应当与法律法规规定的某种具体类型的民事赔偿责任的责任主体保持一致,不要将不可能承担特定类型民事赔偿责任的人牵涉进来。

二、保险责任

(一)责任损失

责任险的保险责任有两种承担方式,一种为期内发生式,一种为期内索赔式。

前者一般表述为:“在保险期间内,被保险人在……的区域范围内从事……业务时,因过失导致……事故,造成……损失,依照中华人民共和国法律应由被保险人承担的经济赔偿责任,保险人按照本保险合同约定负责赔偿”。后者一般表述为:“在保险期间或保险合同载明的追溯期内,被保险人在……的区域范围内从事……业务时,因过失导致……事故,造成……损失,由……在保险期间内首次向被保险人提出损害赔偿请求,依照中华人民共和国法律应由被保险人承担的经济赔偿责任,保险人按照本保险合同约定负责赔偿”。

由于期内发生式只需承保事故发生在保险期间内,无论索赔在何时提出,保险人均应予以赔付,但是保险人可能会在保险期间终止以后一段时间,甚至很长时间后还要对发生在保险期间内的事故承担责任,产生所谓的“长尾巴责任”,这既不利于督促被保险人及时行使自己的权利,又不利于保险人控制潜在责任,因此责任险条款在采用期内发生式问题上要慎重。目前公司的责任险条款已普遍采用期内索赔式,只在责任风险较小并且责任事故的影响会在短期内被发现的情况下采用期内发生式。

(二)法律费用损失

根据《保险法》第66条的规定进行审核。实务中存在以下两种表述方式:

1. 保险事故发生后,被保险人因保险事故而被提起仲裁或者诉讼的,对应由被保险人支付的仲裁或诉讼费用以及事先经保险人书面同意支付的其他必要的、合理的费用(以下简称“法律费用”),保险人按照本保险合同约定也负责赔偿。

2. 保险事故发生后,被保险人因保险事故而被提起仲裁或者诉讼的,对应由被保险人支付的仲裁或诉讼费用以及其他必要的、合理的费用(以下简称“法律费用”),经保险人事先书面同意,保险人按照本保险合同约定也负责赔偿。

第一种表述表明仲裁及诉讼费用以外的其他必要的、合理的费用必须经保险人事先书面同意,保险人才按约定承担赔偿责任;第二种表述表明,仲裁费用、诉讼费用以及其他必要的、合理的费用都必须经保险人事先书面同意,保险人才按约定承担赔偿责任。应注意其中的差别。

此外还应注意,为合理控制赔付风险,对法律费用损失的赔付责任,一般应约定法律费用限额,可单设限额也可明确为每次事故责任限额的一定比例。

三、责任免除

一般可分为原因除外、损失(费用)除外两部分:

(一)原因除外

1. 由于保险人要援引“原因除外”所列原因而免除责任,需要证明“原因”与

"损失"之间存在因果关系，因此，对于一些很难证明与"损失"之间存在因果关系的项目，需要从"原因除外"中进行剔除，而作为不需要证明因果关系的"免责情形"列入"损失（费用）除外"项下或单列一条"除外情形"。

2."原因除外"一般应包括常规除外原因（投保人、被保险人的故意或重大过失行为、战争、敌对行动、军事行为、武装冲突、罢工、骚乱、暴动、恐怖活动、核辐射、核爆炸、核污染及其他放射性污染、行政行为或司法行为……）以及与特定保险条款风险选择与控制、费率厘定因素相关联的其他除外原因。列举除外原因要明确、全面，并且对于与一般人的通常理解不一致的用语，应加以明确界定。

（二）损失（费用）除外

通常应约定，对于下列损失、费用和责任，保险人不负责赔偿：被保险人或其雇员的人身伤亡及其所有或管理的财产的损失；被保险人应该承担的合同责任，但无合同存在时仍然应由被保险人承担的法律责任不在此限；罚款、罚金及惩罚性赔偿；精神损害赔偿；被保险人的间接损失；保险合同载明的免赔额或根据保险合同载明的免赔率计算的免赔额等。

一般应避免出现"其他不属于本保险合同责任范围内的损失、费用，保险人也不负责赔偿"笼统的约定。

四、责任限额与免赔额（率）

（一）责任限额

责任限额可以包括每次事故责任限额、每人人身伤亡责任限额、累计责任限额、法律费用限额，由投保人自行确定，并在保险合同中载明。

（二）免赔额（率）

为控制风险，增强被保险人的责任心，减少责任事故的发生，同时也为了减少保险费负担，可以约定免赔额（率）。由于免赔额（率）与最终赔偿金额密切相关，并且还会与适用保险费率相联系，因此要注意免赔额（率）要由投保人和保险人在订立合同时协商确定，并在保险合同中载明。

值得注意的是，根据《保险法司法解释（二）》第9条的规定，保险人提供的格式合同文本中的免赔额（率）属于"免除保险人责任"的条款，故应该突出显示（黑体字方式）。审核条款时应当予以注意。

五、保险期间

由于责任保险一般均为短期业务，大多为一年一保，当然也可由当事人根据具体情况约定不同于一年的保险期间,因此需要在条款中明确:“除另有约定外,保险期间为一年,以保险单载明的起讫时间为准。”

公司以前的条款习惯表述为“保险期限”,为与《保险法》表述一致,在对以前的条款进行修订的时候,应注意将“保险期限”修改为“保险期间”。

六、保险费

一般而言,由于责任保险的保险费为适用的保险费率乘以累计责任限额,因此条款中大多没有单独列出这一内容。当保险费计收基础和方式与通常做法不同时,应当明确加以约定。

关于违反交费义务的惩罚性法律后果,保险法没有具体规定,一般也不应约定,实践中可通过业务实务指引进行管控。

七、保险人义务

2009 年,《保险法》修改后,法律更加注重对投保人、被保险人权利的保护,为凸显保险合同中双方权利义务的对等,我公司新的保险条款框架中统一增加了保险人义务一章。

(一)签发保单义务

《保险法》第 13 条规定了保险合同成立后,保险人向投保人签发保险单或者其他保险凭证的义务。

(二)补充索赔证明和资料的通知

《保险法》第 22 条明确了保险人要求补充索赔资料的,应当一次性通知投保人、被保险人。

(三)及时核定、赔付义务

《保险法》第 23 条明确规定了保险人的理赔时限,同时也赋予了保险人与投保人另行约定复杂案件理赔时限的权利,制定条款时应当按照法律的规定并结合业务具体情况合理制定复杂案件的理赔时限。

八、投保人、被保险人义务

(一)如实告知义务

《保险法》第 16 条对此有明确规定。条款中仅约定提醒投保人履行该义务即可。而对于客户未履行该义务的法律后果,鉴于《保险法》第 16 条已有明确约定,无需再在条款中重复约定。

(二)保险费交付义务

1. 根据公司现行条款的约定,责任保险的保险费以一次交付为原则,以分期交付为例外,并且分期交付须经保险人同意。应注意条款的表述要与此保持一致。

2. 关于违反交费义务的后果。《保险法》没有具体规定,一般也不应约定,实践中可通过业务实务指引进行管控。

(三)防灾防损义务

《保险法》第51条对此有明确规定。条款中仅约定提醒投保人、被保险人履行该义务即可。而对于投保人、被保险人未履行该义务的法律后果,鉴于《保险法》51条已有明确约定,无需再在条款中重复约定。

(四)危险程度增加的通知义务

《保险法》第52条对此有明确规定,应严格按照该条规定予以审核。2009年对《保险法》修订后,新法将原有"危险程度增加"改为了"危险程度显著增加的",审核时应当特别予以注意。而对于被保险人未履行该义务的法律后果,鉴于《保险法》第52条已有明确约定,无需再在条款中重复约定。

(五)保险事故通知义务

《保险法》第21条将投保人、被保险人违反本项义务,保险人相应免责的后果限定在了投保人、被保险人"故意或者因重大过失"的情形下,未及时通知,保险人对因此无法确定的保险事故部分不承担赔偿责任。且排除了保险人通过其他途径已经及时知道或者应当及时知道保险事故发生时,投保人、被保险人违反本项义务的法律后果。

条款中一般应约定被保险人施救义务、及时通知义务两方面的内容。而对于违反前述两项义务的法律后果,鉴于《保险法》对此有明确规定,无需再在条款中重复约定。

(六)损害赔偿请求通知义务

被保险人收到受害人的损害赔偿请求时,应立即通知保险人。而对于被保险人未履行该义务的法律后果,保险法没有具体规定,一般也不应约定,实践中可通过业务实务指引进行管控。

(七)抗辩协助义务

被保险人获悉可能发生诉讼、仲裁时,应立即以书面形式通知保险人;接到法院传票或其他法律文书后,应将其副本及时送交保险人。保险人有权以被保险人的名义处理有关诉讼或仲裁事宜,被保险人应提供有关文件,并给予必要的协助。

而对于被保险人未履行该义务的法律后果,《保险法》没有具体规定,一般也不应约定,实践中可通过业务实务指引进行管控。

(八)单证提供义务

1. 应根据《保险法》第22条规定,明确投保人、被保险人负有提供与确认保险事故的性质、原因、损失程度等有关的证明和资料的义务。证明和资料与保险事故要具有相关性,列举要全面,还要考虑实际的操作性。需要注意的是,《保险法》还特别规定,保险人只能要求投保人、被保险人提供其可能拥有和掌握的证明和材料。

2. 而对于违反前述义务的法律后果,关于违反单证提供义务的惩罚性法律后果,保险法没有具体规定,一般也不应约定,实践中可通过业务实务指引进行管控。

(九)追偿协助义务

《保险法》第60条、第61条、第63条对此有明确规定,需特别注意《保险法》将被保险人过错致使保险人不能行使代位请求赔偿的权利的法律后果,修改为了被保险人"故意或者因重大过失"致使保险人不能行使代位请求赔偿的权利的法律后果,并且《保险法》第61条第3款规定了被保险人"故意或者因重大过失"致使保险人不能行使代位请求赔偿的权利的法律后果。

条款中一般仅约定提醒投保人、被保险人履行该义务。而对于投保人、被保险人未履行该义务的法律后果,鉴于保险法已有明确约定,无需再在条款中重复约定。

九、赔偿处理

(一)赔偿责任确定基础

在责任保险中,保险人的赔偿责任是以被保险人对受害人的赔偿责任为基础的。因此应明确,保险人的赔偿以下列方式之一确定的被保险人的赔偿责任为基础:①被保险人和向其提出损害赔偿请求的……协商并经保险人确认;②仲裁机构裁决;③人民法院判决;④保险人认可的其他方式。

(二)向被保险人理赔的前提

《保险法》第65条规定被保险人给第三者造成损害,被保险人未向该第三者赔偿的,保险人不得向被保险人赔偿保险金。为有效保障第三者的利益,应严格按照上述条文予以审核。

(三)事故损失赔偿金额计算

对于每次事故造成的损失,应明确在赔偿责任确定基础上,还应适用每次事故责任限额、每人人身伤亡责任限额、保险期间内多次事故累计责任限额等(如有)。

涉及免赔额或免赔率的,如何计算也应区别对待。

(四)法律费用赔偿金额计算

对每次事故法律费用的赔偿金额,保险人在赔偿金额以外按保险合同的约定另行计算。

(五)重复保险责任的承担

1.《保险法》第56条对此有明确规定。应当注意:《保险法》赋予了保险人约定重复保险的责任承担方式的权利,不一定都得采用比例责任方式,可以根据风险控制和业务经营的需要,约定其他的责任承担方式:如差额责任、独立责任分摊、免于承担责任等。

2. 对于保险人参与重复保险分摊的条款,应约定:其他保险人应承担的赔偿金额,保险人不负责垫付。

(六)诉讼时效

根据《保险法》第26条,责任保险的被保险人向保险人请求赔偿的诉讼时效期间为二年,自其知道或者应当知道保险事故发生之日起计算。2009年对《保险法》修订后,本条规定的时效期间为诉讼时效期间,不再是以往理解的除斥期间。同时,起算点也相应修改为自被保险人"知道或者应当知道"保险事故发生之日起计算。应严格按照该条规定予以审核。

十、争议处理

(一)争议处理方式

公司现行保险条款一般约定两种争议处理方式,申请仲裁或诉讼。即由当事人在合同约定从下列两种方式中选择一种:①因履行本合同发生的争议,由当事人协商解决,协商不成的,提交保险单载明的仲裁委员会仲裁;②因履行本合同发生的争议,由当事人协商解决,协商不成的,依法向人民法院起诉。

值得明确的是,为了降低成本、提高效率、维持当事人之间的良好关系,前述的争议处理方式,当事人都要先行协商,协商不成再根据情况申请仲裁或提起诉讼。

另对于仲裁机构或管辖法院,不要在条款中约定,以避免限制投保人、被保险人选择权的嫌疑。

(二)法律适用

应明确约定"与本保险合同有关的以及履行本保险合同产生的一切争议,适用中华人民共和国法律(不包括港澳台地区法律)",这项约定对于具有涉外因素的保险合同尤为重要。由于法律制度和法律规定的差异,保险人责任的有无和责任的轻重可能相差巨大,为避免外国法律对保险人责任的影响,有必要如此约定。同时,为了明确法律仅涉及中华人民共和国全国性法律,因此有必要排除"港澳台地区法律"。

十一、其他事项

(一)合同解除权约定(可选)

1.首先应当明确,在我国目前法律体系下,除《保险法》另有规定或保险合同另有约定外,保险合同成立后,投保人可以解除保险合同,而保险人不得解除保险合同。因此,对投保人的解除权不要轻易予以限制,而对保险人的解除权不要轻易予以扩大。

2.但是,在某些险种中,为了控制投保人的道德风险和减少逆选择,也可以限制投保人的解除权,或者赋予保险人解除权。

3.要注意明确约定合同解除的条件、程序、合同解除的时间以及保险费如何处理,以增强操作性,减少争议。

(二)退保处理

1.在保险合同没有限制投保人解除权的情况下,投保人可以随时解除保险合同。投保人解除合同的,应分保险责任开始前和保险责任开始后两种情况分别约定处理方法,对此,《保险法》第54条做出了明确规定。

2.在保险合同赋予保险人解除权的情况下,可约定为:"保险人也可提前十五日向投保人发出解约通知书解除本保险合同,保险人按照保险责任开始之日起至合同解除之日止期间与保险期间的日比例计收保险费,并退还剩余部分保险费。"

(三)合同生效

《保险法》第13条规定了保险人可以和投保人约定保险合同生效的条件和期限,制定条款时可根据业务实际情况在保险条款中载明。如无特别约定,保险合同自成立时生效。

(四)合法性保证约定

符合法律、行政法规和保监会的有关规定,是保险条款基本的合法性保证。为依法维护投保人、被保险人合法权益,为保证保险条款依法合规,现条款一般都约定:"本保险合同约定与《中华人民共和国保险法》等法律规定相悖之处,以法律规定为准。本保险合同未尽事宜,以法律规定为准"。

十二、释义

对于保险条款中需要进一步明确含义的词语,可以统一在保险合同释义部分作出定义。需要作出释义的原因一般有:保险条款中赋予特定含义,与通常含义不一致,容易引起误解等。

释义内容应符合《保险法司法解释(二)》第 17 条的规定,审核释义条款时应当根据前述规定要求严格审核。

第四小节　建筑安装工程保险条款审核要点

一、总则

(一)合同构成及形式

1. 保险合同的构成要素应完整。一般而言,一份完整的保险合同由保险条款、投保单、保险单以及批单组成。出于业务和管理的需要,一些险种设计有除保险单以外的其他保险凭证,此时在“合同构成”中应当增加“其他保险凭证”一项。另外,由于“特别约定”一般包含在保险单中而成为保险单的组成部分,无需在构成要素中单独列出。

2. 保险合同应当约定采用书面形式。为了明确保险合同双方的权利义务,减少争议和纠纷,同时也为了便于举证,保险条款应当约定“凡涉及本保险合同的约定,均应采用书面形式”。

(二)投保人、被保险人范围

对投保人、被保险人资格有特殊要求的保险条款,应列明投保人、被保险人的范围。列明范围时应做到不重复、不遗漏,界定清楚明确,列举完整齐备。

应注意的是,在建筑安装工程保险中,被保险人具有广泛性。原因在于,由于建筑安装工程的复杂性,可能涉及的当事人和关系方较多,具体包括业主、主承包商、分承包商、设备供应商等,他们均可能对工程项目拥有保险利益,成为被保险人。

二、保险标的

建筑安装工程险的保险标的具有特殊性,另外,建筑安装工程在施工中始终处于一种动态的过程,各种风险因素错综复杂,使得风险程度大大增加。

建筑安装工程保险的保险标的应在保险单中分项列明,并要注意列明工地范围。

三、保险责任

建筑安装工程保险的保险责任可以是列明责任,也可以是一切险责任。列明责任的承保范围较之一切险要窄,包括地震、洪水、台风、暴雨等自然灾害造成的损失,同时也包括了意外事故,如空中物体坠落、安装技术不善等造成的损失。一切险责任则通常表述为"因本保险合同除外责任以外的任何自然灾害或意外事故造成的物质损坏或灭失,保险人按本保险合同的约定负责赔偿"。无论是对于列明责任还是一切险责任,均要注意承保风险必须明确,含义必须清晰准确。

除建筑安装工程本身的损失外,对经保险单列明的因发生上述损失所产生的有关费用,也可作为保险标的。但对于施救费用,即使未在保险单中列明,依据《保险法》的规定,保险人也需负责赔偿。

四、责任免除

一般可分为原因除外、损失(费用)除外两部分:

(一)原因除外

1. 由于保险人要援引"原因除外"所列原因而免除责任,需要证明"原因"与"损失"之间存在因果关系,因此,对于一些很难证明与"损失"之间存在因果关系的项目,需要从"原因除外"中剔除,而作为不需要证明因果关系的"免责情形"列入"损失(费用)除外"项下或单列一条"除外情形"。

2. "原因除外"一般应包括常规除外原因(如投保人、被保险人的故意行为;战争、敌对行为、军事行为、武装冲突、罢工、骚乱、暴动、恐怖活动;行政行为或司法行为……)以及与特定险种风险选择与控制、费率厘定因素相关联的其他除外原因(如设计错误引起的损失和费用;自然磨损、内在或潜在缺陷、物质本身变化、自燃、自热、氧化、锈蚀、渗漏、鼠咬、虫蛀、大气变化、正常水位变化或其他渐变原因造成的被保险财产自身的损失和费用;因原材料缺陷或工艺不善引起的被保险财产本身的损失以及为换置、修理或矫正这些缺点错误所支付的费用;非外力引起的机械或电气装置的本身损失,或施工用机具、设备、机械装置失灵造成的本身损失等)。列举除外原因要明确、全面。

(二)损失(费用)除外

应注意明确约定保险人不负责赔偿被保险人的间接损失、保险合同载明的免赔额或根据保险合同载明的免赔率计算的免赔额。

另外应当注意,一般应避免出现"其他不属于本保险合同责任范围内的损失、费用,保险人也不负责赔偿"笼统的约定。

五、保险价值、保险金额与免赔额(率)

(一)保险价值

建筑安装工程的保险价值一般依据保险标的出险时的实际价值确定。而保险标的的实际价值根据工程承包方式的不同,有不同的确定方式。除定值保险外,保险价值一般不在保险单中列明。

(二)保险金额

保险金额由投保人参照保险价值自行确定,并在保险合同中载明。

若被保险人是以被保险工程合同规定的工程概算总造价投保,还涉及保险金额的调整问题,需要加以明确约定。

(三)免赔额(率)

免赔额(率)由投保人与保险人在订立保险合同时协商确定,并在保险合同中载明。值得注意的是,根据《保险法司法解释(二)》第9条的规定,免赔额(率)属于"免除保险人责任"的条款,需要加粗显示。

值得注意的是,根据《保险法司法解释(二)》第9条的规定,保险人提供的格式合同文本中的免赔额(率)属于"免除保险人责任"的条款,故应该突出显示(如采用黑体字方式)。审核条款时应当予以关注。

六、保险期间和保险责任起讫

建筑安装工程保险的保险期间与普通财产险有显著区别,一般是根据工期确定,可能是几年,甚至是十几年。同时保险责任的起讫也有其特殊性,但其起始或终止均不得超出保险单中列明的保险期间开始或终止日。

七、保险费

一般而言,由于工程保险的保险费一般采用合同订立时预收,保险期间届满后多退少补的方式,与其他险种保险费的计收方式不同,因此通常应当在条款中明确加以约定。

八、保险人义务

(一)签发保单义务

《保险法》第13条规定了保险合同成立后,保险人向投保人签发保险单或者其他保险凭证的义务。

(二)补充索赔证明和资料的通知

《保险法》第22条明确了保险人要求补充索赔资料的,应当一次性通知投保人、被保险人。

(三)及时核定、赔付义务

《保险法》第23条明确规定了保险人的理赔时限,同时也赋予了保险人与投保人另行约定复杂案件理赔时限的权利,制定条款时应当按照法律的规定并结合业务具体情况合理制定复杂案件的理赔时限。

九、投保人、被保险人义务

(一)如实告知义务

《保险法》第16条对此有明确规定。条款中仅约定提醒投保人履行该义务即可。而对于客户未履行该义务的法律后果,鉴于《保险法》第16条已有明确约定,无需再在条款中重复约定。

(二)保险费交付义务

根据公司现行条款的约定,工程保险的保险费以一次交付为原则,以分期交付为例外,并且分期交付须经保险人同意。应注意条款的表述要与此保持一致。

关于违反交费义务的惩罚性法律后果,《保险法》没有具体规定,一般也不应约定,实践中可通过业务实务指引进行管控。

(三)防灾防损义务

《保险法》第51条对此有明确规定。条款中仅约定提醒投保人、被保险人履行该义务即可。而对于投保人、被保险人未履行该义务的法律后果,鉴于保险法51条已有明确约定,无需再在条款中重复约定。

(四)保险标的转让通知义务

《保险法》第49条对此有明确规定。条款中仅约定提醒被保险人、受让人履行该义务。而对于被保险人、受让人未履行该义务的法律后果,鉴于《保险法》49条已有明确约定,无需再在条款中重复约定。

（五）危险程度增加的通知义务

《保险法》第52条对此有明确规定，应严格按照该条规定予以审核。2009年对《保险法》修订后，新法将原有"危险程度增加"改为了"危险程度显著增加的"，审核时应当特别予以注意。而对于被保险人未履行该义务的法律后果，鉴于保险法52条已有明确约定，无需再在条款中重复约定。

（六）保险事故通知义务

《保险法》第21条将投保人、被保险人违反本项义务，保险人相应免责的后果限定在了投保人、被保险人"故意或者因重大过失"的情形下，未及时通知，保险人对因此无法确定的保险事故部分不承担赔偿责任。同时，排除了保险人通过其他途径已经及时知道或者应当及时知道保险事故发生时，投保人、被保险人违反本项义务的法律后果。

条款中一般应约定被保险人施救义务、及时通知义务两方面的内容。而对于违反前述两项义务的法律后果，鉴于《保险法》对此有明确规定，无需再在条款中重复约定。

（七）单证提供义务

1. 应根据《保险法》第22条规定，明确投保人、被保险人负有提供与确认保险事故的性质、原因、损失程度等有关的证明和资料的义务。证明和资料与保险事故要具有相关性，列举要全面，同时还需要考虑实际的操作性。需要注意的是2009年修订后的《保险法》还特别规定，保险人只能要求投保人、被保险人提供其可能拥有和掌握的证明和材料。

2. 而对于违反前述义务的法律后果，关于违反单证提供义务的惩罚性法律后果，保险法没有具体规定，一般也不应约定，实践中可通过业务实务指引进行管控。

（八）追偿协助义务

《保险法》第60条、第61条、第63条对此有明确规定，需特别注意《保险法》将被保险人过错致使保险人不能行使代位请求赔偿的权利的法律后果，修改为了被保险人"故意或者因重大过失"致使保险人不能行使代位请求赔偿的权利的法律后果，并且《保险法》第61条第3款规定了被保险人"故意或者因重大过失"致使保险人不能行使代位请求赔偿的权利的法律后果。

条款中一般仅约定提醒投保人、被保险人履行该义务即可。而对于投保人、被保险人未履行该义务的法律后果，鉴于保险法已有明确约定，无需再在条款中重复约定。

十、赔偿处理

(一)赔偿方式选择

一般而言,保险人的赔偿方式有以下三种:即货币赔偿、实物赔偿和实际修复。

企业财产保险事故发生后,保险人有权从自身利益出发,选择对自己有利的赔偿方式;保险人选择了一种赔偿方式意味着放弃了其他的赔偿方式,保险人作出选择后不得再行更改。

(二)残值处理

根据保监会有关规定保险标的遭受损失后,如果有残余价值,应当由双方协商处理。应避免直接做出“残余的受损标的折归被保险人所有”的规定。

(三)标的损失计算

注意应当分足额保险和不足额保险分别约定:

1. 足额保险情况下,按实际损失计算赔偿,最高不超过保险价值。

2. 不足额保险情况下,按保险金额与保险价值的比例乘以实际损失计算赔偿,最高不超过保险金额。

3. 受损保险标的不止一项时,应分项按照上述约定计算赔偿。

(四)免赔额(率)适用

1. 免赔额(率)在适用中存在两种做法:第一种是先从实际损失中扣减再按照合同约定计算赔偿金额;第二种是先按照合同约定计算赔偿金额再予以扣减。由于扣减的顺序不一样,导致实际赔偿金额也不一样。因此应当在条款中明确约定免赔额(率)的适用方法。

值得注意的是,根据《保险法司法解释(二)》第9条的规定,保险人提供的格式合同文本中的免赔额(率)属于“免除保险人责任”的条款,故应该突出显示(例如以黑体字方式)。审核条款时应当予以注意。

2. 在公司目前的条款体系中,采用了第二种做法。

3. 根据《保险法》的规定,为鼓励被保险人积极施救,避免损失扩大。施救费用不应扣减免赔额(率)。

(五)保额冲减与恢复

1. 适用条件。仅适用于保险标的发生部分损失的情况,原因在于保险金额是保险人承担标的损失赔偿责任的最高限额。

2. 保额冲减。保险标的发生部分损失,保险人履行赔偿义务后,保险金额将自损失发生之日起按保险人的赔偿金额相应减少,保险人不退还保险金额减少部分的保险费。

3. 保额恢复。如投保人请求恢复至原保险金额,应按原约定的保险费率另行支付恢复部分从投保人请求的恢复日期起至保险期间届满之日止按日比例计算的保险费。

十一、争议处理

(一)争议处理方式的确定

公司现行保险条款一般约定两种争议处理方式,申请仲裁或诉讼。即由当事人在合同约定从下列两种方式中选择一种:①因履行本合同发生的争议,由当事人协商解决,协商不成的,提交保险单载明的仲裁委员会仲裁;②因履行本合同发生的争议,由当事人协商解决,协商不成的,依法向人民法院起诉。

值得明确的是,为了降低成本、提高效率、维持当事人之间的良好关系,前述现行争议处理方式,当事人都要先行协商,协商不成再申请仲裁或提起诉讼。

另对于仲裁机构或管辖法院,不要在条款中约定,以避免限制投保人、被保险人选择权的嫌疑。

(二)法律适用

应明确约定"与本保险合同有关的以及履行本保险合同产生的一切争议,适用中华人民共和国法律(不包括港澳台地区法律)"。这项约定对于具有涉外因素的保险合同尤为重要。由于法律制度和法律规定的差异,保险人责任的有无和责任的轻重可能相差巨大,为避免外国法律对保险人责任的影响,有必要如此约定。同时,为了明确法律仅涉及中华人民共和国全国性法律,因此有必要排除"港澳台地区法律"。

十二、其他事项

(一)合同解除权约定(可选)

1. 首先应当明确,在我国目前法律体系下,除《保险法》另有规定或保险合同另有约定外,保险合同成立后,投保人可以解除保险合同,而保险人不得解除保险合同。因此,对投保人的解除权不要轻易予以限制,而对保险人的解除权不要轻易予以扩大。

2. 但是,在某些险种中,如风险等季节性明显的险种,为了控制投保人的道德风险和减少逆选择,也可以限制投保人的解除权,或者赋予保险人解除权。

3. 要注意明确约定合同解除的条件、程序、合同解除的时间以及保险费如何处理,以增强操作性,减少争议。

（二）退保约定

1. 在保险合同没有限制投保人解除权的情况下,投保人可以随时解除保险合同。投保人解除合同的,应分保险责任开始前和保险责任开始后两种情况分别约定处理方法,对此《保险法》第54条做出了明确规定。

2. 在保险合同赋予保险人解除权的情况下,可约定为:“保险人也可提前十五日向投保人发出解约通知书解除本保险合同,保险人按照保险责任开始之日起至合同解除之日止期间与保险期间的日比例计收保险费,并退还剩余部分保险费。”

（三）合同终止约定

1. 保险标的发生全部损失,如果属于保险责任,则在保险人履行赔偿义务后,因保险标的灭失,风险不复存在,保险合同自应终止。保险人由于已经按照保险合同约定履行了全部义务,不存在退还保险费的问题。

2. 保险标的发生全部损失,如果不属于保险责任,由于保险标的灭失,风险不复存在,保险合同也应终止。由于保险人承担了自保险责任开始之日起至损失发生之日止期间的风险,有权按日比例收取上述期间的保险费,剩余部分保险费退还投保人。

3. 除前述情况外,根据法律规定保险标的在保险期间内未发生保险事故或保险合同解除时,保险合同也发生终止。

（四）合法性保证约定

符合法律、行政法规和保监会的有关规定,是保险条款基本的合法性保证。为依法维护投保人、被保险人合法权益,为保证保险条款依法合规,现条款一般都约定:“本保险合同约定与《中华人民共和国保险法》等法律规定相悖之处,以法律规定为准。本保险合同未尽事宜,以法律规定为准”。

十三、释义

对于保险条款中需要进一步明确含义的词语,可以统一在释义部分作出定义。需要作出释义的原因一般有:保险条款中赋予特定含义、与通常含义不一致、容易引起误解等。

释义内容应符合《保险法司法解释(二)》第17条的规定,审核释义条款时应当根据前述规定要求严格审核。

第五小节　货物运输保险条款审核要点

一、总则

（一）合同构成及形式

1. 保险合同的构成要素完整。一般而言，一份完整的保险合同由保险条款、投保单、保险单以及批单组成。出于业务和管理的需要，一些险种设计有除保险单以外的其他保险凭证，此时在“合同构成”中应当增加“其他保险凭证”一项；另外，由于“特别约定”一般包含在保险单中而成为保险单的组成部分，无需在构成要素中单独列出。

2. 保险合同应当约定采用书面形式。由于保险合同内容复杂，专业性强，为了明确双方的权利义务，减少争议和纠纷，同时也为了便于举证，保险条款应当约定“凡涉及本保险合同的约定，均应采用书面形式”。

（二）投保人、被保险人范围

对投保人、被保险人资格有特殊要求的保险条款，应列明投保人、被保险人的范围。列明范围时应做到不重复、不遗漏，界定清楚明确，列举完整齐备。

二、保险标的

货物运输保险的保险标的是运输中的货物，具有特殊性，在运输过程中始终处于一种动态的过程，各种风险因素错综复杂，使风险程度大大增加。

另外，由于货物种类繁多，价值确定方式和价值量相差较大，风险程度各不相同，因此，有的是可以承保的，有的是一般不承保但可附加条件承保的，有的则是不可承保的。与之相应，货物运输保险的保险标的可以分为一般承保标的、特约承保标的和不保标的，但特定种类货物的运输保险条款一般规定该特定货物种类，而没有作如此区分。

（一）一般承保标的

适于特定运输方式运输并通过该运输方式运输的货物。要求表述清楚明确，没有歧义。

（二）特约承保标的

对于价值不易确定，或者风险较为特殊的货物，一般情况下是不承保的，但也可以经过投保人和保险人双方事先特别约定并在保险合同中载明（价值不易确定的，还应在保险合同中载明约定的价值），从而将其也纳入保险保障范围。

（三）不保标的

有些货物不符合货物运输保险的风险要求，或者在通常情况下就很容易遭受损失，因而不在保险保障范围之内，主要包括蔬菜、水果、活牲畜、禽鱼类等易死亡、易腐烂变质的货物。

三、保险责任

货物运输保险的保险责任可以是列明责任，也可以是不列明风险的"一切险"责任，有的还可以进一步分为基本险和综合险两种承保风险不同的保险责任范围供投保人选择。列明责任的承保范围较一切险要窄，一般包括雷电、冰雹、暴风、暴雨、洪水、台风等自然灾害造成的损失，同时也包括火灾、爆炸、运输工具碰撞等意外事故造成的损失。一切险责任则通常表述为"因本保险合同除外责任以外的任何自然灾害或意外事故造成的物质损坏或灭失，保险人按本保险合同的约定负责赔偿"。无论是对于列明责任还是一切险责任，均要注意承保风险必须明确，含义必须清晰准确。

除运输中的货物本身的损失外，对在保险合同中列明的因发生上述损失所产生的有关费用，也可作为保险标的。不论保险标的是什么，针对施救费用不能做保险人不承担责任以及类似的约定。

四、责任免除

一般可分为原因除外和损失（费用）除外两部分：

（一）原因除外

1. 由于保险人要援引"原因除外"所列原因而免除责任，需要证明"原因"与"损失"之间存在因果关系，因此，对于一些很难证明与"损失"之间存在因果关系的项目，需要从"原因除外"中剔除，而作为不需要证明因果关系的"免责情形"列入"损失（费用）除外"项下或单列一条"除外情形"。

2."原因除外"一般应包括常规除外原因（如投保人、被保险人的故意行为，战争、敌对行为、军事行动、武装冲突、罢工、骚乱、暴动、恐怖活动，行政行为或司法行为……）以及与特定险种风险选择与控制、费率厘定因素相关联的其他除外原因（如运输迟延、属于发货人责任引起的损失等）。列举除外原因要明确、全面。

（二）损失（费用）除外

应注意明确约定保险人不负责赔偿被保险人的间接损失、保险合同载明的免赔额或根据保险合同载明的免赔率计算的免赔额。

一般应避免出现"其他不属于本保险合同责任范围内的损失、费用,保险人也不负责赔偿"等笼统的约定。

五、保险价值、保险金额与免赔额(率)

(一)保险价值

货物运输保险的保险价值一般按照货价或货价加运杂费确定。除定值保险外,保险价值一般不在保险单中列明。

(二)保险金额

保险金额由投保人参照保险价值自行确定,并在保险合同中载明。需要注意的是,由于货物运输保险在赔偿处理中首先需要将保险金额与保险价值加以比较以确定是否足额投保,并且不足额投保的一般将按比例赔偿,为减少争议和纠纷,保险金额一般由投保人参照一定基础自行确定,而不由投保人和保险人双方协商确定,也不由投保人确定后再经保险人确认。

需要注意的是,由于海洋货物运输往往与国际贸易有关,因此国际贸易当事人采用不同的价格条件便会对海洋货物运输保险产生不同的影响。以 FOB、CFR 和 CIF 这三种最常用的价格条件为例,其中 CIF 是由卖方办理保险,而 FOB、CFR 则是由买方负责办理保险;同时海洋货物运输保险的保险金额的计算方式一般是:CIF 价的发票金额 ×(1 + 加成率),因此,如果是以 CFR 或 FOB 价格条件订立的合同,其发票价格应当换算成 CIF 价的发票金额。

(三)免赔额(率)

为控制风险,增强被保险人的责任心,可以约定免赔额(率)。由于免赔额(率)与最终赔偿金额密切相关,并且还会与适用保险费率相联系,因此要注意免赔额(率)要由投保人和保险人在订立合同时协商确定,并在保险合同中载明。

值得注意的是,根据《保险法司法解释(二)》第 9 条的规定,保险人提供的格式合同文本中的免赔额(率)属于"免除保险人责任"的条款,故应该突出显示(黑体字方式)。审核条款时应当予以注意。

六、保险期间和保险责任起讫

货物运输保险可以承保一次运输过程中的特定风险,也可以承保特定期间内多次运输过程中的特定风险,在前一种情况下条款中往往只约定保险责任的起讫,而在后一种情况下则需要同时约定保险期间和每一次运输的保险责任的起讫。

保险期间可以由投保人根据需要确定，一般不应超过一年，并以保险合同载明的起讫时间为准。公司以前的条款习惯称之为“保险期限”，为与《保险法》表述一致，在对以前的条款进行修订的时候，应注意将“保险期限”修改为“保险期间”。

一次运输过程中的保险责任的起讫期，因运输工具的不同而有所区别。铁路、公路、水路货物运输保险条款一般约定为自签发保险单（或保险凭证）和保险货物运离起运地发货人的最后一个仓库或储存场所起，至保险货物运抵该保险单（或保险凭证）注明的目的地的收货人在当地的第一个仓库或储存场所时终止；保险货物运抵目的地后，如果收货人未及时提货，则保险责任的终止期最多延长至保险货物卸离运输工具后的十五天为限。航空货物运输保险条款一般约定为自保险货物经承运人收讫并签发保险单（或保险凭证）时起，至保险货物运抵该保险单（或保险凭证）注明的目的地的收货人在当地的第一个仓库或储存场所时终止；保险货物运抵目的地后，如果收货人未及时提货，则保险责任的终止期最多延长至保险货物卸离运输工具后的十五天为限。海洋运输货物保险条款约定为自被保险货物运离保险单所载明的起运地仓库或储存处所开始运输时生效，包括正常运输过程中的海上、陆上、内河和驳船运输在内，直至该项货物到达保险单所载明目的地收货人的最后仓库或储存处所或被保险人用作分配、分派或非正常运输的其他储存处所为止；如未抵达上述仓库或储存处所，则以被保险货物在最后卸载港全部卸离海轮后满六十天为止；如在上述六十天内被保险货物需转运到非保险单所载明的目的地时，则以该项货物开始转运时终止。

对于运输过程中由于被保险人无法控制的原因致使保险货物运输到非保险单所载目的地时，航空、海洋货物运输保险条款对此种情况下的保险责任是否有效做了明确约定：“由于被保险人无法控制的运输延迟、绕道、被迫卸货、重行装载、转载或承运人运用运输契约赋予的权限所作的任何航海上的变更或终止运输契约，致使被保险货物运到非保险单所载明目的地时，在被保险人及时将获知的情况通知保险人，并在必要时加缴保险费的情况下，本保险仍继续有效，保险责任按下列规定终止：①被保险货物如在非保险单所载明的目的地出售，保险责任至交货时为止，但不论任何情况，均以被保险货物在卸载港全部卸离海轮后满六十天（或卸载地卸离飞机后十五天）为止；②被保险货物如在上述六十天（或十五天）期限内继续运往保险单所载原目的地或其他目的地时，保险责任仍按上述第 1 款的规定终止”。

七、保险人义务

2009年保险法修改后，法律更加注重对投保人、被保险人权利的保护，为凸显保险合同中双方权利义务的对等，我公司新的保险条款框架中统一增加了保险人义务一章。

（一）签发保单义务

《保险法》第13条规定了保险合同成立后，保险人向投保人签发保险单或者其他保险凭证的义务。

（二）补充索赔证明和资料的通知

《保险法》第22条明确了保险人要求补充索赔资料的，应当一次性通知投保人、被保险人。

（三）及时核定、赔付义务

《保险法》第23条明确规定了保险人的理赔时限，同时也赋予了保险人与投保人另行约定复杂案件理赔时限的权利，制定条款时应当按照法律的规定并结合业务具体情况合理制定复杂案件的理赔时限。

八、投保人、被保险人义务

（一）如实告知义务

《保险法》第16条对此有明确规定。条款中仅约定提醒投保人履行该义务即可。而对于客户未履行该义务的法律后果，鉴于《保险法》16条已有明确约定，无需再在条款中重复约定。

（二）保险费交付义务

根据公司现行条款的约定，企业财产保险的保险费以一次交付为原则，以分期交付为例外，并且分期交付必须要经保险人同意。应注意条款的表述要与此保持一致。

关于违反交费义务的惩罚性法律后果，保险法没有具体规定，一般也不应约定，实践中可通过业务实务指引进行管控。

（三）防灾防损义务

《保险法》第51条对此有明确规定。条款中仅约定提醒投保人、被保险人履行该义务即可。而对于投保人、被保险人未履行该义务的法律后果，鉴于《保险法》51条已有明确约定，无需再在条款中重复约定。

（四）危险程度增加的通知义务

《保险法》第 52 条对此有明确规定，应严格按照该条规定予以审核。2009 年对《保险法》修订后，新法将原有"危险程度增加"改为了"危险程度显著增加的"。而对于被保险人未履行该义务的法律后果，鉴于《保险法》第 52 条已有明确约定，无需再在条款中重复约定，可直接适用《保险法》该条规定。审核条款时应当予以注意。

（五）保险事故通知义务

《保险法》第 21 条将投保人、被保险人违反本项义务，保险人相应免责的后果限定在了投保人、被保险人"故意或者因重大过失"的情形下，未及时通知，保险人对因此无法确定的保险事故部分不承担赔偿责任。且排除了保险人通过其他途径已经及时知道或者应当及时知道保险事故发生时，投保人、被保险人违反本项义务的法律后果。

条款中一般应约定被保险人施救义务、及时通知义务两方面的内容。而对于违反前述两项义务的法律后果，鉴于《保险法》对此有明确规定，无需再在条款中重复约定。

（六）追偿协助义务

《保险法》第60 条、第61 条、第63 条对此有明确规定，需特别注意《保险法》将被保险人过错致使保险人不能行使代位请求赔偿的权利的法律后果，修改为了被保险人"故意或者因重大过失"致使保险人不能行使代位请求赔偿的权利的法律后果，并且《保险法》第 61 条第 3 款规定了被保险人"故意或者因重大过失"致使保险人不能行使代位请求赔偿的权利的法律后果。

条款中一般仅约定提醒投保人、被保险人履行该义务。而对于投保人、被保险人未履行该义务的法律后果，鉴于《保险法》已有明确约定，无需再在条款中重复约定。

（七）单证提供义务

1. 应根据《保险法》第 22 条规定，明确投保人、被保险人负有提供与确认保险事故的性质、原因、损失程度等有关的证明和资料的义务。证明和资料与保险事故要具有相关性，列举要全面，还要考虑实际的操作性。需要注意的是，《保险法》还特别规定，保险人只能要求投保人、被保险人提供其可能拥有和掌握的证明和材料。

2. 而对于违反前述义务的法律后果，关于违反单证提供义务的惩罚性法律后果，保险法没有具体规定，一般也不应约定，实践中可通过业务实务指引进行风险的管控。

九、赔偿处理

（一）被保险人索赔的基础

《保险法》第48条规定了保险事故发生时，被保险人对保险标的不具有保险利益的，不得向保险人请求赔偿保险金。为保障保险利益和损失补偿原则的实现，应按照上述条文予以严格审核。

（二）赔偿方式选择

一般而言，保险人的赔偿方式有以下三种，即货币赔偿、实物赔偿和实际修复。

企业财产保险事故发生后，保险人有权从自身利益出发，选择对自己有利的赔偿方式；保险人选择了一种赔偿方式意味着放弃了其他的赔偿方式，保险人作出选择后不得再行更改。

（三）残值处理

根据保监会有关规定保险标的遭受损失后，如果有残余价值，应当由双方协商处理。应避免直接做出“残余的受损标的折归被保险人所有”的约定。

（四）标的损失计算

注意应当分足额保险和不足额保险分别约定：

1. 足额保险情况下，按实际损失计算赔偿，最高不超过保险价值。

2. 不足额保险情况下，按保险金额与保险价值的比例乘以实际损失计算赔偿，最高不超过保险金额。

3. 受损保险标的不止一项时，应该分项按照上述约定计算赔偿。

（五）施救费用计算

根据《保险法》第57条，施救费用应当由保险人承担，保险人承担的数额应当在保险标的损失赔偿金额以外另行计算，最高不超过保险金额的数额。

（六）免赔额（率）适用

1. 免赔额（率）在适用中存在两种做法：第一种是先从实际损失中扣减再按照合同约定计算赔偿金额；第二种是先按照合同约定计算赔偿金额再予以扣减。由于扣减的顺序不一样，可能导致实际赔偿金额也不一样。因此应当在条款中明确约定免赔额（率）的适用方法。

2. 在公司目前的条款体系中，系采用第二种做法。

3. 根据《保险法》的规定，为鼓励被保险人积极施救，避免损失扩大；另外，施救费用不应扣减免赔额（率）。

(七)重复保险责任的承担

1.《保险法》第56条对此有明确规定。应当注意:《保险法》赋予了保险人约定重复保险的责任承担方式的权利,不一定都得采用比例责任方式,可以根据风险控制和业务经营的需要,约定其他的责任承担方式:如差额责任、独立责任分摊、免于承担责任等。

2. 对于保险人参与重复保险分摊的条款,应约定:其他保险人应承担的赔偿金额,保险人不负责垫付。

(八)责任核定与赔款支付

《保险法》第23条、第24条、第25条对此有明确规定,应严格按照上述规定予以审核。应当注意,保险人对核定结果负有通知义务,并且先予支付需满足特定的条件。

(九)保额冲减与恢复

1. 适用条件。仅适用于保险标的发生部分损失的情况,原因在于保险金额是保险人承担标的损失赔偿责任的最高限额。

2. 保额冲减。保险标的发生部分损失,保险人履行赔偿义务后,保险金额将自损失发生之日起按保险人的赔偿金额相应减少,保险人不退还保险金额减少部分的保险费。

3. 保额恢复。如投保人请求恢复至原保险金额,应按原约定的保险费率另行支付恢复部分从投保人请求的恢复日期起至保险期间届满之日止按日比例计算的保险费。

十、争议处理和法律适用

(一)争议处理方式

公司现行保险条款一般约定两种争议处理方式,申请仲裁或诉讼。即由当事人在合同约定从下列两种方式中选择一种:①因履行本合同发生的争议,由当事人协商解决,协商不成的,提交保险单载明的仲裁委员会仲裁;②因履行本合同发生的争议,由当事人协商解决,协商不成的,依法向人民法院起诉。

值得明确的是,为了降低成本、提高效率、维持当事人之间的良好关系,前述的争议处理方式,当事人都要先行协商,协商不成再申请仲裁或提起诉讼。

另对于仲裁机构或管辖法院,不要在条款中约定,以避免限制投保人、被保险人选择权的嫌疑。

（二）法律适用

应明确约定“与本保险合同有关的以及履行本保险合同产生的一切争议，适用中华人民共和国法律（不包括港澳台地区法律）”。这项约定对于具有涉外因素的保险合同尤为重要。由于法律制度和法律规定的差异，保险人责任的有无和责任的轻重可能相差巨大，为避免外国法律对保险人责任的影响，有必要如此约定。同时，为了明确法律仅涉及中华人民共和国全国性法律，因此有必要排除“港澳台地区法律”。

十一、合法性保证约定

符合法律、行政法规和保监会的有关规定，是保险条款基本的合法性保证。为依法维护投保人、被保险人合法权益，为保证保险条款依法合规，现条款一般都约定“本保险合同约定与《中华人民共和国保险法》等法律规定相悖之处，以法律规定为准。本保险合同未尽事宜，以法律规定为准”。

十二、释义

对于保险条款中需要进一步明确含义的词语，可以统一在此作出定义。需要作出释义的原因一般有：保险条款中赋予特定含义、与通常含义不一致、容易引起误解等。

释义内容应符合《保险法司法解释（二）》第 17 条的规定，审核释义条款时应当根据前述规定要求严格审核。

第六小节　农业保险种植业保险条款框架审核要点

一、总则

（一）合同构成及形式

1. 保险合同的构成要素完整。一般而言，一份完整的保险合同由保险条款、投保单、保险单以及批单组成。出于业务和管理的需要，一些险种设计有除保险单以外的其他保险凭证，此时在“合同构成”中应当增加“其他保险凭证”一项。另外，由于“特别约定”一般包含在保险单中而成为保险单的组成部分，无需在构成要素中单独列出。

2. 保险合同应当约定采用书面形式。由于保险合同内容复杂，专业性强，为了明确双方的权利义务，减少争议和纠纷，同时也为了便于举证，保险条款应当约定："凡涉及本保险合同的约定，均应采用书面形式"。

（二）投保人、被保险人范围

对投保人、被保险人资格有特殊要求的保险条款，应列明投保人、被保险人的范围。列明范围时应做到不重复、不遗漏，界定清楚明确，列举完整齐备。

二、保险标的

1. 保险标的准确性检查。应检查保险标的与条款名称描述是否一致，避免出现保险标的与条款名称不统一的问题。

不规范表述举例：《××分公司果树种植保险条款》，保险标的为果实，而条款名称为果树种植。

监管部门认为，此类条款对保险标的的风险特征认知不足，潜在风险较高，此类认知偏差须统一规范。

2. 具备条件检查。条款一般表述为符合下列条件的××××，可作为本保险合同的保险标的。应检查条款表述是否体现"同时符合所列条件"方可作为本保险合同的保险标的。

另外，个别条款在保险标的部分会体现对被保险人条件的约定，例如"同时符合下列条件的×××可作为本保险合同的被保险人"，亦应体现"同时符合所列条件"可作为本保险合同的被保险人。

三、保险责任

保险条款中有关保险责任的约定必须界定清楚，含义明确。对于一些具有特殊含义的以及与通常理解不一致的用语，必须对其含义作出清楚明确的界定。需从以下方面对保险责任的描述进行检查：

1. 表述方式：保险责任应当说明在何时、何种风险、导致的何种损失、保险人以何种方式负责赔偿。

2. 如保险事故发生时间不同于风险发生时间的或保险事故定义有特殊需要的，应当单独载明对保险事故的定义。

3. 损失程度表述检查。

（1）条款在保险责任中涉及损失程度通常表述为："因保险事故造成保险标的的损失，且损失率达到_____%以上的，保险人负责赔偿"，应检查损失率_____%是否对包括本数予以明确。

(2)如果条款在赔偿处理部分涉及绝对免赔的,应在保险责任或责任除外或免赔额(率)部分约定清楚保险人只负责赔偿的部分。

四、责任免除

一般可分为原因除外和损失(费用)除外两部分:

(一)原因除外

1. 由于保险人要援引"原因除外"所列原因而免除责任,需要证明"原因"与"损失"之间存在因果关系,因此,对于一些很难证明与"损失"之间存在因果关系的项目,需要从"原因除外"中剔除,而作为不需要证明因果关系的"免责情形"列入"损失(费用)除外"项下,或者单列一条"除外情形"。

2. "原因除外"一般应包括常规除外原因(如投保人及其家庭成员、被保险人及其家庭成员、投保人或被保险人雇用人员的故意行为、管理不善;行政行为或司法行为)以及与特定保险条款风险选择与控制、费率厘定因素相关联的其他除外原因。列举除外原因要确保准确、全面。

(二)损失(费用)除外

应注意明确约定保险人不负责赔偿被保险人的间接损失、保险合同载明的免赔额或根据保险合同载明的免赔率计算的免赔额。

五、保险金额与免赔额(率)

(一)保险金额确定方式检查

保险标的的每亩保险金额一般参照市场价格的百分比或是直接物化成本等因素确定,尽量使保险金额低于市场价格。条款表述应体现由投保人与保险人协商确定,并体现在保险单中载明。

(二)保险金额表述检查

保险金额以具体公式或是具体文字予以约定的,应检查保险金额涉及的各要素之间的衔接是否表述清楚。保险数量(面积)应约定以保险单载明为准。

(三)免赔额(率)表述检查

检查免赔额(率)是否约定清楚,如果涉及免赔比例、免赔面积等,应在该条款中予以约定并在责任免除中予以体现。

(四)免赔额(率)分类检查

农险条款中免赔分为绝对免赔与相对免赔,二者含义不同,应结合条款赔偿处理的约定,界定清楚。

值得注意的是，根据《保险法司法解释（二）》第 9 条的规定，保险人提供的格式合同文本中的免赔额（率）属于“免除保险人责任”的条款，故应该突出显示（黑体字方式）。审核条款时应当予以注意。

六、保险期间

1. 保险期间确定方式的检查。保险标的分按生长周期承保与按年承保。二者对保险期间的约定不同，应注意二者区别。同时，应当注意写明保险期间或保险责任期间的具体范围以保险单载明的为准。

2. 公司以前的条款习惯称之为“保险期限”，为与《保险法》表述一致，在对以前的条款进行修订的时候，应注意将“保险期限”修改为“保险期间”。

七、保险人义务

2009 年保险法修改后，法律更加注重对投保人、被保险人权利的保护，为凸显保险合同中双方权利义务的对等，我公司 2009 年以后的保险条款框架中，统一增加了保险人义务一章。

（一）明确说明义务

《保险法》第 17 条规定了保险人对条款的说明和明确说明义务。

（二）签发保单义务

《保险法》第 13 条规定了保险合同成立后，保险人向投保人签发保险单或者其他保险凭证的义务。

（三）补充索赔证明和资料的通知

《保险法》第 22 条明确了保险人要求补充索赔资料的，应当一次性通知投保人、被保险人。

（四）及时核定、赔付义务

《保险法》第 23 条明确规定了保险人的理赔时限，同时也赋予了保险人与投保人另行约定复杂案件理赔时限的权利，制订条款时应当按照法律的规定并结合业务具体情况合理制定复杂案件的理赔时限。

八、投保人、被保险人义务

（一）如实告知义务

《保险法》第 16 条对此有明确规定，应严格按照该条规定予以审核。2009 年修订后的《保险法》将投保人过失未履行如实告知义务的法律后果修订为重大过失未履行如实告知义务的法律后果。

(二)保险费交付义务

根据公司现行条款的约定,农业保险的保险费,应在保险合同成立时一次性交付。

(三)防灾防损义务

《保险法》第51条对此有明确规定,应严格按照该条规定予以审核。

(四)保险标的转让通知义务

《保险法》第49条规定了被保险人、受让人保险标的转让的通知义务,并规定了被保险人、受让人违反此项法律义务的法律责任,应严格按照该条规定予以审核。和其他保险条款不同的是,根据2013年3月开始施行的《农业保险条例》第11条,在农业保险合同有效期内,合同当事人不得因保险标的的危险程度发生变化增加保险费或者解除农业保险合同。故现本款一般约定为“保险×××转让的,被保险人或者受让人应当及时通知保险人”。

(五)保险事故通知义务

一般规定三个方面的内容:

1.施救义务及违反义务的后果。

2.及时通知义务及违反义务的后果。需要特别注意的是,2009年修订后的《保险法》将投保人、被保险人违反本项义务,保险人相应免责的后果限定在了投保人、被保险人“故意或者因重大过失”的情形下,未及时通知,保险人对因此无法确定的保险事故部分不承担赔偿责任。且排除了保险人通过其他途径已经及时知道或者应当及时知道保险事故发生时,投保人、被保险人违反本项义务的法律后果。

3.协助查勘义务。

(六)单证提供义务

1.应根据《保险法》第22条规定,明确投保人、被保险人负有提供与确认保险事故的性质、原因、损失程度等有关的证明和资料的义务。证明和资料与保险事故要具有相关性,列举要全面,还要考虑实际的操作性。需要注意的是2009年修订后的《保险法》还特别规定,保险人只能要求投保人、被保险人提供其可能拥有和掌握的证明和材料。

2.应当约定违反义务的后果,即未履行约定的单证提供义务,导致保险人无法核实有关损失情况的,保险人对无法核实的部分不承担赔偿责任。

九、赔偿处理

（一）被保险人索赔的基础

《保险法》第48条规定了保险事故发生时，被保险人对保险标的不具有保险利益的，不得向保险人请求赔偿保险金。为保障保险利益和损失补偿原则的实现，应该按照上述条文予以严格审核。

（二）标的损失计算

1. 赔偿金额准确性检查。赔偿金额公式中可能涉及多项指标，应综合考量各项指标计算结果与保险金额的衔接是否一致。

2. 损失率检查。公式中出现损失率表述的，应对损失率予以界定，或公式或文字。

3. 赔付比例检查。个别条款在赔偿处理中出现只赔付______%，但在保险责任、责任免除中均未提及，甚至出现赔偿处理达不到100%的表述，建议约定清晰或是删除该表述。

4. 承保与赔付统一性检查。保险标的的承保基础是什么，赔偿处理中赔付标准应保持一致，避免出现承保与赔付不统一问题。

5. 多次定损检查。条款中多涉及一次定损难以将损失确定情形，一般应表述为在发生损失后难以立即确定损失的情况下，实行二次（或多次）定损。第一次定损先将灾情和初步定损结果记录在案，经一定时间观察后二次（或多次）定损，以确定确切损失程度。

（三）保险数量比例赔偿计算检查

为了保护能区分承保标的与非承保标的的农户的利益，条款应表述为发生保险事故时，保险单载明的保险数量小于其可保数量时，无法区分保险标的与非保险标的的，按保险数量与实际数量的比例计算赔偿数额；保险单载明的保险数量大于其可保数量时，保险人以可保数量为赔偿计算标准。

（四）重复保险责任的承担

《保险法》第56条对此有明确规定。

（五）保额冲减与恢复

1. 适用条件。仅适用于保险标的发生部分损失的情况，原因在于保险金额是保险人承担标的损失赔偿责任的最高限额。

2. 保额冲减。保险标的发生部分损失，保险人履行赔偿义务后，保险金额将自损失发生之日起按保险人的赔偿金额相应减少，保险人不退还保险金额减少部分的保险费。

3. 保额恢复。如投保人请求恢复至原保险金额,应按原约定的保险费率另行支付恢复部分从投保人请求的恢复日期起至保险期间届满之日止按日比例计算的保险费。

(六)不实索赔处理

《保险法》第27条对此有明确规定。

(七)代位求偿

《保险法》第61条对此有明确规定。

(八)诉讼时效

《保险法》第26条对此有明确规定。

十、争议处理和法律适用

(一)争议处理方式

公司现行保险条款一般约定两种争议处理方式,申请仲裁或诉讼。即由当事人在合同约定从下列两种方式中选择一种:①因履行本合同发生的争议,由当事人协商解决,协商不成的,提交保险单载明的仲裁委员会仲裁;②因履行本合同发生的争议,由当事人协商解决,协商不成的,依法向人民法院起诉。

值得明确的是,为了降低成本、提高效率、维持当事人之间的良好关系,前述的争议处理方式,当事人都要先行协商,协商不成再按照约定申请仲裁或提起诉讼。

另对于仲裁机构或管辖法院,不要在条款中约定,以避免限制投保人、被保险人选择权的嫌疑。

(二)法律适用

应明确约定"与本保险合同有关的以及履行本保险合同产生的一切争议,适用中华人民共和国法律(不包括港澳台地区法律)"。这项约定对于具有涉外因素的保险合同尤为重要。由于法律制度和法律规定的差异,保险人责任的有无和责任的轻重可能相差巨大,为避免外国法律对保险人责任的影响,有必要如此约定。同时,为了明确法律仅涉及中华人民共和国全国性法律,因此有必要排除"港澳台地区法律"。

十一、其他事项

(一)合同终止约定

1. 保险标的发生全部损失,如果属于保险责任,则在保险人履行赔偿义务后,因保险标的灭失,风险不复存在,保险合同自应终止。保险人由于已经按照保险合同约定履行了全部义务,不存在退还保险费的问题。

2. 保险标的发生全部损失,如果不属于保险责任,由于保险标的灭失,风险不复存在,保险合同也应终止。由于保险人承担了自保险责任开始之日起至损失发生之日止期间的风险,有权按日比例收取上述期间的保险费,剩余部分保险费退还投保人。

3. 除前述情况外,根据法律规定保险标的在保险期间内未发生保险事故或保险合同解除时,保险合同也发生终止。

(二)合法性保证约定

符合法律、行政法规和保监会的有关规定,是保险条款基本的合法性保证。为依法维护投保人、被保险人合法权益,为保证保险条款依法合规,现条款一般都约定"本保险合同约定与《中华人民共和国保险法》及《农业保险条例》等法律规定相悖之处,以法律规定为准。本保险合同未尽事宜,以法律规定为准"。

十二、释义

对于保险条款中需要进一步明确含义的词语,可以统一在释义部分作出定义。需要作出释义的原因一般有:保险条款中赋予特定含义、与通常含义不一致、容易引起误解等。

释义内容应符合《保险法司法解释(二)》第 17 条的规定,审核释义条款时应当根据前述规定要求严格审核。

第七小节　农业保险养殖业保险条款框架审核要点

一、总则

(一)合同构成及形式

1. 保险合同的构成要素完整。一般而言,一份完整的保险合同由保险条款、投保单、保险单以及批单组成。出于业务和管理的需要,一些险种设计有除保险单以外的其他保险凭证,此时在"合同构成"中应当增加"其他保险凭证"一项。另外,由于"特别约定"一般包含在保险单中而成为保险单的组成部分,无需在构成要素中单独列出。

2. 保险合同应当约定采用书面形式。由于保险合同内容复杂,专业性强,为了明确双方的权利义务，减少争议和纠纷，同时也为了便于举证，保险条款应当约定“凡涉及本保险合同的约定，均应采用书面形式”。

（二）投保人、被保险人范围

对投保人、被保险人资格有特殊要求的保险条款，应列明投保人、被保险人的范围。列明范围时应做到不重复、不遗漏，界定清楚明确，列举完整齐备。

二、保险标的

（一）保险标的准确性检查

应检查保险标的与条款名称描述是否一致，避免出现保险标的与条款名称不统一问题。

监管部门认为，如保险标的与条款名称不一致，此类条款对保险标的的风险特征认知不足，潜在风险较高，此类认知偏差需要进行统一规范。

（二）具备条件检查

条款一般表述为“符合下列条件的××××，可作为本保险合同的保险标的”。应检查条款表述是否体现“同时符合所列条件”方可作为本保险合同的保险标的。

另外，个别条款在保险标的部分会体现对被保险人条件的约定，例如“同时符合下列条件的×××可作为本保险合同的被保险人”，亦应体现“同时符合所列条件”方可作为本保险合同的被保险人的约定。

三、保险责任

（一）保险责任原因方式检查

农险保险责任除涉及自然灾害，例如干旱、洪涝、暴雨、洪水等外，还涉及各种疾病，例如口蹄疫、布鲁氏菌病、牛结核病等。应检查在释义部分中是否体现对上述所列原因的界定。

（二）损失程度表述检查

1. 条款在保险责任中涉及损失程度通常表述为：“因保险事故造成保险标的的损失，且损失率达到______%以上的，保险人负责赔偿”，应检查损失率______%是否对包括本数予以明确。

2. 如果条款在赔偿处理部分涉及绝对免赔的，应在保险责任或责任除外或免赔额（率）部分约定清楚保险人只负责赔偿的部分。

（三）政府扑杀表述检查

部分养殖险中涉及政府扑杀的，应检查是否对政府扑杀造成的保险标的的死亡赔付予以清晰约定,并检查是否体现赔偿金额以保险金额扣减政府扑杀专项补贴金额的差额为限。

四、责任免除

一般可分为原因除外和损失(费用)除外两部分:

(一)原因除外

1. 由于保险人要援引"原因除外"所列原因而免除责任,需要证明"原因"与"损失"之间存在因果关系,因此,对于一些很难证明与"损失"之间存在因果关系的项目,需要从"原因除外"中剔除,而作为不需要证明因果关系的"免责情形"列入"损失(费用)除外"项下或单列一条"除外情形"。

2. "原因除外"一般应包括常规除外原因(如投保人及其家庭成员、被保险人及其家庭成员、投保人或被保险人雇用人员的故意行为、管理不善;行政行为或司法行为),以及与特定保险条款风险选择与控制、费率厘定因素相关联的其他除外原因。列举除外原因要明确、全面。

(二)损失(费用)除外

应注意明确约定保险人不负责赔偿被保险人的间接损失、保险合同载明的免赔额或根据保险合同载明的免赔率计算的免赔额。

五、保险金额与免赔额(率)

(一)保险金额确定方式检查

保险标的的每只(头)保险金额一般参照市场价格的百分比或是直接物化成本等因素确定,尽量使保险金额低于市场价格。条款表述应体现由投保人与保险人协商确定,并体现在保险单中载明。

(二)保险金额表述检查

保险金额以具体公式或是具体文字予以约定的,应检查保险金额涉及的各要素之间的衔接是否表述清楚。保险数量(面积)应约定以保险单载明为准。

(三)免赔额(率)表述检查

检查免赔额(率)是否约定清楚,如果涉及免赔比例、免赔面积等,应在该条款中予以约定并在责任免除中予以体现。

(四)免赔额(率)分类检查

农险条款中免赔分为绝对免赔与相对免赔,二者含义不同,应结合条款赔偿处理的约定,界定清楚。

值得注意的是,根据《保险法司法解释(二)》第9条的规定,保险人提供的格式合同文本中的免赔额(率)属于"免除保险人责任"的条款,故应该突出显示(例如以黑体字方式)。

六、保险期间

1.疾病观察期表述检查。养殖险条款保险标的如涉及疾病观察期,应将该期限予以明确,并在损失除外中约定疾病观察期内发生保险事故的,保险人不承担赔偿责任,续保的除外,在疾病观察期中对保险人不承担赔偿责任表述应作出涂黑提示。

2.公司以前的条款习惯称之为"保险期限",为与《保险法》表述一致,在对以前的条款进行修订的时候,应注意将"保险期限"统一修改为"保险期间"。

七、保险人义务

2009年《保险法》修改后,法律更加注重对投保人、被保险人权利的保护,为凸显保险合同中双方权利义务的对等,公司新的保险条款框架中统一增加了保险人义务一章。

(一)明确说明义务

《保险法》第17条规定了保险人对条款的说明和明确说明义务。

(二)签发保单义务

《保险法》第13条规定了保险合同成立后,保险人向投保人签发保险单或者其他保险凭证的义务。

(三)补充索赔证明和资料的通知

《保险法》第22条明确了保险人要求补充索赔资料的,应当一次性通知投保人、被保险人。

(四)及时核定、赔付义务

《保险法》第23条明确规定了保险人的理赔时限,同时也赋予了保险人与投保人另行约定复杂案件理赔时限的权利,制定条款时应当按照法律的规定并结合业务具体情况合理制定复杂案件的理赔时限。

八、投保人、被保险人义务

(一)如实告知义务

《保险法》第16条对此有明确规定,应严格按照该条规定予以审核。2009年修订后的《保险法》将投保人过失未履行如实告知义务的法律后果修订为重大过失未履行如实告知义务的法律后果。

（二）保险费交付义务

根据公司现行条款的约定，农业保险的保险费，应在保险合同成立时一次性交付。

（三）防灾防损义务

《保险法》第51条对此有明确规定，应严格按照该条规定予以审核。

（四）保险标的转让通知义务

《保险法》第49条规定了被保险人、受让人保险标的转让的通知义务，并规定了被保险人、受让人违反此项法律义务的法律责任，应严格按照该条规定予以审核。和其他保险条款不同的是，根据2013年3月开始施行的《农业保险条例》第11条，在农业保险合同有效期内，合同当事人不得因保险标的的危险程度发生变化增加保险费或者解除农业保险合同。故现本款一般约定为“保险标的转让的，被保险人或者受让人应当及时通知保险人”。审核条款时应当予以注意。

（五）保险事故通知义务

一般规定三个方面的内容：

1. 施救义务及违反义务的后果。

2. 及时通知义务及违反义务的后果。需要特别注意的是，2009年修订后的《保险法》将投保人、被保险人违反本项义务，保险人相应免责的后果限定在了投保人、被保险人“故意或者因重大过失”的情形下，未及时通知，保险人对因此无法确定的保险事故部分不承担赔偿责任。且排除了保险人通过其他途径已经及时知道或者应当及时知道保险事故发生时，投保人、被保险人违反本项义务的法律后果。

3. 协助查勘义务。

（六）单证提供义务

1. 应根据《保险法》第22条规定，明确投保人、被保险人负有提供与确认保险事故的性质、原因、损失程度等有关的证明和资料的义务。证明和资料与保险事故要具有相关性，列举要全面，还要考虑实际的操作性。需要注意的是2009年修订后的《保险法》还特别规定，保险人只能要求投保人、被保险人提供其可能拥有和掌握的证明和材料。

2. 应当约定违反义务的后果，即未履行约定的单证提供义务，导致保险人无法核实有关损失情况的，保险人对无法核实的部分不承担赔偿责任。

九、赔偿处理

（一）被保险人索赔的基础

《保险法》第48条规定了保险事故发生时，被保险人对保险标的不具有保险利益的，不得向保险人请求赔偿保险金。为保障保险利益和损失补偿原则的实现，应按照上述条文予严格以审核。

（二）标的损失计算

1. 赔偿金额准确性检查。赔偿金额公式中可能涉及多项指标，应综合考量各项指标计算结果与保险金额的衔接是否一致。

2. 损失率检查。公式中出现损失率表述的，应对损失率予以界定。

3. 赔付比例检查。个别条款在赔偿处理中出现只赔付_____%，但在保险责任、责任免除中均未提及，甚至出现赔偿处理达不到100%的表述，建议约定清晰或是删除该表述。

4. 承保与赔付统一性检查。保险标的的承保基础是什么，赔偿处理中赔付标准应保持一致，避免出现承保与赔付不统一的问题。

5. 多次定损检查。条款中多涉及一次定损难以将损失确定情形，一般应表述为在发生损失后难以立即确定损失的情况下，实行二次（或多次）定损。第一次定损先将灾情和初步定损结果记录在案，经一定时间观察后二次（或多次）定损，以确定确切损失程度。

（三）保险数量比例赔偿计算检查

为了保护能区分承保标的与非承保标的的农户的利益，条款应表述为发生保险事故时，保险单载明的保险数量小于其可保数量时，无法区分保险标的与非保险标的的，按保险数量与实际养殖数量的比例计算赔偿；保险单载明的保险数量大于其可保数量时，保险人以可保数量为赔偿计算标准。

（四）重复保险责任的承担

1.《保险法》第56条对此有明确规定。

2. 对于保险人参与重复保险分摊的条款，应约定：其他保险人应承担的赔偿金额，保险人不负责垫付。

（五）保额冲减与恢复

1. 适用条件。仅适用于保险标的发生部分损失的情况，原因在于保险金额是保险人承担标的损失赔偿责任的最高限额。

2. 保额冲减。保险标的发生部分损失，保险人履行赔偿义务后，保险金额将自损失发生之日起按保险人的赔偿金额相应减少，保险人不退还保险金额减少部分的保险费。

3. 保额恢复。如投保人请求恢复至原保险金额，应按原约定的保险费率另行支付恢复部分从投保人请求的恢复日期起至保险期间届满之日止按日比例计算的保险费。

（六）不实索赔处理

《保险法》第27条对此有明确规定。

（七）代位求偿

《保险法》第61条对此有明确规定。

（八）诉讼时效

《保险法》第26条对此有明确规定。

十、争议处理和法律适用

（一）争议处理方式

公司现行保险条款一般约定两种争议处理方式，即申请仲裁或诉讼，并由当事人在合同约定从下列两种方式中选择一种：①因履行本合同发生的争议，由当事人协商解决，协商不成的，提交保险单载明的仲裁委员会仲裁；②因履行本合同发生的争议，由当事人协商解决，协商不成的，依法向人民法院起诉。

值得明确的是，为了降低成本、提高效率、维持当事人之间的良好关系，前述的争议处理方式，当事人都要先行协商，协商不成再按照约定申请仲裁或提起诉讼。

另对于仲裁机构或管辖法院，不要在条款中约定，以避免限制投保人、被保险人选择权的嫌疑。

（二）法律适用

应明确约定“与本保险合同有关的以及履行本保险合同产生的一切争议，适用中华人民共和国法律（不包括港澳台地区法律）”。这项约定对于具有涉外因素的保险合同尤为重要。由于法律制度和法律规定的差异，保险人责任的有无和责任的轻重可能相差巨大，为避免外国法律对保险人责任的影响，有必要如此约定。同时，为了明确法律仅涉及中华人民共和国全国性法律，因此有必要排除“港澳台地区法律”。

十一、其他事项

（一）合同终止约定

1. 保险标的发生全部损失，如果属于保险责任，则在保险人履行赔偿义务后，因保险标的灭失,风险不复存在,保险合同自应终止。在这种情形下,保险人由于已经按照保险合同约定履行了全部义务,不存在退还保险费的问题。

2.保险标的发生全部损失,如果不属于保险责任,由于保险标的灭失,风险不复存在,保险合同也应终止。由于保险人承担了自保险责任开始之日起至损失发生之日止期间的风险,有权按日比例收取上述期间的保险费,剩余部分保险费退还投保人。

3.除前述情况外,根据法律规定保险标的在保险期间内未发生保险事故或保险合同解除时,保险合同也发生终止。

(二)合法性保证约定

符合法律、行政法规和保监会的有关规定是保险条款基本的合法性保证。为依法维护投保人、被保险人合法权益,为保证保险条款依法合规,现条款一般都约定"本保险合同约定与《中华人民共和国保险法》及《农业保险条例》等法律规定相悖之处,以法律规定为准。本保险合同未尽事宜,以法律规定为准"。

十二、释义

对于保险条款中需要进一步明确含义的词语,可以统一在释义部分作出定义。需要作出释义的原因一般包括保险条款中赋予特定含义,与通常含义不一致以及容易引起误解等。

释义内容应符合《保险法司法解释(二)》第17条的规定,审核释义条款时应当根据前述规定要求严格审核。

第八小节　定额给付型短期健康保险条款审核要点

(一)条款名称确定方法

根据保监会《人身保险公司保险条款和保险费率管理办法》(保监会令2011年第3号)的规定,人身保险产品名称应当符合以下条件:

一般格式:"保险公司名称"+"吉庆、说明性文字"+"险种类别"+"(设计类型)"。

1.保险公司名称可用全称或简称。

2.吉庆、说明性文字由各保险公司自定,字数不得超过10个。

3.承保方式仅限于团体保险的应当在名称中标明"团体"字样。

4.健康保险产品类别为"疾病保险"、"医疗保险"、"失能收入损失保险"、"护理保险”。

5. 普通型人身保险无需在名称中注明设计类型。

(二)总则

1. 保险合同的构成及形式。

(1)保险合同的构成要素完整。一般而言，一份完整的保险合同由保险条款、投保单、保险单以及批单组成。出于业务和管理的需要，一些险种设计有除保险单以外的其他保险凭证，此时在“合同构成”中应当增加“其他保险凭证”一项。另外，由于“特别约定”一般包含在保险单中而成为保险单的组成部分，无需在构成要素中单独列出。

(2)保险合同应当约定采用书面形式。为了明确保险合同双方的权利义务，减少争议和纠纷，同时也为了便于举证，保险条款应当约定“凡涉及本保险合同的约定，均应采用书面形式”。

2. 投保人、被保险人范围。对投保人、被保险人资格有特殊要求的，应列明投保人、被保险人的范围。列明范围时应做到不重复、不遗漏，界定清楚明确，列举完整齐备。

应当注意的是，团体意外伤害保险中的投保人资格可以从两方面加以限定：一是投保人数应当占团体中符合投保条件的人数的一定比例以上(通常为75%)，一为投保人数应达到最低数目以上(通常为5人)。另外，法律法规对团体投保另有规定的，应当符合其规定。

投保人：针对不包含身故保险责任，被保险人为无民事行为能力人或限制民事行为能力人的，应由其监护人作为投保人。针对包含身故保险责任，被保险人为限制民事行为能力人的，应由其监护人作为投保人。被保险人不满10周岁的，应由其父母作为投保人。

受益人：被保险人为限制民事行为能力人的，应由其监护人指定或变更身故保险金受益人。

3. 年龄误告条款。由于健康保险的风险和费率与被保险人的年龄密切相关，因此如果投保人申报的被保险人的年龄不真实，将可能影响到保险人的是否承保以及适用的保险费率。根据《保险法》第32条规定，年龄误告可以分情况作如下约定：

(1)投保人申报的被保险人年龄不真实，致使投保人支付的保险费少于应付保险费的，保险人有权更正并要求投保人补交保险费；若已经发生保险事故，保险人在给付保险金时按照实付保险费与应付保险费的比例支付。

（2）投保人申报的被保险人年龄不真实，致使投保人实付保险费多于应付保险费的，保险人应当将多收的保险费退还投保人。

（3）投保人申报的被保险人年龄不真实，并且其真实年龄不符合合同约定的年龄限制的，保险人可以解除合同，并按照保险合同约定退还保险单的现金价值。

4. 既往病症条款。为了控制健康保险中普遍存在的被保险人的逆选择的风险，防止隐瞒和欺诈，健康保险条款中往往约定有"既往病症条款"，保险人对保险期间内发生的既往病症无须承担保险责任。该条款可以约定为：既往病症是指保险责任开始前一个较长期限内经过医生诊断或者治疗的病症，或者在保险责任开始前一个相对较短的期限内产生使一个正常谨慎的人要求医生诊断或治疗的症状。

（三）保险责任

健康保险的保险责任一般可分为医疗保险责任、疾病保险责任、失能收入损失保险责任和护理保险责任，对于不同的保险责任应根据具体险种的保障项目分别加以明确约定。

（四）责任免除

1. 原因除外。

（1）由于保险人要援引"原因除外"所列原因而免除责任，需要证明"原因"与"损害"之间存在因果关系。

（2）"原因除外"一般应包括常规除外原因（投保人、被保险人、受益人的故意行为；被保险人自致伤害或自杀，但被保险人自杀时为无民事行为能力人的除外；因被保险人挑衅或故意行为而导致的打斗、被袭击或被谋杀；被保险人妊娠、流产、分娩、药物过敏、食物中毒、高原反应、中暑；被保险人接受整容手术及其他内、外科手术导致的伤害；被保险人未遵医嘱，私自服用、涂用、注射药物；任何生物、化学、原子能武器，原子能或核能装置所造成的爆炸、灼伤、污染或辐射；恐怖袭击……）以及与特定险种风险选择与控制、费率厘定因素相关联的其他除外原因。列举除外原因要明确、全面，与一般人的通常理解不一致的用语，应加以明确界定。

另外需要注意，对于"战争、军事行动、暴动或其他类似的武装叛乱；被保险人从事非法、犯罪活动或被依法拘留、服刑、拒捕；被保险人酗酒或受酒精、毒品、管制药物的影响；被保险人酒后驾车、无有效驾驶执照驾驶或驾驶无有效行驶证的机动交通工具不适用于被保险人为乘客的意外险条款；被保险人患有艾滋病（AIDS）或感染艾滋病病毒（HIV）期间；被保险人从事潜水、跳伞、热气球运动、攀岩运动、探险活动、武术比赛、摔跤比赛、特技表演、赛马、赛车等高风险的活动;被保险人置身于任何飞机或空中运输工具(以乘客身份搭乘民用或商业航班者除外)”,也需要证明“原因”与“损害”之间存在因果关系,不再笼统地划入期间除外中。

应避免出现“其他不属于本保险合同责任范围内的损失、费用,保险人也不负责赔偿”笼统的约定。

2. 特别注意。特别注意要避免保险责任与责任免除之间的衔接,避免引起歧义和纠纷。

(五)保险金额

健康保险的保险金额原则上并无限制,视被保险人的保障需要和投保人交付保险费的能力确定。可以是一个固定的金额,也可以通过约定日给付金额以及给付日数(有的可能还约定有免赔日数)的方式确定,保险事故发生时按照约定的保险金额定额给付。

(六)保险期间和保险责任的起止

1. 由于短期健康保险期间为一年,大多为一年一保,期满续保,当然也可由当事人根据具体情况约定不同于一年的保险期间,因此需在条款中明确:“除另有约定外,保险期间为一年,以保险合同载明的起讫时间为准。”

公司以前的条款习惯表述为“保险期限”,为与《保险法》表述一致,在对以前的条款进行修订的时候,应注意将“保险期限”修改为“保险期间”。

2. 根据《保险法》的规定,保险责任的开始日期可以与保险期间的开始日不一致,因此如有必要,可以另行约定保险责任的开始日期。

(七)保险费

一般而言,由于短期健康保险的保险费为适用的保险费率乘以保险金额,条款中大多没有单独列出这一内容。当保险费计收基础和方式与通常做法不同时,应当明确加以约定。

(八)投保人、被保险人义务

1. 如实告知义务。《保险法》第16条对此有明确规定。条款中仅约定提醒投保人履行该义务。而对于客户未履行该义务的法律后果,鉴于《保险法》16条已有明确约定,无需再在条款中重复约定。

2. 保险费交付义务。

(1)个人短期健康保险的保险费应在订立合同时一次缴清保险费。

(2)团体短期健康保险的保险费以一次交付为原则,以分期交付为例外,并且分期交付须经保险人同意。

关于违反交费义务的惩罚性法律后果,保险法没有具体规定,一般也不应约定,实践中可通过业务实务指引进行管控。

3. 职业或者工种变更通知义务。由于疾病风险与职业或者工种密切相关,同时保险费率也是以职业或者工种为依据确定的,因此被保险人职业或者工种的变化必然会影响保险人承担的风险状况以及保险费的调整,因此应当予以明确约定。应当分职业或者工种的变化导致危险性降低、导致危险性增加以及不在承保范围三种情况分别加以明确约定。

4. 住址或通讯地址变更通知义务。投保人住所或通讯地址与保险人有关通知的送达等保险人义务的履行密切相关,因此应明确约定“投保人住所或通讯地址变更时,应及时以书面形式通知保险人”。而对于违反前述义务的惩罚性法律后果,保险法没有具体规定,一般也不应约定,实践中可通过业务指引进行管控。

5. 被保险人变动通知义务(针对团体保险)。实际业务中,可能存在保险期间内被保险人增减的情况,比如被保险人辞职、新员工加保等,应明确约定投保人应以书面形式通知保险人,经保险人同意出具批单在保险合同中批注后,方可生效。

6. 保险事故的通知义务。应当规定保险事故发生后,投保人、被保险人或受益人及时通知义务。而对于违反前述两项义务的法律后果,鉴于《保险法》第21条对此有明确规定,无需再在条款中重复约定。

(九)保险金的申请与给付

1. 索赔申请资料提供。

(1)应根据《保险法》第22条规定,明确投保人、被保险人负有提供与确认保险事故的性质、原因、损失程度等有关的证明和资料的义务。证明和资料与保险事故要具有相关性,列举要全面,还要考虑实际的操作性。需要注意的是2009年修订后的《保险法》还特别规定,保险人只能要求投保人、被保险人提供其可能拥有和掌握的证明和材料。

(2)应在保险条款中约定:保险人认为有关的证明和资料不完整的,应当及时一次性通知投保人、被保险人补充提供有关的证明和资料。

而对于违反前述两项义务的法律后果,鉴于《保险法》第21条对此有明确规定,无需再在条款中重复约定,可直接适用《保险法》的相关规定。审核条款时应当予以注意。另外,也要明确委托他人索赔时需要提供证明委托关系存在的证明。

2. 保险金的给付。现条款一般仅约定在收到保险金申请人提交的本保险条款所列的材料后,应及时就是否属于保险责任做出核定,并将核定结果通知被保险人或受益人。

《保险法》第23条明确规定了保险人的责任核定时限，同时也赋予了保险人与投保人另行约定复杂案件理赔时限的权利，因此在制定条款时，应当按照法律的规定并结合业务具体情况合理制定复杂案件的理赔时限。鉴于《保险法》第23条对此有明确规定，无需再在条款中重复约定，可直接适用《保险法》该条规定。审核条款时应当予以注意。

《保险法》第25条规定了保险人应当履行先行赔付义务的时限，应按照该条规定予以审核。

3. 诉讼时效期间。根据《保险法》第26条，短期意外、健康保险的被保险人或者受益人向保险人请求赔偿的诉讼时效期间为二年，自其知道或者应当知道保险事故发生之日起计算。2009年对《保险法》修订后，本条规定的时效期间为诉讼时效期间，不再是以往理解的除斥期间。同时，起算点也相应修改为自被保险人"知道或者应当知道"保险事故发生之日起计算。

（十）受益人的指定及变更处理

《保险法》第39条、第40条、第41条对此有明确规定，应严格按照法律规定来表述。

应当注意的是，在受益人的指定及变更方面，最终的决定权在被保险人，因此在投保人、被保险人的表述顺序上应当是"被保险人或者投保人"。另外，根据公司对浙江省工商局修改保险条款建议的处理结果，现在条款中一般约定"生存保险金的受益人为被保险人本人"，而删除了"保险人不受理其他的指定或变更"。

（十一）争议处理和法律适用

1. 争议处理。公司现行保险条款一般约定两种争议处理方式，申请仲裁或诉讼，由当事人在合同约定从下列两种方式中选择一种：①因履行本合同发生的争议，由当事人协商解决，协商不成的，提交保险单载明的仲裁委员会仲裁；②因履行本合同发生的争议，由当事人协商解决，协商不成的，依法向人民法院起诉。

值得明确的是，为了降低成本、提高效率、维持当事人之间的良好关系，前述的争议处理方式，当事人都要先行协商，协商不成再申请仲裁或提起诉讼。

另对于仲裁机构或管辖法院，不要在条款中约定，以避免限制投保人、被保险人选择权的嫌疑。

2. 法律适用。应明确约定"与本保险合同有关的以及履行本保险合同产生的一切争议，适用中华人民共和国法律（不包括港澳台地区法律）"。这项约定对于具有涉外因素的保险合同尤为重要。由于法律制度和法律规定的差异，保险人责任的有无和责任的轻重可能相差巨大，为避免外国法律对保险人责任的影响，有必要如此约定。同时,为了明确法律仅涉及中华人民共和国全国性法律,因此有必要排除“港澳台地区法律”。

(十二)其他事项

1. 合同解除权约定。

(1)首先应当明确,在我国目前法律体系下,除《保险法》另有规定或保险合同另有约定外,保险合同成立后,投保人可以解除保险合同,而保险人不得解除保险合同。因此,对投保人的解除权不要轻易予以限制,而对保险人的解除权不要轻易予以扩大。

(2)但是,在某些险种中,为了控制投保人的道德风险和减少逆选择,也可以限制投保人的解除权,或者赋予保险人解除权。

(3)要注意明确约定合同解除的条件、程序、合同解除的时间以及保险费如何处理,以增强操作性,减少争议。

2. 投保人解除合同的处理。一般而言,健康险条款中很少限制投保人的解除权,但保险人已根据保险合同约定给付保险金的除外。应当明确投保人解除合同应当以书面形式通知保险人,明确投保人应提供的证明文件和资料,明确合同终止的时间以及保险单现金价值的计算公式,以增强条款的操作性和减少纠纷。

3. 合法性保证约定。符合法律、行政法规和保监会的有关规定,是保险条款基本的合法性保证。为依法维护投保人、被保险人合法权益,为保证保险条款依法合规,现条款一般都约定“本保险合同约定与《中华人民共和国保险法》等法律规定相悖之处,以法律规定为准。本保险合同未尽事宜,以法律规定为准”。

(十三)释义

对于保险条款中需要进一步明确含义的词语,可以统一在此作出定义。需要作出释义的原因一般有:保险条款中赋予特定含义、与通常含义不一致、容易引起误解等。

释义内容应符合《保险法司法解释(二)》第17条的规定,审核释义条款时应当根据前述规定要求严格审核。

第九小节　非标准产品的审核要点

在开发非标准产品过程中,应当遵守以下合法性、规范性审核(以下简称法律审核)要点。发现有不符合以下法律审核要点的,应当及时对产品内容进行修改,并向客户及时做好解释说明工作。

（一）一般条款的审核要点

1. 审核是否存在不符合法律规定的情形。

（1）保险利益。2009年《保险法》对保险利益的规定做了重大调整。首次明确区分了财产保险与人身保险中对保险利益的不同要求。财产保险中被保险人在出险时具有保险利益，人身保险中投保人在投保时具有保险利益，是《保险法》对保险合同中保险利益的要求。因此，应当区分财产保险与人身保险的不同情况，对投保人在投保时及被保险人在出险时是否对保险标的具有保险利益进行审查。如投保人或被保险人在上述情形下对保险标的没有法律上承认的保险利益，则人身保险合同无效，而财产保险合同的被保险人不得向保险人请求赔偿保险金。

相关法律依据：《保险法》第12条规定，人身保险的投保人在保险合同订立时，对被保险人应当具有保险利益。

财产保险的被保险人在保险事故发生时，对保险标的应当具有保险利益。

人身保险是以人的寿命和身体为保险标的的保险。

财产保险是以财产及其有关利益为保险标的的保险。

被保险人是指其财产或者人身受保险合同保障，享有保险金请求权的人。投保人可以为被保险人。

保险利益是指投保人或者被保险人对保险标的具有的法律上承认的利益。

《保险法》第31条规定，订立合同时，投保人对被保险人不具有保险利益的，合同无效。

《保险法》第48条规定，保险事故发生时，被保险人对保险标的不具有保险利益的，不得向保险人请求赔偿保险金。

（2）保险责任（仅适用责任保险）。对于责任类保险而言，保险责任必须是被保险人在法律上或合同上可能对第三人承担的民事损害赔偿责任。因此，确定保险责任范围的时候，不应将被保险人不可能承担的民事赔偿责任扩展进来。

相关法律依据：《保险法》第65条第2款规定，责任保险是指以被保险人对第三者依法应负的赔偿责任为保险标的的保险。

（3）施救费用（仅适用财产保险）。对于财产损失类保险而言，保险合同中可以不对施救费用进行规定，但保险合同中不能规定保险人不承担施救费用、施救费用与财产损失在一个保险金额内合并计算或者对施救费用扣除免赔额等问题。

相关法律依据：《保险法》第57条规定，保险事故发生时，被保险人有责任尽力采取必要的措施，防止或者减少损失。保险事故发生后，被保险人为防止或者减少保险标的的损失所支付的必要的、合理的费用，由保险人承担；保险人所承担的数额在保险标的损失赔偿金额以外另行计算,最高不超过保险金额的数额。

示例:《××财产保险条款》中规定,发生损失后,被保险人为减少损失而采取必要措施所产生的合理费用,保险人也予以赔偿,但本项费用与物质损失赔偿金额之和以受损的被保险财产的保险金额为限。此规定明显违反了《保险法》的上述条文,应当予以避免。

另外,值得注意的是,关于不足额投保时施救费用的计算,即保险标的的保险金额小于其保险价值时施救费用的计算,鉴于保险法没有对施救费用按比例计算的具体规定,一般也不应约定,实践中可通过业务指引进行管控。

示例:《××财产保险条款》中规定,保险标的的保险金额小于其保险价值时,上述费用按被施救标的的保险金额与其保险价值的比例在保险标的损失赔偿金额之外另行计算,最高不超过被施救标的的保险金额。此规定一般不应在条款中约定。

(4)投保人的如实告知义务及法律责任。2009年《保险法》对投保人的如实告知义务及法律责任做了重大修改,将原保险法规定的投保人因"过失"导致的法律责任修改为因"重大过失",保险条款修改中应当重点关注保险合同此方面的规定是否符合新法的要求,不能随意扩大投保人的相关义务或者加重投保人的法律责任。

(5)保险费交纳主体。根据《保险法》的规定,保险费交纳主体应当是投保人。因此,应当注意不要规定被保险人有交纳保险费的义务。

相关法律依据:《保险法》第10条第2款规定,投保人是指与保险人订立保险合同,并按照保险合同负有支付保险费义务的人。

示例:《××财产一切险保险条款》规定,被保险人及其代表应根据本保险单明细表和批单中的规定按期缴付保险费。此规定与保险法确定的保险费交纳主体不一致,应注意避免。

(6)防灾防损义务及责任(仅适用财产保险)。《保险法》对投保人、被保险人的防灾防损义务及法律责任有明确规定,保险合同中相关问题应当与法律规定一致,不能随意扩大投保人、被保险人的相关义务或者加重投保人、被保险人的法律责任。

《保险法》第51条规定,被保险人应当遵守国家有关消防、安全、生产操作、劳动保护等方面的规定,维护保险标的的安全。

根据合同的约定,保险人可以对保险标的的安全状况进行检查,及时向投保人、被保险人提出消除不安全因素和隐患的书面建议。

投保人、被保险人未按照约定履行其对保险标的安全应尽的责任的，保险人有权要求增加保险费或者解除合同。

保险人为维护保险标的的安全，经被保险人同意，可以采取安全预防措施。

(7)危险程度增加的通知义务及法律责任(仅适用财产保险)。2009 年《保险法》修改了被保险人的危险程度增加的通知义务及法律责任，将其中的“危险程度”增加修改为了“危险程度显著增加”。因法律有明确规定，保险合同中相关问题应当与法律规定一致，不能随意扩大被保险人的相关义务或者加重被保险人的法律责任。

《保险法》第 52 条规定，在合同有效期内，保险标的的危险程度显著增加的，被保险人应当按照合同约定及时通知保险人，保险人可以按照合同约定增加保险费或者解除合同。保险人解除合同的，应当将已收取的保险费，按照合同约定扣除自保险责任开始之日起至合同解除之日止应收的部分后，退还投保人。

被保险人未履行前款规定的通知义务的，因保险标的的危险程度显著增加而发生的保险事故，保险人不承担赔偿保险金的责任。

(8)单证提供义务。法律对投保人、被保险人或者受益人索赔时提供单证列为了法定义务。保险合同中不能出现随意扩大投保人、被保险人或者受益人索赔时提供单证的范围。新法还规定保险人如认为有关的证明和资料不完整的，应当一次性通知投保人、被保险人或者受益人补充，此规定也体现了立法者提高保险公司理赔服务水平的用意。因此保险合同中不能做与法律规定不一致的规定。

《保险法》第 22 条规定，保险事故发生后，按照保险合同请求保险人赔偿或者给付保险金时，投保人、被保险人或者受益人应当向保险人提供其所能提供的与确认保险事故的性质、原因、损失程度等有关的证明和资料。

保险人按照合同的约定，认为有关的证明和资料不完整的，应当及时一次性通知投保人、被保险人或者受益人补充提供。

示例:《××责任保险条款》中规定，投保人、被保险人或受益人在索赔时提供保险人认为必要的证明资料，此规定已经扩大了法定义务中“所能提供的与确认保险事故的性质、原因、损失程度等有关的证明和资料”的范围，加重了投保人、被保险人或受益人的理赔成本。

(9)代位权的行使、追偿协助义务及法律责任(仅适用于财产保险)。保险人的代位权、被保险人的追偿协助义务及法律责任，法律做了详细规定，保险合同中相关问题应当与法律规定一致，不能随意扩大保险人代位权范围或者加重被保险人协助追偿义务或者加重被保险人的法律责任。

相关法律依据:《保险法》第 60 条规定,因第三者对保险标的的损害而造成保险事故的,保险人自向被保险人赔偿保险金之日起,在赔偿金额范围内代位行使被保险人对第三者请求赔偿的权利。

前款规定的保险事故发生后,被保险人已经从第三者取得损害赔偿的,保险人赔偿保险金时,可以相应扣减被保险人从第三者已经取得的赔偿金额。

保险人依照第一款行使代位请求赔偿的权利,不影响被保险人就未取得赔偿的部分向第三者请求赔偿的权利。

《保险法》第 61 条规定,保险事故发生后,保险人未赔偿保险金之前,被保险人放弃对第三者的请求赔偿的权利的,保险人不承担赔偿保险金的责任。

保险人向被保险人赔偿保险金后,被保险人未经保险人同意放弃对第三者请求赔偿的权利的,该行为无效。

由于被保险人的过错致使保险人不能行使代位请求赔偿的权利的,保险人可以相应扣减保险赔偿金。

《保险法》第 62 条规定,除被保险人的家庭成员或者其组成人员故意造成本法第 60 条第 1 款规定的保险事故外,保险人不得对被保险人的家庭成员或者其组成人员行使代位请求赔偿的权利。

《保险法》第 63 条规定,在保险人向第三者行使代位请求赔偿权利时,被保险人应当向保险人提供必要的文件和其所知道的有关情况。

示例:《××财产保险条款》中规定,如果被保险人的财产损失可以从第三方获得赔偿,保险人仅负责赔偿剩余部分。此规定中的"可以"已经违反了法律确定的保险人可以在理赔时扣除被保险人"已经"从第三者取得损害赔偿的原则。应当注意被保险人"已经"取得的赔偿和"可能"取得的赔偿的区别。

(10)残值处理(仅适用于财产保险)。保险标的遭受损失后,如果有残余价值,则该残值部分应当由保险人与被保险人协商处理。保险合同如约定无论何种情形,保险标的的残值都归被保险人,并在保险赔款中扣除,则限制了被保险人的权利。

《保险法》第 59 条规定,保险事故发生后,保险人已支付了全部保险金额,并且保险金额等于保险价值的,受损保险标的的全部权利归于保险人;保险金额低于保险价值的,保险人按照保险金额与保险价值的比例取得受损保险标的的部分权利。

示例:《××财产基本险条款》中规定,对于保险人采用实物赔偿或实际修复方式履行赔偿义务的,被替换的受损保险标的归被保险人所有。此规定与法律规定不一致,应当避免出现此类表述。

（11）保险事故查勘费用的分担（仅适用于财产保险）。保险事故的查勘费用无论由保险人支付还是由被保险人先行垫付，根据《保险法》的规定最终都应当由保险人承担，保险合同不能对此问题作出不一致的规定。

《保险法》第 64 条规定，保险人、被保险人为查明和确定保险事故的性质、原因和保险标的的损失程度所支付的必要的、合理的费用，由保险人承担。

（12）不实索赔问题。保险合同不能随意扩大，加重投保人、被保险人发生不实索赔情况的法律责任。

《保险法》第 27 条规定，未发生保险事故，被保险人或者受益人谎称发生了保险事故，向保险人提出赔偿或者给付保险金请求的，保险人有权解除合同，并不退还保险费。

投保人、被保险人故意制造保险事故的，保险人有权解除合同，不承担赔偿或者给付保险金的责任；除本法第 43 条规定外，不退还保险费。

保险事故发生后，投保人、被保险人或者受益人以伪造、变造的有关证明、资料或者其他证据，编造虚假的事故原因或者夸大损失程度的，保险人对其虚报的部分不承担赔偿或者给付保险金的责任。

投保人、被保险人或者受益人有前三款规定行为之一，致使保险人支付保险金或者支出费用的，应当退回或者赔偿。

示例：《××财产一切险条款》中规定，如果任何索赔含有虚假成分，或被保险人或其代表在索赔时采取欺诈手段企图在本保险单项下获取利益，或任何损失是由被保险人或其代表的故意行为或纵容所致，被保险人将丧失其在本保险单项下的所有权益。对由此产生的包括本公司已支付的赔款在内的一切损失，应由被保险人负责赔偿。此规定已经扩大了法律规定的责任范围，应当按照法律规定修改。

（13）先予给付。法律对先予给付的时限有明确规定，保险合同不得随意延长先予给付的时限。

《保险法》第 25 条规定，保险人自收到赔偿或者给付保险金的请求和有关证明、资料之日起 60 日内，对其赔偿或者给付保险金的数额不能确定的，应当根据已有证明和材料可以确定的最低数额先予给付；保险人最终确定赔偿或者给付保险金的数额后，应当支付相应的差额。

（14）重复保险。什么情况下属于重复保险，法律有着明确的规定。保险合同对重复保险的定义应当严格遵守法律的规定。不能自己创设或修改法律概念。2009 年对《保险法》的修改过程中，进一步补充了保险金额总和超过保险价值的判断因素。

相关法律依据:《保险法》第56条规定,重复保险是指投保人对同一保险标的、同一保险利益、同一保险事故分别与两个以上保险人订立保险合同,且保险金额总和超过保险价值的保险。

(15)诉讼时效问题。2009年对《保险法》修订后,规定的时效期间为诉讼时效期间,不再是以往理解的除斥期间。同时,起算点也相应修改为自被保险人"知道或者应当知道"保险事故发生之日起计算。诉讼时效不属于意思自治范畴,不能对其进行特殊约定。

《保险法》第27条规定,人寿保险以外的其他保险的被保险人或者受益人,向保险人请求赔偿或者给付保险金的诉讼时效期间为二年,自其知道或者应当知道保险事故发生之日起计算。

(16)保险合同变更权。保险合同的变更权行使主体,法律做了明确限定。保险合同中应当注意不要缩小或改变变更权行使主体范围。

《保险法》第20条第1款规定,投保人和保险人可以协商变更合同内容。

(17)保险合同解除权。保险合同解除权的行使主体及限制,法律做了明确规定,保险合同中不能扩大保险合同解除权的行使主体或者突破法律对保险合同解除权使用的限制条件。

相关法律依据:《保险法》第15条规定,除本法另有规定或者保险合同另有约定外,保险合同成立后,投保人可以解除合同,保险人不得解除合同。

《保险法》第50条规定,货物运输保险合同和运输工具航程保险合同,保险责任开始后,合同当事人不得解除合同。

示例:《××公众责任保险条款》被保险人可随时书面申请注销本保险单,保险人亦可提前十五天通知被保险人注销本保险单。该规定改变了《保险法》规定的保险合同解除权行使主体范围,应当避免此类情形。

(18)保险合同争议管辖地。保险合同是一种特殊的合同类型,法律对保险合同规定了一种特殊地域管辖制度。因此,保险合同不能按照一般合同的模式约定合同争议管辖地。

《民事诉讼法》第24条规定,因保险合同纠纷提起的诉讼,由被告住所地或者保险标的物所在地人民法院管辖。

2. 审核是否存在其他不符合法律法规、监管规定的情形。

(1)违约责任。法律对投保人、被保险人违反保险合同义务的法律责任,有着清晰明确的规定。依照有关监管规定,保险合同中不能出现笼统的投保人、被保险人违反合同义务,保险人不负责赔偿的规定。

以投保人如实告知义务为例,《保险法》第17条规定,投保人的如实告知义务属于询问告知义务,并非主动告知,即如保险人不询问,则投保人无需告知。此外,依据该条,投保人过失不履行告知义务,必须是不告知的事实属于"足以影响保险人决定是否同意或者提高保险费率的",保险人才有权解除合同;且只有在未告知的事实"对保险事故的发生有严重影响的",即具有一定因果关系的,保险人才可以对合同解除前发生的保险事故不承担责任。保险条款关于告知义务的约定,与保险法上述规定相抵触的,应当进行修改,与立法保持一致。

示例:《××财产险综合险条款》中规定,被保险人如果不履行第20条至第24条约定的各项义务,保险人有权拒绝赔偿,或从解约通知书送达15日后终止保险合同。此规定的违约责任可能过分加重投保人、被保险人的违约责任,已经违反了保监会现行监管规定。应当按照有关法律规定修改。

(2)指定维修单位。在车辆保险项下,保险人不能指定特定的维修单位作为被保险人维修车辆的场所,应当赋予被保险人维修保险标的的选择权。

(3)登报声明规定。根据相关监管规定,车辆盗抢险项下,可以约定投保人或被保险人履行登报声明的义务,但违反此类义务不能必然导致保险公司拒绝赔偿。

(4)争议解决条款。根据相关监管规定,应当在保险合同中载明仲裁选择条款。以保障投保人选择仲裁这种争议解决方式的权利。

在订立具体的保险合同时,保险合同双方当事人应当对上述两种争议解决方式作出选择。如果选择仲裁方式,应当载明具体的仲裁机构名称。

3.特别注意事项。公司开发新产品时,原则上应适应公司保险条款框架。对于公司暂无对应保险条款框架或有特别情形不宜适用框架时,可选用非标准产品模式设计保险产品。即使如此,条款主要内容依然建议沿用类似条款结构或条目,以信用保险条款为例,现暂无条款框架,但在条款结构或条目上,可参照责任险框架。即条款大的结构一般应包括"总则、保险责任、责任免除、责任限额、保险期间、保险人义务、投保人及被保险人义务、赔偿处理、争议处理和法律适用"等模块;而各模块具体约定内容,也应和框架基本一致。以投保人及被保险人义务为例,若投保人或被保险人违反义务的惩罚后果,保险法已有具体规定,或《保险法》无直接依据的内容都不宜在条款中约定。

(二)海上保险非标准产品的审核要点

根据法律、司法解释的规定,海上保险产品适用《海商法》的规定;《海商法》没有规定的,适用《保险法》的有关规定;《海商法》和《保险法》均没有规定的,适用《合同法》等其他相关法律的规定。因此,涉及海上保险合同的问题,应当优先适用

《海商法》的规定。下面针对《海商法》不同于《保险法》的规定，予以说明。

1. 保险合同主体。根据《海商法》的规定，海上财产保险合同中不存在《保险法》规定的“投保人”，因此合同中应当避免出现对“投保人”的有关规定。

相关法律依据：《海商法》第216条规定，海上保险合同，是指保险人按照约定，对被保险人遭受保险事故造成保险标的的损失和产生的责任负责赔偿，而由被保险人支付保险费的合同。

2. 保险合同解除的限制。根据《海商法》的规定，海上财产保险中货物运输和船舶的航次保险，保险责任开始后，被保险人不得要求解除合同。因此，保险合同中不应突破法律规定，放宽对被保险人解除权的限制。

相关法律依据：《海商法》第228条规定，虽有本法第227条规定，货物运输和船舶的航次保险，保险责任开始后，被保险人不得要求解除合同。

3. 索赔时效。《海商法》规定了不同于《保险法》的索赔时效制度，其计算起点自保险事故发生时起，海上财产保险合同中应当注意其与一般保险合同规定的不同。

相关法律依据：《海商法》第264条规定，海上保险合同向保险人要求保险赔偿的请求权，时效期间为二年，自保险事故发生之日起计算。

（三）车贷险非标准产品的审核要点

《关于规范汽车消费贷款保证保险业务有关问题的通知》［保监发〔2004〕7号］对车贷险业务做了专项规定，开展车贷险相关业务时，在注意一般非标准财产保险问题时，还应当关注以下问题。

1. 车贷险条款使用范围。车贷险保险条款应当严格规范车贷险的承保范围。车贷险条款应仅限于承保消费性车辆。如需开办生产性车辆车贷险业务，可根据其风险特点和性质制订相应的条款费率。

2. 承保期限。车贷险保险条款应当审慎设定承保期限。根据投保人的风险状况确定承保期限，原则上不得超过三年。

3. 保险责任。车贷险条款中应明确保险责任为差额保证保险责任，即投保人未按合同约定履行还款义务时，仅对被保险人实现担保权后差额部分提供保险保障。应本着严格控制风险的原则，对导致投保人不能按约偿还贷款的风险因素，在保险责任中做出明确的规定。应明确保险责任生效必须以投保人向被保险人提供有效担保为前提。应明确被保险人要对担保的合法、有效性进行审查，对担保被依法确认为无效的，保险人不承担保险责任。此外，在车贷险条款中还应明确贷款购车首付款不得低于净车价的30%。

4. 赔偿处理方式。车贷险产品应当明确赔偿处理方式。对投保人未按合同约定履行还款义务，被保险人应在规定的时限内尽最大义务依法先行使担保权，在依照法定程序实现担保权后，不足以清偿贷款本金和利息的部分再向保险公司提出索赔。同时应对被保险人就抵（质）押物处置的原则和方法做出约定，应对赔偿金额设定不低于10%的绝对免赔率。

（四）房贷险非标准产品的审核要点

《关于进一步加强贷款房屋保险管理的通知》[保监发〔2006〕66号]对房贷险业务做了特别规定，开展房贷险相关业务时，在注意一般非标准财产保险问题时，还应当关注以下问题。

1. 保险责任。设定财产损失部分的保险责任时，要充分考虑贷款购房者的财产损失风险需求。承担还贷保证的保险责任原则上应限于"被保险人在保险期间内因意外伤害事故所致死亡或伤残，而丧失全部或部分还贷能力，造成连续三个月未履行或未完全履行相关的个人住房借款合同约定的还贷责任"。

2. 保险金额。贷款房屋保险产品应当合理确定保险金额。除经与贷款购房者协商并获得其同意外，贷款房屋保险的保险金额应以贷款金额为最高限额。

3. 保险期间。贷款房屋保险产品应当合理确定保险期间。对仅承保财产损失保险责任的贷款房屋保险，其保险起期应为贷款购房者取得房屋使用权之日。对承保被保险人还贷责任以及同时承保财产损失和被保险人还贷责任的贷款房屋保险，其保险期间可为个人住房抵押贷款合同约定的贷款起始日至被保险人按照相关规定清偿全部贷款本息之日。

（五）短期健康险和意外伤害保险非标准产品的审核要点

1. 审核是否存在不符合法律规定的情形。

（1）保险利益。应当对投保人是否对保险标的具有保险利益进行审查，如投保人对保险标的没有法律上承认的保险利益，则保险合同无效。

《保险法》第31条规定的保险利益人包括：①本人；②配偶、子女、父母；③前项以外与投保人有抚养、赡养或者扶养关系的家庭其他成员、近亲属；④与投保人有劳动关系的劳动者。除前述规定外，被保险人同意投保人为其订立合同的，视为投保人对被保险人具有保险利益。

《保险法》第33条规定，投保人不得为无民事行为能力人投保以死亡为给付保险金条件的人身保险，保险人也不得承保。父母为其未成年子女投保的人身保险，不受前款规定限制。但是，因被保险人死亡给付的保险金总和不得超过国务院保险监督管理机构规定的限额。

(2)以死亡为保险金给付条件的保险合同的特别规定。除父母为其未成年子女投保的人身保险外,其他以死亡为保险金给付条件的保险合同应当经被保险人书面同意并认可保险金额,否则保险合同无效。

相关法律依据:《保险法》第34条规定,以死亡为给付保险金条件的合同,未经被保险人同意并认可保险金额的,合同无效。

按照以死亡为给付保险金条件的合同所签发的保险单,未经被保险人书面同意,不得转让或者质押。

父母为其未成年子女投保的人身保险,不受本条第一款规定限制。

(3)年龄误告条款。健康保险的风险和费率与被保险人的年龄密切相关,如果投保人申报的被保险人的年龄不真实,将可能影响到保险人的是否承保以及适用的保险费率。因此应该依据《保险法》第32条的规定,将年龄误告分情况做出约定:

《保险法》第32条规定,投保人申报的被保险人年龄不真实,并且其真实年龄不符合合同约定的年龄限制的,保险人可以解除合同,并按照合同约定退还保险单的现金价值。保险人行使合同解除权,适用本法第16条第3款、第6款的规定。

投保人申报的被保险人年龄不真实,致使投保人支付的保险费少于应付保险费的,保险人有权更正并要求投保人补交保险费,或者在给付保险金时按照实付保险费与应付保险费的比例支付。

投保人申报的被保险人年龄不真实,致使投保人支付的保险费多于应付保险费的,保险人应当将多收的保险费退还投保人。

(4)保险金额。意外伤害保险和健康保险的保险金额原则上视被保险人的保障需要和投保人交付保险费的能力确定。同时以死亡为给付保险金条件的合同,保险金额应当经被保险人同意,否则合同无效。

相关法律依据:《保险法》第33条规定,父母为其未成年子女投保的人身保险,其死亡给付保险金额总和不得超过保险监督管理机构的限额。

《保险法》第34条规定,以死亡为给付保险金条件的合同,未经被保险人同意并认可保险金额的,合同无效。

(5)受益人的指定及变更处理。在受益人的指定及变更方面,最终的决定权在被保险人,因此在投保人、被保险人的表述顺序上应当是"被保险人或者投保人"。另外,根据保监会对浙江省工商局修改保险条款建议的处理结果,现在条款中一般约定"生存保险金的受益人为被保险人本人",而删除了"保险人不受理其他的指定或变更"。

相关法律依据:《保险法》第 39 条规定,人身保险的受益人由被保险人或者投保人指定。

投保人指定受益人时须经被保险人同意。投保人为与其有劳动关系的劳动者投保人身保险,不得指定被保险人及其近亲属以外的人为受益人。

被保险人为无民事行为能力人或者限制民事行为能力人的,可以由其监护人指定受益人。

《保险法》第 40 条规定,被保险人或者投保人可以指定一人或者数人为受益人。受益人为数人的,被保险人或者投保人可以确定受益顺序和受益份额;未确定受益份额的,受益人按照相等份额享有受益权。

《保险法》第 41 条规定,被保险人或者投保人可以变更受益人并书面通知保险人。保险人收到变更受益人的书面通知后,应当在保险单或者其他保险凭证上批注或者附贴批单。投保人变更受益人时需经被保险人同意。

2. 违反监管规定。

(1)独立开发。人身险和财产险是性质不同的两类保险条款,应分别独立开发,一般不得在财险条款中扩展短期健康险或意外伤害保险责任。

相关规定虽然明确规定"短期健康保险和意外伤害保险产品应是单独成立的主险或附加险,不得在其他财产险条款中扩展短期健康险或意外伤害保险责任"[《关于财产保险公司经营短期健康保险和意外伤害保险有关问题的通知》(保监发〔2002〕133 号)]的文件已废止,暂也没有相关文件重新明确前述独立开发要求,但人身险和财产险中保险利益、保险标的、赔偿处理方式等内容及性质有实质不同,实践中监管机构仍然倾向于人身险和财产险是性质不同的两类保险条款,应分别独立开发。

(2)保险责任。在保险责任中,为控制风险,结合险种的需要,保险公司如果在保险条款中规定被保险人应当在保险人指定或认可的医院进行治疗,应在保险条款中对医疗机构的资质、类型、范围做出进一步明确,并加强对投保人、被保险人的解释说明工作。

(3)父母为其未成年子女投保死亡人身保险限额。根据法律的授权,保监会对父母为其未成年子女投保死亡人身保险限额做了进一步的明确,父母在各保险公司为其子女累计投保的死亡保险金额总额不得超过人民币 10 万元。因此,产品中对于未成年人的死亡人身保险金额不得超过 10 万元。

同时,保险公司应在保险合同中明确约定因未成年人死亡给付的保险金额,不得以批单、批注(包括特别约定)等方式改变保险责任或超过本通知规定的限额进行承保。

相关监管依据:《关于父母为其未成年子女投保以死亡为给付保险金条件人身保险有关问题的通知》[保监发〔2010〕95 号]规定,父母为其未成年子女投保的人身保险,死亡保险金额总额不得超过人民币 10 万元。自本通知发布之日起,新签发的保单均应按此规定执行;已签发的保单继续履行其保险责任,直到保险合同终止。

(4)责任免除。关于"未经保险人同意的转院治疗作为保险人免责事由"的规定一般出现在社保补充医疗保险产品中。根据社保制度的规定,参保人必须在基本医疗保险的定点医院进行治疗,未经社保机构同意转院的,全部费用由参保人自行支付。社保补充医疗保险是社保的补充产品,保险公司与当地社保机构合作过程中,为了保证产品与社保规定相适应,一般规定了被保险人转院治疗应经过保险公司同意,以保证被保险人的治疗行为符合社保相关规定。保险公司应当注意合理使用此种免责规定,不要限制、妨碍被保险人正常、合理的转院治疗行为。

(5)单证提供义务。法律和监管规定对投保人、被保险人或者受益人索赔时提供单证的义务做了明确规定。保险合同中应尽量避免对消费者不公平的规定,不能出现随意扩大投保人、被保险人或者受益人索赔时提供单证的范围。出于对风险的合理控制,保险公司可以规定被保险人应提供保险人指定或认可鉴定机构的鉴定书,但应在保险条款中对指定机构的资质、类型、范围做出进一步明确,并应当加强这方面的解释说明。

相关监管依据:《关于印发〈人身保险保单标准化工作指引(试行)〉的通知》[保监发〔2005〕108 号]中规定,被保险人、受益人提出领取保险金申请时,保险人不得要求其提供与确认保险合同、确认保险事故的性质、原因等无关的证明或材料;被保险人或受益人提出领取保险金申请,但材料不齐全或材料不准确的,保险人一次性以书面形式告知需要补充的有关材料。

(6)团体保险。保险人不得为以购买保险为目的组织起来的团体承保团体保险。

团体意外伤害保险中的投保人资格从两方面加以限定:一是特定团体的参保成员投保人数应当占团体中符合参保条件成员总数的75%以上(含75%),二为投保人数应达到最低数目以上(通常为5 人)。另外,法律法规对团体投保另有规定的,应当符合其规定。

保险人不得以任何形式约定改变或适时改变团体保险退保、给付条件及金额。除批单和附加批注外,不得以口头或者书面协议对合同内容进行补充或修改。

相关监管依据:《关于规范团体保险经营行为有关问题的通知》[保监发〔2005〕62号]。

(7)条款用语。对于专业术语,或者保险条款中赋予特定含义、与通常含义不一致、容易引起误解的词语,应在保险条款中进一步明确含义的词语。其中对非保险属于所作的解释应符合专业意义。

相关的监管依据为:《关于印发人身保险条款存在问题示例的通知》(保监发〔2004〕51号)。

相关的法律依据为《保险法司法解释二》。

(8)健康保险条款存在问题示例。除了以上共性问题外,保监会还进一步规定了健康保险条款应注意的以下问题:①在开发与住院有关的健康产品时,应考虑被保险人实际可能无法确定住院天数,不得使用要求被保险人就住院天数向保险人提出书面申请的条款。②属于补偿性质的医疗保险产品,在条款中没有明确告知投保人,对于已有社保医疗保障或单位报销医疗费用的被保险人患病,保险公司只承担医疗费差额部分的赔偿责任,导致在实际操作中引发合同纠纷。约定"若被保险人按政府的规定取得补偿,……保险人仅给付剩余的部分",但没有显著标识以提请消费者注意。为了避免纠纷,建议在条款中明确规定,若被保险人从社会基本医疗保险或者任何其他第三方或以任何商业医疗保险取得医疗费用补偿,保险人仅对扣除已获得补偿后的剩余医疗费用,按照合同的约定承担赔偿责任。③对投保人申请医疗保险金时应提供的凭证的规定,应尽量避免对消费者不公平的规定。示例:要求投保人提供"保险人认可的医疗机构出具的医疗费用原始凭证";"由保险人认可医院出具的医疗诊断书、病理检查、化验检查、门诊及住院医疗费用原始单据、费用结算明细表及处方"等。何为"保险人认可",该条款中并未解释。④给付项目所依据的标准不够明确。对于某些医疗费用的支出,是采用全国的标准,还是按照各省或各市的相关医疗机构的相关政策进行给付,条款未做明确规定,在理赔过程中容易造成纠纷,建议在条款中进一步明确。⑤措辞模糊,缺乏明确解释,容易造成理解歧义。"医疗费用限制"中,出现"当地医疗行政主管部门规定"的语句,消费者对"当地"的理解可能会存在差异。建议在条款中进一步明确含义。条款中出现"管制药物"、"当地社会医疗保险管理部门规定的自费项目和药品"等表述。但是,一般的投保人并不清楚什么是"管制药物",哪些项目和药品属于"当地社会医疗保险管理部门规定的自费项目和药品",建议在条款中明确,以免给投保人、被保险人造成理解歧义。⑥关于癌症确定标准"以病理报告为准",这对于已临床诊断为癌症、但无法进行"病理诊断"的情况,是不公平的,在实际操作中容易引起纠纷。⑦避免约定被保险人虽患某种疾病,必须做某种手术才能给予赔付。随着医学的发展,该种疾病可能已经不再使用保险合同中规定的手术进行治疗,导致客户得不到赔偿,从而损害客户利益。⑧重大疾病条款对疾病的定义所用的都是医学专用术语,与社会公众理解的疾病定义往往范围不同,建议按照2007年中国保险行业协会和中国医师协会共同制定的《重大疾病保险的疾病定义使用规范》,在条款明确规定其含义,并做好解释说明工作。⑨重大疾病保险的"保险责任"中约定:"一、被保险人……患本合同所指的重大疾病或初次实施本合同所指手术,保险人按保险单上载明的保险金额的10%给付'重大疾病保险金'……。二、被保险人因疾病或意外伤害导致身故的,保险人按已交保费给付身故保险金……",第二条中的"疾病"是否包括第一条中的"重大疾病",在条款中没有明确说明,容易造成歧义。

相关监管依据为《关于规范人身保险业务有关问题的通知》[保监发〔2005〕22号]、《关于印发人身条款存在问题示例的通知》[保监发〔2004〕51号]。

第十小节　全面实现保险条款审核的信息化

近些年来公司保险产品不仅开发数量逐年增多,同时,涌现出许多全新的业务领域,需要产品开发和审核人员投入大量的人力积极思考产品创新,以满足市场需求,拓宽业务发展,而现实却是保险产品开发和审核人力资源又相对有限。鉴于此,中国人民财产保险股份有限公司不断总结保险产品开发和审核经验,探索创新保险产品开发和审核信息化手段,通过信息技术手段节约保险产品生成、流转、审核时间和资源,有效管控法律风险并有力支持业务快速发展。经过持续研究、论证、创新,公司法律信息综合管理平台保险产品审核模块已经上线。

保险产品审核信息模块是保险产品生成、流转、法律审核等综合服务信息模块。该产品信息模块为法律信息综合管理系统应用的创新发展阶段,除具备传统OA部门协调单的产品生成、流转、审核、修改、审定、文本查阅等功能之外,还支持法律部门制定、修改、发布、废止保险条款框架的适时更新和发布的平台功能,并支持审定保险产品固化,记录保险产品生成或修改轨迹等必要的创新功能。该模块明显缩减了保险产品的生成和审核时间,提高保险产品生成的规范程度和流转效能,支持产品线和法律审核部门节约更多人力成本投入到创新或复杂保险产品中去,将公司保险产品生成和审核的信息化水平推送到一个崭新的发展阶段。

法律信息审核模块于2012年中期正式上线运行以来,经过前期阶段的试运行、中间阶段的优化升级、现今阶段的稳步运行，现已逐步发展为集保险产品生成、审核、版本确认、框架管理、数据统计、修改痕迹记录等综合服务为一体的高效能法律信息服务平台，据统计，条款的法律审核时间约缩短 1/3 左右。在未来发展阶段，公司将不断研究和征询使用部门的意见或建议，不断优化该信息系统，以提高该系统的便捷性和效率性，并将根据业务实际需求和分公司需求，适时将该系统铺设于分支机构，持续提升公司保险产品信息化水平。

第二节　合同法律审核

一、合同法律风险

（一）合同相对方的风险

合同相对方风险是指合同相对方在资格、资信、资质、能力等方面存在瑕疵可能导致的风险。合同相对方是合同的当事人之一，是指享有权利或承担义务的人，其订立合同应当具有相应的民事权利能力和民事行为能力。具体来说，对于合同相对方是个人的，一般应当为年满 18 周岁的成年人，或者 16 周岁以上不满 18 周岁，能以自己的劳动收入为主要生活来源的人。对于合同相对方是法人及其他组织的，包括企业法人，机关、事业单位法人，社会团体法人等，一般均应依法登记领取营业执照。如果合同相对方主体资格存在瑕疵，则可能导致以下风险：

1. 因合同主体不符合法律规定可能导致合同无效的法律风险。因主体不合格导致合同无效后，所有合同条款中只有争议解决条款对双方当事人有约束力；而双方订立合同的目的不能得以实现，造成人力物力的浪费，给企业带来经营风险。我国《民法通则》和《合同法》规定，违背法律和行政法规的合同属于无效合同。对有些特殊行业，国家实行行业准入制度，不符合一定标准的自然人和其他主体不允许进入市场。较为典型的，如国家对建筑企业资质的监管。我国《建筑法》第 13 条规定，从事建筑活动的建筑施工企业、勘察单位、设计单位和工程监理单位，应该在取得相应的资质证书后，才能在资质等级许可的范围内从事建筑活动。对此，国务院《建设工程质量管理条例》第 25 条也作出相应规定。如果发包人与没有资质或者资质等级达不到要求的承包人签订建设工程施工合同，属无效合同。

此外，与不具备法定资质的主体签约，还可能导致受到行政处罚等监管风险。例如，我公司作为保险人，根据保监会有关规定，必须与具备相应资质的保险代理人、经纪人签约,否则将面临相应的监管处罚。

2. 与无处分权人签订合同的法律风险。根据《合同法》第 51 条的规定,无处分权人处分他人财产,经权利人追认或者无处分权人订立合同后取得处分权的,该合同有效。根据法律规定的含义,若无处分权人订立的合同事后权利人不追认,且行为人未取得处分权的,合同无效。但合同无效并不能对抗善意第三人,第三人可以根据善意取得制度获得相关权利。在实际的经济交往中,无处分权人并不像我们想象的那么容易识别。如某集团名下有若干紧密关系的公司,在外部看来其资产都归属该整体,若与其中 A 公司签订合同,但标的物属于集团 B 公司,在法律上而言,就属于无处分权人签订的合同,合同相对人将面临合同无效的法律风险。若该项财产属于行政机关登记的不动产、专利等,合同相对人则无法说明自己在签订合同时出于善意,相关损失只能自行承担。因此,在合同订立之初应当对合同对方主体及有关标的的权属进行必要的审查。

(二)代理风险

代理风险即与无权代理人订立合同的法律风险。无权代理,是指行为人没有代理权而以他人名义所实施的代理。无权代理发生的原因主要有:①行为人自始就没有代理权;②行为人所为的代理行为超越代理权;③行为人的代理权消灭。无权代理人订立的合同,按照法律规定存在多种法律效力情形,而不同的法律效力结果面临的法律风险也各不相同。根据合同的规定,无权代理行为未经被代理人追认的,对被代理人不发生效力,由行为人承担责任。相对人可以催告被代理人在一个月内予以追认。被代理人未作表示的,视为拒绝追认。合同被追认之前,善意相对人有撤销的权利。若无权代理行为构成表见代理,则按照《合同法》第 49 条的规定,这些条件都需要企业提供证据证明,若企业签订合同时仅仅查阅了对方相关证明材料,而并没有与合同一并备案,将面临证明不力的法律风险。因此,在订立合同时,在审查对方资质时,应当要求其提供书面证明材料,并予以留存。

(三)合同形式不当的法律风险

我国《合同法》关于合同的形式,规定可以采用口头、书面或其他形式。特别是随着互联网的广泛应用,电子商务、传真、网上交易成为新交易形式。在实际应用上,除即时清结外,尽量避免口头合同。合同文本应经双方充分协商,经要约、承诺的方式达成一致。对于企业而言,合同的签订一般应采用书面形式,较为安全。合同的变更,也应当采用书面形式,并经双方签字盖章。在通过传真磋商时,应特别注意是否形成新的要约、承诺;如果采取一方提出的合同文本,则应重点看权利、义务的约定是否平等,有无加重一方责任、减少或免除另一方责任的条款;采用格式合同条款的,应特别注意有无在人身、安全、质量等方面的免责条款。一般情况下,从合同的形式上看,口头、电子数据较书面形式的风险大,采用一方的文本比双方协商一致共同起草的文本的风险大。

此外,还要特别注意电子商务中的电子合同。电子合同主要有两种方式,一是企业之间直接进行接洽,如企业建立网站,通过自己的订(购)货系统和客户进行接洽。另一种是通过第三方提供的电子商务平台,如国际贸易中常用的电子数据交换系统(EDI),目前网上十分流行的各商业网站提供的企业对企业(B2B),以及企业对消费者(B2C)平台。由于电子合同签订后多不再签订书面纸制文本,而电子商务的相关法律规定还不够完善,因此,如何证明双方合同的真实内容,如何收集证据等,是企业需要事先考虑和防控的法律风险。因此对于相关电子合同,一要谨慎使用,二要注意通过电子手段留存相关信息,作为双方真实意思表示的证明。

(四)合同文本瑕疵的法律风险

合同文本瑕疵的法律风险是指合同内容不明确、条款不齐备、合同的内容缺少具体交易事项约定以及合同文本质量不高可能导致的法律风险。

1. 合同名实不符的法律风险。签订合同时,合同的必备条款法律虽然没有统一规定而交由当事人约定,但《合同法》要求这些约定应当是具体的、易于履行的。明确合同性质也是签订和履行合同的前提与条件。实践中,签订的合同往往存在合同名称、内容、性质不相一致的情况,如某些合同名为"销售协议",实际内容却是代理协议、名为"买卖合同",实际内容却是"加工承揽合同"等。合同性质、内容与合同名称不相符,一旦发生纠纷,将存在较大法律风险。

2. 合同用语不当的法律风险。合同用语应当具体、详细和尽可能准确反映交易双方的真实意思表示。有些合同的用语含混或存在歧义,内容不相衔接或存在矛盾等,在合同履行过程中,这些不当用语极易引发纠纷。

3. 合同约定不明的法律风险。

(1)合同质量、数量条款约定不明确的法律风险。与描述合同标的相关的质量、数量、品质、检验等条款,是构成大部分合同的主要条款内容。这些条款约定的内容过于简单、笼统,将极易引发争议。签订合同时,合同的质量条款应尽量选择技术质量方面的专业人士提出具体的专业标准,而不应仅仅由合同商务人员实行决策。

(2)合同结算条款约定不明的法律风险。合同中约定的价款支付是买受人的基本义务,也是出卖人交付标的物并转移所有权的对等条件。实践中的结算方式约定不明确，主要表现有：付款期限、付款方式、付款的条件等约定不明确。这些内容约定不明确，极易引发合同履行争议。

(3)合同救济条款约定不明的法律风险。合同救济条款主要指违约责任、争议解决方式等条款。违约责任是指当事人因违反合同约定应承担的责任。按照我国《合同法》的规定，只要违反了合同约定就应当承担违约责任，适用的是无过错责任原则。承担违约责任的方式有继续履行、采取补救措施或者赔偿损失。但同时，法律允许当事人就违约责任承担作出自主的约定，且约定大于法定。例如违约责任条款中，约定违约金是常用的承担责任的方式。违约金数额完全由当事人在合同中事先约定，只在当事人约定过高或过低的情况下，才由法官自由裁量。但如果违约责任条款仅约定"按《合同法》规定执行"，这种约定在发生争议时，守约方将很难要求对方承担赔偿违约金的责任。

诉讼或者仲裁是解决合同争议的两种常见的法律救济手段，一般由当事人约定，在二者的选择上，各有利弊。有以下几点值得注意：一是仲裁程序相对简单，一审终结，诉讼程序相对复杂，成本较高；二是仲裁、诉讼不能同时选择；三是选择仲裁，应约定仲裁机关、仲裁地点。

(4)合同文本不完整的法律风险。一些合同中，往往将一些内容较为繁杂的服务、技术等的细节问题在合同相关附件中进行约定。这些附件往往是合同的重要组成部分，但是，由于合同的签章页往往在附件之前，因此，对于合同签章页之后的附件内容，往往容易被忽视。但实际上，合同的附件是合同不可分割的组成部分，对于具体考量合同的履行等，十分重要。如果附件中对有关内容约定不明确同样可能导致在具体履行过程中引发较大争议。

针对存在的上述问题，就要求公司有关业务人员，必须重视因合同签署可能带来的法律后果，认识到可能存在的法律风险，注意签约的细节问题及合同文本措辞，以避免发生相关风险。

(5)合同格式条款的法律风险。实践中，某些特殊领域，如供水、供电、贷款、房屋买卖、租赁、存款等为了提高效率，重复使用由一方预先拟定、并在订立前没有同对方平等协商的格式条款或格式合同，对于此类合同，从公平的角度出发，为保护弱势签约一方，《合同法》针对提供格式条款做出了限制。第一，要求格式合同的提供方应向另一方承担格式条款提示和说明义务；第二，格式合同提供方设定的一些免除自己责任，加重对方责任，扣除对方主要权利的条款无效；第三，对格式条款理解发生争议，应当按照通常理解予以解释，有两种以上解释的，应当做出不利于提供格式条款一方的解释。上述规定增加了格式合同提供方的法律风险。

（五）不当解除的法律风险

1. 解除条件不成立的法律风险。合同的解除分为合同的法定解除和合同的约定解除。解除合同是一种法律行为，是指签约一方或双方当事人在法律规定或双方约定的条件下，在原合同的有效期内，提前终止合同的权利义务关系。在符合法定解除条件时可以解除合同，即合同的法定解除；在符合双方合同中特别约定的合同解除条件时，也可以解除合同，即合同的约定解除。依照《合同法》第 94 条的规定，有下列情形之一的，当事人可以解除合同：因不可抗力致使不能实现合同目的；在履行期限届满之前，当事人一方明确表示或者以自己的行为表明不履行主要债务；当事人一方迟延履行主要债务，经催告后在合理期限内仍未履行；当事人一方迟延履行债务或者有其他违约行为致使不能实现合同目的；法律规定的其他情形。合同的约定解除则需要双方在合同中进行具体约定，符合解除条件时合同一方可依合同约定行使解除合同的权利而无需征得对方同意。如在不满足上述解除条件的情况下，提出解约，则可能因构成不当履约而承担相应的法律责任。因此，对于是否满足合同解除条件进行判断，一要注意保留相关证明材料，二要注意与对方充分沟通协商，尽可能在双方达成协商一致的情况下解约。

2. 解除方式不当的法律风险。合同解除分为法定解除和约定解除，无论前者还是后者，作为合同的附随义务，合同解除均应当通知对方，合同自解约通知到达对方时或双方约定的合同解除条件成就时解除。如果对方有异议的，可以请求人民法院或者仲裁机构确认解除合同的效力。但是，法律、行政法规规定解除合同应当办理批准、登记等手续的，依照其规定。因此，如果合同解除没有履行法定的通知义务或未办理法定的手续，可能导致解除无效并承担违约赔偿责任的风险。对此，在解约时，应当根据具体情况，严格按照法律、法规或相关约定处理。

（六）招投标风险

招投标合法性风险，即按照国家法律、法规及公司有关规定，应招标项目而未进行招标，或未按国家法律、法规及公司有关规定的程序进行招投标活动。招投标规范性风险，即未按招标投标文件确定的规则评标、定标或招标行为不规范，暗箱操作，泄露标底或其他投标人的商业秘密。投标人风险，即投标人相互串通（串标）。评标专家风险，即招标专家库管理不规范、评委选择机制不科学等等。而以上这些风险，均可能导致合同无效，并进而引起相关民事争议。对此，要求公司相关从业人员必须熟悉招投标相关法律、法规及公司有关规定，在招投标业务的各个环节，均应严格依法办事。

二、合同法律审核

(一)合同要素的构成

1. 合同的法定构成要素。根据《合同法》的规定,一般合同条款应当包括以下要素:

(1)当事人的名称或者姓名和住所。

(2)标的。

(3)数量。

(4)质量。

(5)价款或者报酬。

(6)履行期限、地点和方式。

(7)违约责任。

(8)解决争议的方法。

2. 合同的一般构成要素。前述合同要素是法律对一般民事合同规定的基本内容。在商业合同审核实践过程中,一份完整的商业合同一般应包含以下要素:

(1)合同各方的法定名称(自然人姓名及身份证号码)、地址、邮政编码、电话,法定代表人或负责人姓名、职务,代理人姓名、职务、联系方式。

(2)签约目的和依据。

(3)标的。

(4)数量和质量,包括检测或验收标准和方式。

(5)价款或酬金,包括支付方式和计算依据。

(6)履行的地点、期限和方式。

(7)争议解决方式。涉外合同须约定合同争议解决法律适用条款。

(8)违约责任和赔偿责任的承担。

(9)合同变更或解除条件。

(10)根据法律或合同性质必须具备的条款或合同各方共同认为必须明确的条款。

(11)正副本份数、存放地点。

(12)合同生效的时间和条件。

(13)约定的联系方式。

(14)附件名称。

(15)签约的地点、日期。

(16)合同各方开户银行及账号。

(17)合同各方公章或合同专用章。

(18)法定代表人、负责人或代理人签字。

当然以上要素应当根据合同的具体要求进行增减。

(二)合同审核要点

合同审核应当结合具体项目情况，根据相关法律法规及公司内容有关规定，着重从以下几个方面进行审核：

1. 合同形式审核。

(1)合同项目是否需要以招标等特殊的方式缔结。如根据《招标投标法》及公司集中采购管理办法的规定，一些建筑工程合同可能需要按照招标方式进行采购。

(2)合同签订、生效是否需要行政许可或者备案。

(3)合同框架是否完整，是否具备了相应的合同要素内容。

2. 合同主体资格审核。

(1)审核合同主体名称、法定代表人、法定地址是否正确，是否具备独立的民事行为能力，是否具备特定的资质要求等问题。

(2)分支机构签署合同的，应当注意是否取得了必要的公司内部授权，授权人签名、授权书内容等是否完整有效。

(3)合同当事双方是否有关联关系，如果具有关联关系应当按照相关法律、法规、上市地规则及公司规定的程序进行审批及披露。

3. 合同意思表示审核。合同双方意思表示是否真实、全面，是否因为信息的传递发生扭曲或衰减，要努力了解合同当事人双方的最真实的想法，让合同完整、真实地体现合同当事人的意思表示。

4. 合同标的审核。

(1)合同交易标的是否具有法律规定的限制流通条件。

(2)合同主体是否对合同标的具有完整、有效的合同处置权。对不动产而言，主要应当从物权证书是否完整有效，是否有抵押权等问题进行调查了解。对知识产权而言，应当注意合同标的的转让是否可能侵犯第三方合法权利。

(3)合同标的物的交接、检验手续是否明晰。

(4)合同标的相关法律、规范和标准的引用是否到位。

(5)合同标的的定性分析和定量描述是否全面、精准。合同标的属于特定物的,应当注意对合同标的的描述是否可以保证标的物识别的排他性。

5. 合同权利、义务及责任审核。

(1)权利、义务是否具体、确切,权利义务内容是否可以衔接一致。

(2)双方权利、义务是否合理对等。

(3)违反主要义务的行为是否具有明确对应的违约责任。

(4)违约责任和赔偿责任条款是否合法合规。

(5)违约责任是否对应潜在的违约形态。

(6)违约责任的承担形式是否具有操作性。

(7)违约责任是否足以弥补损失,同时又可以提高合同相对方的违约成本。

6. 合同风险审核。

(1)语言文字理解是否存在风险。对语言表达的准确严谨性进行审查。

(2)数字单位、货币单位、时间单位等计量单位是否精确。

(3)字句是否有歧义。如合同中对相关概念有特定含义,则应当对其进行明确定义。

(4)合同中是否存在不可预期、不合理的或不可控制的风险,风险防范措施是否完善。

7. 合同免责条款审核。

(1)合同中的免责条款或不可抗力条款是否范围适当、公平合法。

(2)弃权或豁免放弃条款是否适当。

8. 合同纠纷及解决条款审核。

(1)潜在的纠纷预测是否全面。

(2)争议解决方式是否明确。

(3)诉讼方式是否违反了相应的地域管辖或专属管辖。

(4)仲裁机构、仲裁地、仲裁规则是否清晰明确。

9. 合同效力审核。

(1)合同整体上能否保证其有效性。

(2)合同的生效所附带的期限和条件是否适当。

(3)各合同之间、同一合同条款之间、合同与附件之间是否协调一致。

10. 合同涉外条款审核。

涉外合同中准据法是否了解,如需要可请相关律师出具专业法律意见。

合同文本有两种及以上文字时,应当有合同语言效力条款。

三、合同审核信息系统的建设

中国人民财产保险股份有限公司一直致力于不断探索、创新法律管理的新方法。通过信息化方式对合同条款进行风险控制是实现合同法律风险管理的重要手段。信息化方式也是将合同的法律审核引向制度化、标准化、精细化方向的重要动力。合同审核信息系统的建设和应用，是中国人民财产保险股份有限公司法律事务管理发展的重要成果和未来的发展方向。

合同审核信息系统的定位是合同法律服务综合平台。从系统内部功能看，系统建成后将完成法律部门与合同需求部门之间合同生成、流转、审核、修改、审定、上传、数据统计、数据分析的合同法律审核全流程覆盖，同时系统也将具有法律部门制定、修改、发布、废止合同标准化文本的平台功能。从系统外部功能看，合同系统可以与办公系统、人力系统、财务系统、安全认证系统等系统形成信息交互，保证系统在公司层面的应用。合同审核系统的建设，一方面方便了合同需求部门规范化生成合同的需求，另一方面也大大提高了法律部门合同审核的效能。

系统的应用从客观上也促进了法律工作本身的发展。首先，因系统的构架需要基于合同标准化文本的高度结构化与模块化，法律部门基于系统需要完成了对合同标准化文本的全面改造工作，以使合同文本的结构更加统一、标准，使用、修改更加方便。其次，法律部门为了提高文件流转效率，也对合同审核流程中的环节和控制节点做了重新梳理，提高了审核效率。

截至 2013 年底，合同审核信息系统已经完成了第一期的系统开发、测试工作，并已经上线进行了试运行。试运行期间，系统性能良好，合同主文本平均生成时间不超过 10 分钟，合同审核时间平均缩短了 1/3。法律部门未来还将本着“系统为客户所用、系统为客户所变”的原则不断完善系统各项配置和性能，进一步推广系统使用范围，提高系统使用深度，从而更好地为公司业务发展和法律风险管理服务。

第三节　外聘非诉律师管理

一个操作性强、执行成本低、工作效能高的全面法律风险管理体系，应该由保险企业内部法务（法律部门）与外聘律师（法律顾问）两部分服务体系组成。而外聘律师又分为诉讼律师和非诉律师，本节主要论述的内容为外聘非诉律师的管理。

在保险企业风险管理体系中，外聘律师的自身优势体现在：可以弥补保险企业内部法务专业知识与技能的不足，调剂保险企业法律服务人才的阶段性需求，协助提高保险企业法律工作的能力和水平，根据国际惯例和市场经济需要处理部分法律事务以及办理法律法规、政策规定必须由律师办理的保险企业法律事务。

在使用律师方面，应当避免两种倾向：一是忽视律师的作用，不注意使用律师弥补自身法律力量的不足。这种做法的问题在于，公司法律事务日益增多，公司自身的法律队伍的人员数量、专业领域不能满足客观需要。二是过分依靠律师，遇到事情扔给律师了事，公司法律事务全部外包。这种做法的问题在于，一方面，律师不了解公司内部情况和业务，提出的法律意见与公司的需求有一定差距；另一方面，律师关注的首先是自身利益和自身经验的积累，会倾向于推动公司开展没有必要的诉讼或花费不必要的成本，不符合公司利益。

因此，在使用律师方面，公司应坚持的原则是：以我为主、为我所用、用其所长、补我所短。应当在以下几个方面开展律师管理：

一是管准入。即在对律师的资质、能力进行严格审核的基础上，建立相应的律师名单库。避免在个案发生后，临时寻找律师，无法对律师资质进行有效把关。

二是管收费。即对律师收费进行严格把关。有条件的分支机构可以与律师事前统一协商适当的价格浮动区间，避免个案发生后，律师漫天要价。

三是管考核。即对律师处理案件的工作业绩进行严格考核和评价。在个案处理完毕后，应当有个案工作业绩评价，每年度定期还要有年度工作业绩评价。

四是管退出。即律师严重违反职业道德或因故意或重大过失造成公司损失等情形发生后，应当将该律师剔除出律师库，不再使用。律师年度工作业绩不佳的，也应建立相应的退出制度，及时予以剔除。

一、如何选择外聘律师

（一）选择外聘律师的标准

保险企业对于外聘律师的需求应该根据企业业务定位、所遇到的法律问题以及希望达到什么样的效果来决定，此外还包括企业能为法律部门提供哪些资源支持，比如预算经费等因素。在明确需求之后，法律部门应当根据评判标准、遵循一定的选聘流程来确定与法律需求匹配度最高的外聘律师。在遴选外聘律师的时候，首先，要看律师对保险法律业务有没有经验；第二，律师的工作反应能力能不能让我们满意，反应是否迅捷；第三，律师提供的法律服务、专业知识和其他方面信息是不是保险企业法律部门本身无法获得的；第四，内外部契合度是否符合项目需求，争取使外聘律师和内部法务像一个团队一样工作。

现阶段法律服务市场竞争较为激烈，律师事务所层出不穷，如何比较律师事务所的服务，保险企业可以根据需要列出很多具体选择标准，其中，以下几方面值得关注和比较：

(1)律师事务所在保险业界的口碑和声誉；

(2)律师事务所曾经在保险行业企业服务过的名单及案例；

(3)律师事务所承诺的服务方式及团队工作人员的稳定性；

(4)律师事务所的业务特长，业务板块的划分和发展方向；

(5)律师事务所的律师人数规模、地理分布；

(6)律师事务所的赔偿责任能力。

(二)律师库的招标采购

在有了明晰的评判标准后，保险企业要利用好外聘律师，关键要把握好"准入"。如果通过"试用"方式进行比较，企业付出的代价可能较大。招投标选聘律师这种方式，使保险企业法律部门更能从成本、能力、需求、特殊需要等多方面进行比较，通过筛选来选择最优的律师和律师事务所。从法律服务市场上可以看到，越来越多的大型国有企业和机关开始在网上发布招投标公告，以此来招聘顾问律师及律师事务所。同时，由于保险企业法律事务种类及数量繁多，根据需要应该打破传统的一家律师事务所的界限，根据自身需要及不同律师事务所的特长，通过律师库的形式入围几家律师事务所。

保险企业通过竞争招标等市场运作，向社会上招揽具有从事保险法律风险管理业务的律师事务所，在合作中，企业可以要求律师事务所为自己指派"量身定做"的从事保险企业法律风险管理的专业律师，即指派最符合保险企业要求、最适于提供特定企业所需特定法律服务的律师。

(三)签署法律服务合同文本

保险企业对律师事务所服务质量不满意，往往与保险企业在法律服务合同中的具体服务事项和标准约定不明确有关。很多保险企业的法律服务合同，几乎都是千篇一律的格式合同：服务内容，几乎都是可操作性不强的几大类法律服务范围；服务标准，几乎都是依赖"律师良心"来判断；违约责任，则是到了双方反目成仇才想到的事。因此在通过招投标的方式选定律师事务所后，要特别留意法律服务合同的内容。一般来讲，法律服务合同主要包括以下内容：委托项目；服务范围；

乙方的工作团队;服务期限;甲方的权利和义务;乙方的权利和义务;费用及支付方式;合同的变更、解除和终止;保密义务;利益冲突;不可抗力;违约责任;法律适用与争议解决;通知;合同生效及其他。

二、管理外聘律师的原则

(一)坚持内外有别

在保险企业法律风险管理实务中,企业法律部门不能取代外聘律师发挥作用,外聘律师也不能替代现有的法务人员。二者内外有别,其工作关系应该是一种专业互补、优势组合的协作关系,谁都不可能最终取代谁,他们共同构成保险企业法律工作推进之两翼。二者只有平衡互动发展,充分发挥出各自领域应有优势,实现强强联合,才能在发展道路上克难攻坚,推动保险企业和谐健康发展。

在企业内部法律人员与外聘律师的使用中,保险企业要充分注意到二者在性质上的本质区别,做到有取有舍地使用。在处理企业内部各类法律事务上,注意发挥企业内部法律人员的积极作用,尤其是涉及不宜对外公开及企业内部商业秘密的法律事务上,应当倚重内部人员,进而避免不必要的法律风险。而在处理一些外部法律事务,比如债权股权投资、不动产购置、工程项目等事务上,应当注重发挥外聘律师的专业技能,既能扬长避短,又能减轻企业内部法律人员的工作量,使之有更多的时间去处理内部法律事务。

这种内外有别的关系,也体现在全局与局部的把握上。保险企业内部法律人员应该掌握全局性的法律工作,对于企业当前存在的法律风险有清醒的认识,对于当前发生亟待处理的法律事务有全面的评估,对于各种法律处理方式熟悉了解,对于下一步法律工作有清晰明确的思路,对于需要处理的法律事务分门别类,分清外部委托和内部处理,进而寻求最经济、最有效率的解决途径。而外聘律师应当对于受委托的具体事项充分了解,明确委托目的和客户的真实意图,然后根据专业素质和合同约定积极开展工作,尽最大能力做好委托事项。

(二)分工各有侧重

法律部门作为保险企业内部设置的从事法律事务的职能部门,其优势在于熟悉企业的内部运作和具体事务,容易与企业的负责人员和其他工作人员沟通,有利于保险企业日常对法律风险的监控,为日常经营管理活动提供及时到位的法律服务,客观上起到了很好的法律风险管理作用。而保险企业外部聘用律师的优势在于有较多的司法实践经验和法律实务经验,同时他们因与企业保持一定的距离,对企业的各方面问题也有比较客观的看法和观点。

企业日常的法律咨询、流程管理、风险控制、合同审核、策略制定等,需要熟悉企业业务的企业内部法律人员来支持。外聘律师在专题项目上能提供专业性法律服务,对新的法律问题和法律领域也有较深入的研究,所以对于尽职调查、并购、不动产投资等项目,因个案所花费时间较多,且需要特别的经验和技能,应该交给外聘律师来做。比如保险企业要进行股权投资,首先要对投资风险进行评估,这需要考虑方方面面的问题,企业内部法律人员对于企业自身的情况非常了解,但对拟投资项目本身的情况则未必熟悉,在这种情况下,聘请外聘律师就显得非常重要。这样做,既可以避免工作中的重复劳动造成人力资源和成本上的浪费,也可以避免企业出现工作衔接和事务处理不及时的情况,甚至使企业面临不应有的风险。

(三)明确工作要求

外聘律师在处理保险企业具体法律事务时,应就具体事务与法律部门进行沟通,明确工作的要求,尊重和了解法律部门的意见和建议,同时外聘律师应当就具体的事实和依据提出客观的法律分析意见和解决方案,并尽量采用书面形式提交给保险企业有关论证意见。在解决具体问题的过程中,外聘律师应随时将有关情况和进展向法律部门反馈,就出现或可能面临的问题及时沟通、及时处理。在办理完具体事务后,律师应将办理情况汇总并作出工作报告提交企业法律部门,作为律师办理法律事务的总结,同时也为法律部门报告资料和企业对律师的工作认定提供依据和参考。

三、如何与外聘律师良性互动

(一)内外部的协调与对接

保险企业法律部门如何与外聘律师协调,如何共同促进企业的发展,是需要付出艰辛的努力和高超的管理智慧的。在双方关系中,有效的沟通非常重要。在解决保险企业法律问题时,企业法务与外聘律师应始终保持一个良好、有效的沟通。企业的业务人员对外聘律师了解有限,而外聘律师对于企业内部业务的了解又不如企业法务人员,所以企业法务能否发挥应有的作用至关重要。此外,在外聘律师与企业业务部门或者相关决策层有不同意见甚至发生冲突的时候,法律部门还应承担协调员的角色,科学合理的进行协调。

在解决企业法律问题时,外聘律师与法律部门应始终保持一个良好、有效的对接。法律部门首先应建立一个完善的律师库,与这些专业技能不同的律师对接,以应对企业各类法律风险。而律师在提供法律服务时,不仅要找出问题所在,还要给企业对症下药,外聘律师应将自己的专业知识和企业的商业运作进行整合,并站在企业的角度为其提供最佳方案,即告诉企业这件事应该怎么办、怎样做才能有效地规避风险。律师通过与法务人员的紧密协作,将企业运营当中的风险降至最低点,不仅为保险企业防范了风险,也大大提升了法律部门在企业管理过程中的重要性。

(二)充分发挥外聘律师的专业技能

在保险企业法律管理中,外聘律师发挥其专业技能主要体现在两方面:一是为企业的重大决策提供法律支持。律师在企业决策前即可对欲决策的项目进行法律分析、论证,然后在此基础上提出相关法律意见,并在分析基础上提出相关对策。这些意见将有力地保证企业决策的可执行性,从而避免企业因决策失误造成重大经济损失。二是预防法律风险。企业在经营运作中法律风险无处不在,如果企业的管理人员没有法律方面的专业知识,要么是浑然不觉,要么是虽察觉到了可能存在的隐患但却掉以轻心,结果往往是纠纷充分暴露时才意识到早已存在的法律风险,这时才请律师做亡羊补牢的工作。此时律师虽做了很多工作,但却无法达到当初积极预防的效果。因此,要充分发挥外聘律师在整个法律过程中的专业技能,二者有机结合,相辅相成。

(三)集体智慧和整体优势

相对于保险企业内部法律人员,外聘律师可以依托其所在律师事务所的丰富资讯、资源优势和全体律师的集体智慧。当前,综合型律师事务所为提高自身竞争力和业务规模,根据不同的业务在律所内部划分具体的业务板块和业务团队,在面对保险企业关系庞杂的非诉业务时,不但各专业团队能够及时组织攻关小组积极应对,还能在遇见其他领域难题时有效地实施跨团队、跨业务板块合作,从而保时保质的完成项目任务。

同时,作为知识密集型的服务组织,律师事务所的专业知识和实践经验对于保险企业也具有重要意义。保险企业法律部门可以通过外聘律师及所在团队的知识分享提高自身专业水平,利用"借助外脑"的方式从外聘律师已有经验教训中汲取风险管理过程中需要的专业知识,在为企业处理日常法律事务和建立健全法律风险管理体系各种疑难问题上,做到事先预见法律风险并采取应对措施,从而实现法律风险最小化和企业利益最大化。

第四章 从诉讼案件管理防范法律风险

诉讼案件管理在保险公司经营风险防范中显得尤为重要,若处理不好,则会给公司带来很大风险。这种风险可分为两个层面,第一个层面是因诉讼案件本身处理存在漏洞,则会产生败诉的风险;第二个层面是诉讼案件中反映出来的公司经营活动中的各个环节存在重大漏洞,且没有及时反馈到相应环节并进行整改,从而会给公司经营活动带来更大风险。因此本章将从这两个层面的风险识别、风险管控进行阐述。此外,从目前保险公司发展状况来看,诉讼案件一般由律师代理,因此是否能对律师进行有效管理也是相应诉讼风险防范的重要一环。

第一节 诉讼案件管理

一、处理诉讼案件时的主要法律风险

大型财产保险公司的诉讼案件管理是一个复杂的系统性工程,比一般公司诉讼案件管理有其特殊性,这也就导致诉讼案件管理存在多方面的风险。这种特殊性是由于以下特点导致的:一是保险业务类诉讼案件数量庞大。首先,一个大型保险公司的机构设置一般为总公司及各个省级分公司,每个省级分公司又下设各地市级分公司,各地市分公司则下设县支分公司,每一个分支机构均有涉诉的可能。而以中国境内行政区划来看,保险公司机构数量之大可想而知。其次,保险类业务案件的特殊性也造成相应诉讼的数量巨大。保险产品与其他产品存在很大区别,投保人在购买保险产品后,实际的保险服务往往是在理赔环节实现的,实现的依据则是投保时订立生效的保险合同。而在保险合同订立时,保险合同双方对承保的风险是不可能完全了解的,因此,在发生风险后,双方可能会对当时订立的保险合同的理解存在争议,从而引发诉讼。最后,对于财产保险公司来说,还有一个特殊性则是车险占相当大的比例,而车险中又有相当一部分案件是未经过理赔,而由受

害人直接起诉保险公司的机动车三者险、交强险案件。虽然在此类案件中,保险公司与被保险人并无实质的法律争议但也是导致诉讼数量巨大的重要原因之一。二是保险业务类诉讼案件发生地域广阔,我国各地司法环境呈现复杂性特征。我国地域广阔,如前所述保险公司的业务遍及各个行政区域,每个地方的司法环境存在很大差异,对很多法律问题每个地方的法院态度是不尽相同的。例如在最高院《关于审理道路交通事故损害赔偿案件适用法律若干问题的解释》出台前,对于交强险、商业险和侵权责任人的赔偿次序每个法院的态度和判决是不一样的,这也给保险公司诉讼案件管理带来难度。三是保险业务类诉讼案件类型多样。保险业务类诉讼案件的种类是随着保险业务的发展而变化的。随着社会经济活动的日益丰富,作为保驾护航的保险业发展也十分迅猛的,从原来的传统业务车险、财产险、船舶货运险等发展出很多新型业务,例如出口产品责任险、董事监事责任险、信用保证保险等,新增业务就会引发新的诉讼案件。如何处理新型诉讼案件很多时候在国内是没有经验可循的,这就对保险公司法律工作人员提出了很高要求。四是保险业务类诉讼案件专业性较强。保险涉及经济生活的方方面面,虽然同样是保险合同纠纷产生的诉讼案件,由于险种不同,所引起的诉讼案件则截然不同。例如船舶货运保险合同纠纷、财产保险合同纠纷、工程保险合同纠纷、责任保险纠纷等完全不同,这对保险公司法律工作者提出了很高的专业化要求。以下是对诉讼案件处理过程中风险的梳理。

(一)不出庭应诉的法律风险

随着公司车险业务量的大幅增长,交强险诉讼给各层级分公司均带来了较重的诉讼负担。有些情况下,对于异地诉讼案件,分支公司仅仅寄送答辩状,而不派人出庭应诉。对于不出庭应诉的行为,保险公司将存在一定的法律风险隐患。一是不出庭应诉可能导致保险公司在诉讼中无法实现充分抗辩。由于书面答辩状只能针对案件原则性问题进行抗辩,而对于证据的质证等环节,保险公司不出庭应诉均有可能导致法官在单方意见的情况下对证据进行评判。二是不出庭应诉可能导致保险人无法对案件审理过程中的新情况、新证据进行甄别。由于交强险诉讼案件往往采用简易程序,很多新证据或者新理由是在开庭审理过程中对方当事人现场提出的。保险人缺席庭审,将无法得知相应的情况并进行抗辩,从而造成了法官接受单方陈述的情形。三是不出庭应诉使保险公司失去了和解结案的机会。现阶段,和解已经成为处理交强险等类诉讼案件的重要手段,对于法院自由裁量权影响较大的案件,采用和解的手段将使保险公司减少损失。而不出庭应诉使保险公司失去了在法院主持下与对方当事人沟通的最好时机,一旦法院作出有利于被保险人的判决，保险公司将失去减少损失的机会。

（二）案件处理不及时的风险

如前所述，保险业务类诉讼案件数量庞大，而保险公司面临法律工作人员紧缺的情况。有的情况下，由于人手不够，在收到案件法律文件后不能及时处理，给公司带来败诉的风险。这些情况包括以下几种类型。一是根据我国《民事诉讼法》第127条的规定："人民法院受理案件后，当事人对管辖权有异议的，应当在提交答辩状期间提出。人民法院对当事人提出的异议，应当审查。异议成立的，裁定将案件移送有管辖权的人民法院；异议不成立的，裁定驳回。当事人未提出管辖异议，并应诉答辩的，视为受诉人民法院有管辖权，但违反级别管辖和专属管辖规定的除外。"根据《民事诉讼法》第125条的规定："人民法院应当在立案之日起五日内将起诉状副本发送被告，被告应当在收到之日起15日内提出答辩状。"换句话说，也就是在收到起诉状之日起15日内必须提出管辖权异议，但如果保险公司法律工作人员并没有在这个期限内及时提出管辖权异议，则失去了这个法律赋予保险公司的权利。管辖权之争往往是双方的战场之争，不同的管辖有可能带来不同的诉讼结果。二是未能及时向法院申请证据保全或财产保全。每一种类型的案件处理流程也不尽相同，但证据保全或财产保全对于案件胜诉及胜诉结果能够得到落实是十分重要的。例如在船舶货运险追偿之诉中，及时扣押船舶，申请法院进行证据保全和财产保全是非常关键的步骤，若相应措施采取得不及时，被追偿船舶驶离拟起诉地后，即使很幸运找到第二个机会对船舶进行了扣押，相关的证据取得则变得非常困难。三是不能及时提起上诉，导致公司承受败诉的结果。根据我国《民事诉讼法》第164条的规定："当事人不服地方人民法院第一审判决的，有权在判决书送达之日起15日内向上一级人民法院提起上诉。当事人不服地方人民法院第一审裁定的，有权在裁定书送达之日起10日内向上一级人民法院提起上诉。"若保险公司法律工作人员忽略了这个时间的限制，则根据《民事诉讼法》第155条的规定，即"最高人民法院的判决、裁定，以及依法不准上诉或者超过上诉期没有上诉的判决、裁定，是发生法律效力的判决、裁定"，一审判决就成为了生效判决，即使保险公司对一审判决不服，也失去了利用二审保护自己合法权益的机会。

（三）出庭应诉过程中的法律风险

出庭应诉是诉讼工作的核心环节，除了庭前的积极准备和证据的充分收集外，出庭应诉应注意以下事项以避免相关的法律风险：一是做好出庭应诉的人员安排，保证法律专业人员能够亲自出庭；二是熟悉、把握案件的争议情况，明确本方在案件中的立场，避免庭审中发生突发情况而陷入被动；三是明确庭审的程序和要求，遵守法律法规及合议庭的规定。

(四)财产保全的法律风险

财产保全,是指人民法院在利害关系人起诉前或者当事人起诉后,为保障将来的生效判决能够得到执行或者避免财产遭受损失,对当事人的财产或者争议的标的物,采取限制当事人处分的强制措施。根据我国《民事诉讼法》第100条、第101条的规定,财产保全分为诉中保全和诉前保全。对于财产保全应当注意以下风险:一是在追偿之诉中申请财产保全要及时,例如在保险代位追偿案件中,若未能及时取得被追偿方的财产保全,即使在追偿之诉中获胜也会面临无法实际追回损失的风险。二是在公司被申请财产保全的情况下,应注意并尽量避免法院直接冻结保险人银行账户或直接扣押保险人财产的风险,最好是采取保证人担保的形式。

(五)律师使用过程中的法律风险

处理诉讼案件时,保险公司一般情况下会使用律师资源,提高诉讼案件的办案效果。在律师使用过程中,应注意以下法律风险:一是在与律师事务所签订的委托代理合同中,没有明确律师工作的内容和责任可能造成的风险。二是没有明确律师授权的范围。一般情况下对于和解、撤诉等关键事项不得授权律师在未经公司同意的情况下做出决定给公司带来的风险。三是加强对于律师的监督和考核不到位,导致律师在案件代理过程中不称职,造成案件败诉的风险。四是没有全面了解案情难易程度,导致过度花费,给公司造成成本的增加。

二、诉讼(仲裁)案件管理

为防范诉讼案件处理过程中存在的各种风险,保险公司如何管理日益增多的各类保险业务诉讼案件成为一个不可回避的难题。这就对保险公司各级法律工作人员提出了更高的要求:首先,保险公司各级法律人员必须有过硬的法律专业素质,能对每个案件的法律问题做到准确把握。此外,保险公司法律人员还必须不断更新知识,对公司各类保险产品和业务现状有很好的了解。其次,各级法律人员必须结合工作实际制定行之有效的案件管理制度,只有内控建设做好了才能有效防范相应法律风险。最后,诉讼(仲裁)案件管理的各项制度必须信息技术化,以信息技术手段对案件进行管理不仅能实现各项管理制度的固化,还能日益形成庞大的数据库,这些数据是法律事务管理甚至是公司管理的巨大宝藏,保险公司可以根据这些数据不断调整诉讼(仲裁)案件管理策略。

(一)法律专业化队伍建设

一支法律专业素质过硬的队伍是保险公司对诉讼(仲裁)案件有效管理的前

提。保险公司的法律人员有别于专业律师,一方面,专业律师仅需要精通某一类案件的法律知识,而保险公司法律人员则需要对与公司业务相关的所有法律问题都有所了解甚至是精通,只有这样才能为保险公司的经营提供相应的法律支持。另一方面,保险公司法律人员不仅需要站在法律的角度思考问题,还需要站在有利于公司经营发展的角度制定诉讼或仲裁策略。

因此,这给保险公司的法律人员提出了很高的要求。国际上很多知名的保险公司,例如瑞士再保险公司、美国保险集团等都对法律相当重视,不仅在人数上是国内保险公司的数倍,还给了法律部门很高的权力,其直接对总裁负责,也就是说如果法律部门认为不能开展的工作有一票否决权。这不仅仅是对法律风险防范的重视,更是认识到了法律工作开展得好能给公司带来可观的收益。很简单的例子,如果保险公司作为被告的案件胜诉率高,那么相应赔付率则会下降;但如果保险公司法律人员都不是专业人员,或者专业素质较差,导致不该赔的案件赔了,那么将给保险公司带来直接的损失。如果能认识到这一点就应该首先加大保险公司法律队伍建设。

国内保险公司很多法律工作是由理赔人员同时兼任的,或者法律工作人员是由理赔人员转化而来的。这些工作人员有丰富的理赔经验,因此在处理类型化的简单案件来说游刃有余。但法律工作毕竟是一项专业化程度很高的工作,即使是同一类案件也有可能存在不同的法律关系和法律问题,如果都能由专业法律人员处理,则能避免处理不当引起败诉的不利后果。当然,有的保险公司将相应的诉讼(仲裁)案件外包给外聘律师团代理。专业律师的专业素质相对较高,但利用其为公司服务也存在三个问题,一是提高了诉讼(仲裁)案件处理的成本,因为律师收费是比较高的,相对于由保险公司法律工作人员直接处理成本大大增加。二是专业律师处理的是每个案件本身,无法从公司经营管理角度出发,将在案件处理过程中发现的问题反馈给公司相关部门,使公司错过了最后的发现经营过程中风险的机会。三是外聘律师管理诉讼(仲裁)案件不利于保险公司自身经验的积累和数据的收集,无法给保险公司诉讼(仲裁)案件管理提供有力的分析基础,以及保险公司自身法律工作力量的逐步壮大。

保险公司法律专业队伍建设不可能一蹴而就,但保险公司可以在目前法律工作人员的基础上加大法律专业培训以及准入资格考试,形成一套“考训结合、以考促学、进退畅通”的人才培养模式,打造一支“法律知识丰富、专业技能过硬”的高素质法律队伍,为公司稳定、长足发展提供更好的法律服务。通过资格考试的人员不管是否是法律专业出身,只要是通过考试即视为有保险公司法律工作上岗资格。

同时,结合保险公司法律工作的特点,也并不是说所有学习法律专业的人员就有资格从事保险公司法律工作,因为保险公司法律工作有自身的特点,对保险公司业务不了解也不能胜任保险公司法律工作。因此,这种法律培训和资格考试必须紧密结合保险公司法律工作实际,既包括相关法律知识,又包括与法律工作紧密结合的业务问题,只有两方面都能掌握才能做好保险公司法律工作。

当然结合保险公司法律工作的特点,还可以建立法律工作人员评级机制,即根据不同专业知识、专业技能的程度对保险公司法律工作人员进行评级,并给予不同的薪金待遇,这样将更有利于保险公司法律人才的成长,减小或杜绝成熟法律工作人员外流,给公司造成损失。

(二)逐步建立完善的诉讼(仲裁)案件管理制度

1. 诉讼(仲裁)案件的范围。诉讼(仲裁)案件,是指已经进入或即将进入诉讼(仲裁)程序,以公司或各级分支机构为当事人的保险业务或非保险业务案件。这里的案件范围,既包括公司或各级分支机构在保险业务过程中因承保、理赔等产生纠纷的法律案件,也包括在日常经营过程中涉及的其他诉讼(仲裁)案件。

2. 诉讼(仲裁)案件依不同权限分级管理。如前所述,在一个机构设置庞杂的大型保险公司开展诉讼(仲裁)案件管理工作绝非易事,仅仅有专业技能过硬的法律工作人员是不够的,必须设置一种行之有效的制度才能顺畅地运行。这就好比是一个机器全部配备了先进零件,但每个部件间却无序运转,那么再精良的零件也不能使机器顺利运转,却只能得到机器损坏的结果。而对于保险公司来说,诉讼(仲裁)案件处理的好坏似乎超过了一般意义上的胜诉和败诉,还关系到保险理赔工作是否能顺利开展,这也就影响到被保险人所买的保险服务是否物有所值。

如何管理诉讼(仲裁)案件其实就是如何对公司法律资源进行有效整合从而实现公司预定目标的过程,这一过程同时追求效率和效果两个目标。对于企业来说一般有两种方式,一是集中管理,二是授权管理。对于大型保险公司来说,诉讼(仲裁)案件数量巨大、发生的范围非常广阔,若实行集中管理不仅有诸多不便而且成本颇高,更重要的是影响管理的成效。因此,选择授权管理制度是大型保险公司必然的战略选择。

这种授权管理的模式解决了很多问题:首先,减少上级机构法律工作负担,把他们从繁杂的事务中解脱出来,以利于思考解决重大问题;其次,由于中国各行政区域内的司法环境并不完全一样,分支机构法律人员更能结合当地实际情况解决诉讼(仲裁)案件,以取得更好的结果;最后,这种授权模式从人力资源建设方面来说也是颇有裨益的,上级机构将一定事权和责任授予下级机构,有利于增强下级责任心,提高工作效率,并增强公司的人才储备。

逐级授权、分层负责是现代管理学的发展趋势。对于诉讼(仲裁)案件的管理,保险公司可根据不同险种案件的难易程度、不同公司的案件处理能力分别授权,并在每年年底评估本年度授权情况,制定下一年度授权计划。总的来说,诉讼(仲裁)案件授权管理分为三个层级,即总公司、省级分公司和地市级分公司,具体来说就是总公司法律部授权给省级分公司法律部,省级分公司法律部再转授权给地市级分公司法律岗。各级分支机构应依照每一年度《授权书》关于法律事务管理权限的规定进行判断,在分支机构权限范围内的案件,由分支机构自行处理;不属于分支机构权限的案件,应及时上报总公司。

(1)分支机构在自身权限范围内处理诉讼/仲裁案件。对于分支机构来说,在自身权限范围内处理案件包括以下两个层次:一是分支机构有权决定如何处理自身权限范围内的诉讼(仲裁)案件,上级机构不应加以干预。当然,各级分支机构在处理诉讼(仲裁)案件时,应以公司整体利益为中心,维护公司声誉,减少公司损失。上级机构对于这部分事务的管理是通过对于上一年授权情况的评估及下一年授权计划的调整来实现管控的。二是分支机构对自身权限范围内的诉讼(仲裁)案件处理负责。各级分支机构应以自己的名义参加诉讼、仲裁,避免将上级公司作为被告、被申请人或被执行人。按照我国有关法律的规定,保险公司的分支机构可以作为独立的诉讼主体参加诉讼或仲裁,各级分支机构在处理诉讼、仲裁案件时,要明确以自己的名义起诉或应诉,避免在司法文书送达、保全、执行等过程中出现主体混同的问题。与此同时,分支机构对自身权限范围内诉讼/仲裁案件处理的策略制定、流程管控、处理结果自负其责。

(2)分支机构上报超权限诉讼(仲裁)案件。对于超过授权权限的诉讼(仲裁)案件,分支机构应当将个案及时上报上级公司法律部门。上级公司法律部门应当根据案件具体情况,及时做出授权或直接处理的决定。争议金额一时不能确定的,对于可能超过授权权限的诉讼、仲裁案件,应当视为超过授权权限的案件处理。跨越一个以上年度的诉讼、仲裁案件,前后年度授权权限发生变更的,应当依照立案时的授权权限确定是否上报。单个合同的争议金额未超权限,但由于共同诉讼、合并审理等原因使得累计诉讼金额超过授权权限的案件,应当上报上级公司法律部门。

各级分支机构在诉讼(仲裁)案件的上报工作中,应注意以下要求:

①发文形式的要求。向上级公司法律部门上报诉讼（仲裁）案件应当采取正式发文的形式，涉及法律时效的，应当至少提前十日上报。情况特别紧急的诉讼（仲裁）案件，当事分支机构可以选择传真或其他形式上报，但应当及时以正式发文形式补报。

分支机构关于诉讼（仲裁）案件的上报发文要严格遵守公司公文有关要求，行文注意简明扼要、突出重点。

②上报材料的要求。分支机构上报诉讼（仲裁）案件，应当报送下列材料：

a. 分支机构请示。内容包括基本案情的说明（含承保情况、出险情况、损失情况、理赔情况、财产保全情况、起诉情况、开庭情况、判决情况等），案件法律问题分析，下一步应诉思路，拟聘律师方案，案件处理意见等。分支机构对于案情的说明和分析要求全面客观，所上报的下一步处理意见和律师方案要求具体明确，具有切实可行性。

b. 相关法律文书，包括：起诉书或上诉状、仲裁申请书、答辩状；法院判决书、仲裁裁决书、调解书；证据保全裁定书、财产保全裁定书；律师法律意见、答辩要点。

c. 有关证明材料的复印件，包括但不限于：投保单、保险单、批单、保险协议等认定保险合同关系的材料和贸易合同、运输合同等相关材料；事故责任认定书、有关部门出具的法律文书等认定保险事故性质、原因、责任的有关材料；公估报告等证明保险标的损失程度的有关材料；司法机关采取财产保全措施、决定设立责任限制基金、决定企业破产的法律文书。

d. 拟与对方当事人和解的案件，还需同时上报分支机构关于和解问题的明确意见、与对方当事人初步协商形成的拟和解金额、拟以该金额和解的理由以及律师关于案件和解问题的法律意见。

e. 外聘律师方案及律师费用。如所上报的拟聘律师已经纳入公司律师库，则应上报律师代理权限、代理费收取方案、拟聘律师出具的法律意见书；如所上报的拟聘律师未纳入公司律师库则除应报送上述三项材料外还需上报拟聘律师的履历、主要工作业绩、律师执业证复印件、拟聘律师所在律师事务所的情况。

3. 案件跟踪的要求。对于上级公司法律部门授权处理的诉讼（仲裁）案件，下级公司法律部门应当将案件进展情况和结果及时全面上报上级公司法律部门。对于财产保全、法院判决、强制执行等案件重大进展情况，分支机构必须及时上报，不得在未得到上级公司法律部门明确授权的情况下做出实体性的案件处理决定。

4. 跨地域诉讼、仲裁案件的处理。

(1)不同分支机构之间的法律纠纷,应报请共同上级公司协调处理;在未得到上级公司明确处理决定之前,分支机构不得自行提起诉讼或申请仲裁。

(2)分支机构在异地发生的法律纠纷,分支机构法律部门之间应当相互支持和配合。对于异地发生的法律纠纷,涉案分支机构应主动与案件发生地分支机构进行联系,案件发生地分支机构应尽量配合帮助涉案分支机构处理案件。对于分支机构权限范围外的合作事宜,涉案分支机构应及时上报上级公司法律部门。

5. 诉讼(仲裁)案件管理信息系统建设。管理的信息化发展是一个必然趋势,诉讼(仲裁)案件管理也不例外。这种信息化管理不仅可以满足流程固化管理、权限时时管理,还能为诉讼/仲裁案件管理提供必要的数据。

(1)诉讼(仲裁)案件管理信息系统搭建的目的。诉讼(仲裁)案件管理信息系统的搭建主要实现以下几方面的需求:一是满足地市级分公司案件处理的需求,以该系统替代手工台账的功能。二是满足省级分公司、总公司案件管理的需求,以诉讼/仲裁案件管理信息系统代替从 OA 中上报文字材料、审批案件及律师的流程。三是满足各级分公司进一步精细化统计分析案件情况的需求,从案件数据分析中发现公司经营管理中的风险,进一步促使法律事务管理成为公司经营价值链上不可或缺的一环。

基于以上目的,主要从以下几方面入手搭建公司诉讼(仲裁)案件管理信息系统。一是根据公司授权经营管理制度,按照《授权书》规定的不同险种、不同公司、不同权限对案件进行分权限管理,实现在地市级分公司、省级分公司、总公司三个层级的基础上进一步细化案件的权限化管理。二是通过与理赔系统对接,实现与理赔部门的信息共享,减少资源浪费并提高案件处理效能。一方面通过从理赔系统中提取关键信息并开通法律人员进入理赔系统中查看案件承保、理赔信息权限,避免法律人员重复录入理赔系统中已有信息的问题,又能保证案件数据的准确性和一致性;另一方面通过向理赔人员开通进入法律事务信息系统查看的权限,方便理赔人员了解诉讼案件处理情况和律师聘请情况,加快理赔案件处理速度,同时避免理赔人员不了解案件诉讼情况错误处理赔案的情况。三是通过关键信息的固化,减少因人为失误等原因造成案件败诉的风险。诉讼(仲裁)案件管理信息系统将增加关键信息提示功能,在发生诉讼案件后通过系统提示办案人员案件处理时限,避免由于人为原因错过提起管辖权异议、提交答辩状、开庭、提起上诉、提出执行异议等关键点的情况导致败诉的情况。四是通过诉讼(仲裁)案件管理信息系统审批超权限案件处理方案及律师聘请方案，实现诉讼（仲裁）案件闭环式管理。目前超权限案件审批是通过OA上报形式实现的，这种管理模式无法体现案件的生命周期，而且极易导致事后审批的问题，但如果诉讼（仲裁）案件管理信息系统上线，超权限案件均需通过系统审批，并与理赔系统对接，则可避免有的分公司超权限处理案件的问题。五是诉讼（仲裁）案件管理信息系统的数据准确性将大大提高，通过对数据精细化分析将能分析出公司承保、理赔中存在的问题，例如可通过诉讼（仲裁）案件管理信息系统诉因之汇总，分析因承保时未尽到明确说明义务导致诉讼案件败诉的案件数量和比例，或是分析各分公司诉调对接工作开展成效等。

(2)诉讼/仲裁案件管理信息系统的内容。诉讼（仲裁）案件管理信息系统分为理赔阶段律师聘请管理、诉讼（仲裁）案件管理、追偿案件律师聘请管理、律师管理、查询统计、法律法规库六大模块。详细介绍如下：

第一，理赔阶段律师聘请管理模块。

该模块主要是对超权限案件理赔阶段律师聘请的管理，即涉案公司无处理权限，而案件理赔阶段需要聘请律师介入协助案件处理时，通过该模块对律师聘请方案进行逐级上报，有权限处理的上级公司通过系统对律师聘请方案进行批复。一般情况下，理赔阶段需要聘请律师的案件属于比较复杂案件，而且大部分均会涉诉，因此，在理赔阶段聘请合适的专业律师介入有利于后期诉讼/仲裁案件的处理。

第二，诉讼/仲裁案件管理模块。

此模块主要是对进入诉讼或仲裁阶段的案件进行管理。一方面对于未超权限的案件，涉案公司法律人员通过该系统代替手工台账的所有功能，对案件进行全程处理，包括关键时间点的提醒等功能将大大加强案件处理规范性。另一方面对于超权限案件，涉案公司可通过该模块对案件进行逐级上报，有权限的上级公司再通过系统进行批复。与理赔阶段律师聘请管理模块不同，该模块包括两方面的审批：一是对案件诉讼策略及方案的审批；二是对律师聘请方案的审批。

这种在系统上管理案件的模式与目前手工台账和OA上报的流程相比有以下优点：一是为地市分公司处理诉讼/仲裁案件提供信息技术支持，将手工台账的形式IT化，大大提高了案件的处理效率。二是在案件审批过程中很大程度地减少了分公司的重复劳动，系统中已有信息通过与理赔系统的对接直接带入二代系统，同时减少文字描述等工作量。三是体现案件处理的生命周期，每个案件都会在系统中留下处理轨迹。

第三，追偿案件律师聘请管理模块。

该模块是对追偿阶段律师聘请的管理。涉案公司通过系统将超权限的追偿案件律师聘请方案逐级上报,有权限的上级公司再通过系统进行批复。在追偿律师管理过程中,上级公司可随时通过系统查看分公司拟聘请律师代理案件的历史记录,在审查律师代理方案的基础上还有历史数据作为支持,从而决定是否聘用该律师代理相关追偿案件。

第四,律师管理模块。

随着公司案件数量的增多,律师代理案件数量日益增多,如何管理并用好律师资源成为我公司法律工作必须解决的问题。通过该模块,首先,在每个案件结案时涉案公司均需给代理律师评分,并在此模块中显示该律师平均分。其次,在此模块中可以查询律师一定时期内的减损率和费用率,这些数值为律师考核提供了重要并客观的数据。通过信息化手段,实现对律师的精细化管理,逐步建立公司精英律师库,并形成"进退畅通"的律师考核聘用模式。

第五,查询统计模块。

对诉讼(仲裁)案件的统计与分析是公司长期非常重视的一项工作,每季度均会形成诉讼(仲裁)案件分析报告,上报公司领导。通过诉讼(仲裁)案件管理信息系统的搭建,为分析报告提供更加准确和精细的数据支持,法律部门可通过多种纬度提取数据,并从中分析对公司经营具有重大影响的问题。

第六,法律法规库模块。

诉讼(仲裁)案件管理信息系统的法律法规模块搭建,便于分公司法律人员在案件处理过程中查询。此外,将逐步形成案例库,实现公司内部案件信息的积累,在出现同类案件后,法律人员可通过该模块查找类似案例,寻求解决案件的办法,这将成为公司今后宝贵的经验财富。

6. 诉讼(仲裁)案件分析报告。依托于法律事务信息系统,总公司法律部会在季度、半年度、年度末制作诉讼(仲裁)案件分析报告,对一定阶段内全系统所发生诉讼、仲裁情况进行整体性分析。

总公司法律部诉讼(仲裁)案件分析报告的分析对象为截至统计期末尚未执行完毕的诉讼(仲裁)案件和统计期间立案、结案的诉讼(仲裁)案件,包括案件情况和分析建议两个部分。

案件情况分为统计期内公司的保险业务类诉讼(仲裁)案件情况、非保险业务类诉讼(仲裁)案件情况两方面内容。其中,保险业务类诉讼(仲裁)案件情况包括总体情况统计(参见下文示例表一、示例表二)和各险种情况统计两部分,总体情况统计通过对各省级分公司统计期内案件处理情况和各险种统计期内案件处理情况进行归纳，以列表的形式反映出全系统在统计期内诉讼仲裁案件的整体态势。

示例表一　　年第　季度各分公司案件分布表　单位：人民币万元

分公司	新立案案件		新结案案件			未结案件	
	数量	请求金额	数量	请求金额	结案金额	数量	请求金额
安徽							
北京							
大连							
福建							
甘肃							
…							
重庆							
合计							

示例表二　　年第　季度各险种分布表　　单位：人民币万元

险种	新立案案件		新结案案件			未结案件	
	数量	请求金额	数量	请求金额	结案金额	数量	请求金额
车损险							
三者险							
交强险							
企财险							
工程险							
家财险							
责任险							
船舶险							
货运险							
人身险							
信用保证保险							
特殊风险							
其他险种							
合计							

对于各险种情况，报告从车险、三者险、交强险、企财险、工程险、家财险、责任险、船舶险、货运险、人身险、信用保证保险、特殊风险、其他险种几个部分进行专项统计(参见下文示例表三)，通过对各省级分公司不同险种立案、结案状况进行分析总结，反映出全系统在统计期内不同险种诉讼仲裁案件的处理情况。

示例表三　　年第　季度交强险案件分布表　单位：人民币万元

分公司	新立案案件		新结案案件			未结案件	
	数量	请求金额	数量	请求金额	结案金额	数量	请求金额
安徽							
北京							
大连							
福建							
甘肃							
…							
重庆							
合计							

报告的分析建议部分，将在上述统计资料的基础上对全系统的诉讼(仲裁)案件情况进行分析，总结目前系统内诉讼(仲裁)案件处理工作中存在的问题和困难，对下一阶段所应开展的工作提出具有可行性的建议。在制作诉讼(仲裁)案件分析报告的基础上，总公司法律部将会对全系统诉讼(仲裁)案件处理中存在的问题及合理的应对措施进行总结，并及时以公文形式下发给各分支机构法律部门。

各省级分公司应在参考总公司法律部诉讼(仲裁)案件分析报告的基础上，利用公司法律事务信息系统，定期对本辖区诉讼(仲裁)案件情况进行统计分析，为本省内各级分支机构的诉讼(仲裁)案件工作提供决策上的依据。

第二节　从诉讼(仲裁)案件反映出的问题，防范公司法律风险

识别和发现风险是企业风险防范活动的第一步，然而风险的存在往往很难被主动发现，并且常常容易被忽视。当保险合同争议发生并引发相应诉讼/仲裁程序时，保险公司承保、理赔环节中存在的风险就会自动凸现，所以说保险公司的处理

诉讼/仲裁案件的过程是发现风险的良机;因此,保险公司不应仅仅停留在力争胜诉的层面,而是应该总结案件中发现的公司承保和理赔环节中存在的风险,并及时反馈公司相关部门和公司领导,从而促使相应内控制度完善,达到风险防范的目的。

一、因未在投保单附格式条款而产生的法律风险

2009 年初全国人大常委会对《保险法》做出了一次重要调整,其中第 17 条明确了保险人向投保人提供的投保单应当附格式条款。这一规定改变了保险公司在保险单中附条款的这一传统做法,把提供条款的时间提前了一个阶段。这一改变体现了立法机关对保险合同成立理论认识上的深入。

法律上的合同成立按照意思表示一致理论建立,其过程是要约和承诺的往复。保险合同和其他民事合同一样,也要经过要约、承诺达成意思表示一致的结果。这里不对法律上合同成立理论进行深入探讨,仅简单说明一下保险条款与投保单一同提供的必要性。

保险产品是一种复杂的金融产品,客户买的是保险公司对未来的一种保障,而这种保障是什么,如何保障等问题完全依赖于保险条款上的记载。如果客户在没有看到条款的情况下,仅凭销售人员的宣讲就购买了保险,并在实际交付保险费后才拿到相应条款,也就是说投保人在合同成立并生效后才拿到了保险条款,那么此时条款内容能否作为保险合同的一部分发挥法律约束力就存在疑问。

例如,某法院在审理一起因车辆盗窃而发生的保险合同纠纷中,做出了"鉴于原告向被告投保了车辆损失险,而盗窃显然属于车辆损失的原因之一,同时被告所主张的保险条款并未在合同订立过程中提交原告,因此尽管原告没有单独投保车辆盗抢险,但被告仍应对原告因车辆被盗而产生的损失进行赔偿"的司法结论。而该结论的依据恰恰就是条款没有在合同成立前提供给投保人,因此条款的相关规定不能对投保人产生法律约束力。

又例如,某保险公司承保了某船务公司的集装箱船,并以特别约定形式承保附加险"货物承运人责任险",约定该附加险"仅承担保险船舶发生碰撞、触礁、搁浅、触碰时依法应由承运人承担的经济赔偿责任"。

在保险期间内,被保险船舶在载运过程中发生严重倾斜,所载运的 62 个集装箱滑落江中,后实施打捞,除 5 个集装箱被打捞出水外,剩余 57 个集装箱全部沉没于事故水域。根据海事局出具的事故结论书,事故原因如下:①驾驶人员对航道条件和水势流态估计不足,船位控制不当是造成本次事故的主要原因。②驾驶人员

操作不当导致船舶发生严重倾斜是造成本次事故的直接原因;③驾驶人员未充分考虑集装箱在特殊情况下的移动是造成事故发生的因素之一;④事发水域航行条件是事故发生的客观原因。

在被保险人向保险人提出索赔后,保险公司提出拒赔,原因是本次事故不属于保险责任。货物承运人责任险的承保范围主要规定于"特别约定"中,根据特别约定,承保范围为船舶碰撞、触礁、搁浅、触碰时发生的货物损失赔偿责任,但根据海事局出具的调查结论书,集装箱落水是由于船舶驾驶人员的过失所引起,并不在约定列明的责任范围内,因此本次事故不属于保险责任。

但最终,这个案件保险公司按合同约定向被保险人进行了全额赔付,而做出这个判决的重要原因就是承保过程中,存在以下问题:一是承保过程中附加险条款名称使用混乱(在投保单中名称为"承运人责任险",在保险单抄件中为"货物承运人责任险",在保险单副本背面约定为"承运货物责任险"),导致保险公司无法举证证明特别约定中载明的"承运货物责任险"条款对被保险人产生效力。二是投保单与载明保险条款的特别约定未加盖骑缝章,同时,载明保险条款的特别约定的盖章日期与投保单盖章日期不一致,导致保险公司无法证明投保人已知晓保险条款内容,并对其产生效力。三是保险公司未及时送交保险单和相关材料,导致保险人无法证明向投保人送交了保险条款,因此,被保险人主张不了解保险条款内容,因此保险条款对其不产生效力。

这两个案例充分说明了履行我国《保险法》第 17 条之规定"保险人向投保人提供的投保单应当附格式条款"的重要性。履行这一义务包括以下四方面内容:

1. 必须在保险合同订立过程中、保险合同成立前向投保人提供保险条款,并向投保人进行说明。

2. 向投保人提供保险条款的形式应予以规范。对于保险公司来说在发生争议时必须证明保险公司确实在订立合同过程中向投保人提供了保险条款。因此,最好的方法是将保险条款印于投保单背面,或在要求承保人员在承保过程中要求投保人必须在投保单和保险条款上加盖骑缝章,这样才能满足保险人的举证责任。

3. 保留保险条款已提供的相应证据,如投保人签收有关条款的声明文件等。

4. 保险公司在承保过程中应规范条款名称,避免在同一保险合同中不同文件上出现表述不一致的条款名称。

二、因条款说明所带来的法律风险

条款说明与条款提供是两个相辅相成的问题。只有保险条款在订立合同时

(保险合同成立前)为投保人所知悉,且保险人对保险条款进行了说明,保险条款才可以作为保险合同的基础并产生完整的法律约束力,二者缺一不可。

《保险法》第17条规定:"订立保险合同,采用保险人提供的格式条款的,保险人向投保人提供的投保单应当附格式条款,保险人应当向投保人说明合同的内容。对保险合同中免除保险人责任的条款,保险人在订立合同时应当在投保单、保险单或者其他保险凭证上作出足以引起投保人注意的提示,并对该条款的内容以书面或者口头形式向投保人作出明确说明;未作提示或者明确说明的,该条款不产生效力。"简单地说,法律的要求就是对条款的内容进行说明,对其中免除保险人责任的内容进行明确说明。说明的方式可以是书面或者口头方式。

这项义务的理论要求仍然是合同成立的意思表示一致理论。这项义务在我国产生的背景是保险条款完全由保险公司的专业人员制定,而其中很多专业术语很难为一般投保人所理解,法律希望通过保险人对保险条款的说明和解释,在保险合同销售环节使客户对全部条款的含义有清晰的理解,特别是对其中可能给客户权利义务带来重大影响的条款。也期望通过保险人持续的说明和解释,提高全社会对保险的认识水平。

法律规定的这项义务是积极且有意义的。如有的车险条款中规定,"本保险合同为不定值保险合同",不定值保险法律没有定义,其对客户有何影响,大部分客户仅凭这一句话的表述很难预期因此而带来的理赔效果。因此,保险条款中的类似表述,保险人应当主动而细致的向投保人说明,否则这些难以理解而又会对被保险人保障范围产生实质影响的条款对被保险人是没有约束力的。

但是由于保险法第17条没有明确规定提示和说明义务的范围、履行方式以及举证责任等事项,因此在审理实践中出现较大争议。2013年6月8日最高人民法院发布并施行了《最高人民法院关于适用〈中华人民共和国保险法〉若干问题的解释(二)》(以下简称《司法解释二》)。该解释对保险人的提示和明确说明义务作出了较为全面的规定。

《司法解释二》第9条规定了保险人提示和说明义务的范围。由于在如何理解《保险法》第17条第2款规定的"免除保险人责任条款"上,理论界的界定方式不一,实务界也存在较大争议,故此次司法解释采取部分列举方式,规定"保险人提供的格式合同文本中的责任免除条款、免赔额、免赔率、比例赔付或者给付等免除或者减轻保险人责任的条款"为免除保险人责任的条款。同时为保障保险人合法利益,该解释还规定保险人因投保人、被保险人违反法定或者约定义务,享有解除合同权利的条款,不属于免除保险人责任的条款。

《司法解释二》第10条将保险人提示义务和明确说明义务进行区分,该规定旨在明确保险人将法律、行政法规中的禁止性规定情形在保险合同中列为免责条款的免责事由时,保险人只要尽到提示义务即可,无需履行明确说明义务。若被保险人以保险人未履行明确说明义务为由主张该条款不生效的,人民法院不予支持。

《司法解释二》第11条规定了提示和明确说明义务履行的方式。保险合同订立时,保险人在投保单或者保险单等其他保险凭证上,对保险合同中免除保险人责任的条款,以足以引起投保人注意的文字、字体、符号或者其他明显标志作出提示的,应当认定其履行了提示义务。保险人对保险合同中有关免除保险人责任条款的概念、内容及其法律后果以书面或者口头形式向投保人作出常人能够理解的解释说明的,应当认定其履行了明确说明义务。

《司法解释二》第12条对网络销售、电话销售中如何履行提示和如实告知义务予以规范。通过网络、电话等方式订立的保险合同,保险人以网页、音频、视频等形式对免除保险人责任条款予以提示和明确说明的,人民法院可以认定其履行了提示和明确说明义务。

《司法解释二》第13条规定了提示和说明义务的举证责任分配问题。投保人对保险人履行了符合本解释第11条第2款要求的明确说明义务在相关文书上签字、盖章或者以其他形式予以确认的,应当认定保险人履行了该项义务。但另有证据证明保险人未履行明确说明义务的除外。

例如,2004年11月17日,吴某就其所有的家庭自用车向某保险公司投保了车损险、主险不计免赔特约险、车上人员责任险等。家庭自用汽车损失保险条款载明,保险车辆用于营运收费性商业行为期间的任何损失和费用,保险公司不负责赔偿;机动车辆第三者责任保险条款载明,保险公司根据保险车辆驾驶人员在事故中所负责任比例,承担相应的赔偿责任,并在保险单载明的责任限额内按约定的免赔率免赔。车上人员责任险条款载明,每次赔偿均实行20%绝对免赔率。

2005年5月31日,吴某驾驶被保险车辆营运与案外人胡某驾驶的拖拉机相碰,致车辆受损及吴某和同乘人员于某、吕某受伤。交警大队做出交通事故认定书,认定吴某、胡某负事故同等责任。经法院判决,于某各项损失为28 887元,吕某各项损失为955.30元,胡某与吴某连带赔偿上述损失。吴某向保险公司申请理赔,保险公司认为,吴某将其车用于营业收费,根据保险条款约定属于保险公司无需赔偿;对于于某、吕某的损失,同意根据保险条款约定的比例进行赔偿。吴某认为保险公司在签订保险合同时,未向其交付保险条款,亦未就保险条款中关于保险公司不予理赔和按比例理赔所依据的免责条款进行必要的解释和说明。吴某诉至法院,要求保险公司赔偿全部损失。法院认为,本案的争议焦点为保险公司提供的保险条款中所约定的免赔事由及免赔率是否属于免责条款,以及该约定是否生效。本案中,保险公司提供的保险条款中关于免除保险人责任的约定,应当属于《保险法》规定的"免除保险人责任的条款",保险人应就这些条款履行明确说明义务。

又例如,王某为其所有的客车向保险公司投保商业三者险,保额 20 万元。后来,王某因酒后驾车将行人李某撞击致死,王某负全责。赔偿李某家属各项损失 45 万元。后向保险公司提出理赔申请,保险公司以保险条款中免责条款约定"驾驶人员饮酒后使用保险车辆造成人身伤亡或财产损失,保险人不负赔偿责任"为由拒赔。王某认可业务人员提示了该免责条款,但认为保险公司未就该免责条款明确说明,遂起诉。

法院认为,法律规定酒后严禁驾驶车辆是众所周知的事实。保险公司已提示王某相关免责条款。即使保险公司未将饮酒驾驶车辆的定义、法律后果向王某作出明确解释,王某作为公民也应当了解饮酒驾驶的含义和社会危害性,而不会产生歧义。因此,就本案而言,保险公司就免责条款尽了提示义务,无需保险公司再进一步向投保人解释饮酒驾驶车辆的定义和法律后果。

三、因询问告知带来的法律风险

与前面提到的两点风险不同,本部分的法律风险并不因保险人履行义务时的瑕疵而产生,而是由保险人不适当地要求投保人履行义务所导致。

询问告知是法律规定投保人的一项义务,其与保险人的明确说明义务一起组成了保险法基本原则中的最大诚信原则。

《保险法》第 16 条第 1 款规定:"订立保险合同,保险人就保险标的或者被保险人的有关情况提出询问的,投保人应当如实告知。"从法理学的角度分析,本条款包含假定条件和行为模式两项内容。假定保险人提出询问,则投保人应当如实回答。反过来说,保险人没有询问的问题,投保人无需主动进行告知,即使该项内容与承保风险息息相关。值得注意的是,在海上保险领域,由于适用海商法,关于告知问题则不尽相同,适用"无限告知主义",即只要可能对保险人承保有影响的内容,被保险人都应当主动告知,告知范围不受保险人询问范围所限。

由上述法律规定不难看出,对于一般业务而言,如何通过询问告知,防范风险逆选择,是摆在保险人销售过程中的一道难题。具体来说就是要根据不同保险产品的特点,结合实际情况设计投保告知书上的问题。同时,核保环节也应当根据询问的问题和告知情况进行判断。如核保时不进行判断、选择，出险后想引用法律进行拒赔存在困难。

实践中经常出现，投保人未全部填写投保单中的问题，但公司依然核保通过，出险后发现投保人未填写的问题对保险事故发生存在影响，此时希望通过投保人未履行如实告知义务进行拒赔。但司法机构往往认为保险人核保时已知道该问题投保人并未回答，却没有进一步询问，而是核保通过，保险人事后的追究违反了弃权和禁止反言规则，一般不会得到司法机构的支持。

《司法解释二》的出台进一步对如实告知义务进行了限定。其中第 5 条将“应当如实告知”的范围限定在投保人明知的与保险标的或者被保险人有关的情况，体现了我国对投保人如实告知义务的主观限制，明确将投保人告知的内容限于其明知的内容。其目的主要是防止无限扩大如实告知内容的范围，而导致投保人承担过重如实告知义务。今后，保险人不得以投保人未告知其不知道的或应当知道的内容为由而拒绝赔偿。

《司法解释二》第 6 条第 1 款将投保人与保险人对询问告知义务的范围和内容有争议的举证责任分配给了保险人；第 2 款严禁保险人在投保单询问表中以概括性的条款要求投保人履行如实告知义务。显然《司法解释二》进一步减小了投保人的如实告知义务，加大了保险人自我了解被保险标的风险的义务。

《司法解释二》第 7 条体现了弃权与禁止反言原则，保险人在保险合同成立后知道或者应当知道投保人未履行如实告知义务，仍然收取保险费，又依照《保险法》第 16 条第 2 款的规定主张解除合同的，人民法院不予支持。

《司法解释二》第 8 条规范了保险合同解除与拒绝赔偿的关系，保险人未行使合同解除权，直接以存在《保险法》第 16 条第 4 款、第 5 款规定的情形为由拒绝赔偿的，人民法院不予支持。

例如，黄某投保了“递增型终身养老保险”。该保险约定：如果在保险单生效之日起 180 天之后，被保险人由于疾病死亡，保险人应给付 10 万元保险金。

同时，投保人黄某在保险人制作的《人寿保险投保单》的告知事项第 4 条至第 17 条均填写“否”，其中第 13 条(1)～(8)项列举了 10 年内是否患过的疾病，不包括肾病综合证；该条第(9)项表述为“是否有上述 8 项以外的疾病或受伤”。

后被保险人黄某因肾病综合征死亡。原告持有关手续申请被告给付 10 万元保险金，遭到被告拒绝，原告遂向人民法院起诉，要求被告按约赔付 10 万元保险金。

保险人答辩称：原告投保时，被保险人曾患过肾病综合症，而原告在保单中告知被保险人有关既病史栏内容均填为“否”，故原告隐瞒了事实，未如实告知被保险人有关事项，因而被告不承担给付保险金的责任。

法院认为，投保单该条第(9)项“是否有上述8项以外的疾病或受伤”是概括性条款，因10年内任何身体健康的人都不可避免地患有第(1)～(8)项以外的疾病，故虽然黄某在该条款中填写“否”，但是不能仅依此认定黄某对保险人隐瞒了有关事项。

四、理赔程序中的主要法律风险

理赔程序中的法律风险主要体现在理赔的时效上。修订后的保险法对于保险人理赔行为的要求更加严格，保险公司在从事相关行为时需要高度重视法律的相关规定，防范因为工作细节中的疏忽而导致的法律风险。

(一)被保险人提交理赔材料时的法律风险

《保险法》第22条规定，“保险人按照合同的约定，认为有关的证明和资料不完整的，应当及时一次性通知投保人、被保险人或者受益人补充提供”。

在保险事故发生后，被保险人向保险人要求保险赔偿时，需提供与确认保险事故的性质、原因、损失程度等有关的证明和资料。实务中，由于被保险人对于保险理赔要求不熟悉，往往无法提供明确且充分的证明材料。修订后的《保险法》对于保险人的要求是“一次性通知”，即保险人在审查被保险人索赔材料时，认为有关的证明和资料不完整的，应当及时一次性通知其补充提供。

例如被保险人在第一次报案后收到了保险人补充材料的通知，而在被保险人补充材料后，保险人仍以索赔材料不齐备而需被保险人继续补充的，法律将不再支持保险人的主张。保险人一次性要求被保险人补充材料的通知发出后，未在通知之内的材料保险人将不得再次要求被保险人提供，材料不齐备而导致的不利后果将由保险人承担。

(二)保险人核赔时的法律风险

《保险法》第23条规定，“保险人收到被保险人或者受益人的赔偿或者给付保险金的请求后，应当及时作出核定；情形复杂的，应当在30日内作出核定，但合同另有约定的除外。保险人应当将核定结果通知被保险人或者受益人；对属于保险责任的，在与被保险人或者受益人达成赔偿或者给付保险金的协议后10日内，履行赔偿或者给付保险金义务。保险合同对赔偿或者给付保险金的期限有约定的，保险人应当按照约定履行赔偿或者给付保险金义务”。

《保险法》对于保险人核赔行为也提出了更为明确的要求，而这种要求则更多体现在时效上，其目的是为了防止保险人对于保险赔款的拖欠、延迟支付，最大程度地保证被保险人及时得到保险赔款。按照《保险法》的要求，保险人应及时对被保险人的赔偿请求进行核赔并将核赔通知告诉被保险人。法律规定的时效要求是：一般案件及时核定；复杂案件30日内核定，合同另有约定的除外。需要注意的是，保险公司内部的核赔环节及上下级审批程序不得作为抗辩理由对抗被保险人。按照法律的规定，在规定期限内保险人无法做出赔付核定的，除保险合同另有约定外，保险人需要承担相应的保险责任。

但是《保险法》规定了“30日”理赔核定期间，却并未明确该期间的起算点。为避免保险人拖延赔付，《司法解释二》明确该“30日”核定期间自保险人初次收到被保险人或者受益人索赔请求及有关证明或者资料之日起算。并且为防止保险人承担过重负担，保险人可以扣除投保人、被保险人或者受益人补充提供有关证明和资料期间的。扣除期间自保险人根据《保险法》第22条规定作出的通知到达投保人、被保险人或者受益人之日起，至投保人、被保险人或者受益人按照通知要求补充提供的有关证明和资料到达保险人之日止。

（三）保险人拒赔时的法律风险

《保险法》第24条规定，“保险人依照本法第二十三条的规定作出核定后，对不属于保险责任的，应当自作出核定之日起3日内向被保险人或者受益人发出拒绝赔偿或者拒绝给付保险金通知书，并说明理由”。

拒赔环节是目前理赔过程中争议发生最集中、产生诉讼最多的部分。其原因在于拒赔行为直接指向被保险人的切身利益，被保险人在被拒赔后无法得到保险人的赔偿，并由此发生纠纷。对于拒赔案件，保险公司一定要坚持客观谨慎的原则。一方面法律法规对于保险公司的拒赔行为进行了非常严格的约束，另一方面拒赔的结果将使被保险人无法得到全额偿付，可能造成较大的社会影响。《保险法》对于拒赔的要求是核赔之后3日内向被保险人发出拒赔通知书并说明理由。对于保险公司来说，一方面要及时、客观核实是否存在拒赔情形；另一方面确定拒赔后要及时向被保险人通知并说明理由。如保险人对于拒赔案件长期不予答复是否赔偿，可能会导致承担保险责任的法律后果。

（四）保险人预先赔付时的法律风险

《保险法》第25条规定，“保险人自收到赔偿或者给付保险金的请求和有关证明、资料之日起60日内，对其赔偿或者给付保险金的数额不能确定的，应当根据已有证明和资料可以确定的数额先予支付；保险人最终确定赔偿或者给付保险金的数额后，应当支付相应的差额”。

为了加强对于被保险人利益的保护，体现保险的救济性，《保险法》要求保险公司在收到被保险人赔偿请求60日内应先行支付可以确定数额的部分保险金。实务中，此要求常常被保险公司所忽略，而其中则存在着一定的法律风险。由于特殊情形的案件可能会导致核损、理算时间较长，如保险人长期不予赔付，对于被保险人减少损失、及时恢复生产将造成较大影响。一方面，按照法律要求先行支付可以确定的保险金将帮助被保险人及时从保险事故中恢复，扩大保险公司的社会影响力；另一方面，如久拖不赔可以确定的保险赔款，一旦发生诉讼，保险人将需额外承担相对较高的司法成本。

（五）处理理赔争议时的主要法律风险

处理理赔争议时的法律风险，是指在可能发生争议或已经存在争议的情形下，保险人处理理赔案件时需要注意并且加以防范的风险。做好此阶段法律风险的防范工作，对于合理、有效解决相关纠纷，维护保险公司合法权益具有非常积极的作用。

证据收集是诉讼环节中的核心工作，是诉讼成败的关键。而从工作重心前移的角度看，在理赔阶段做好证据收集工作是防范理赔争议、诉讼等法律风险非常重要的手段。一方面，证据收集的最好时机在于保险事故发生时，保险人第一时间对于保险事故现场的勘验可以最有效地收集原始、完整的证据；另一方面，理赔阶段保险人主动收集证据更便于与被保险人沟通，能够更多得到被保险人的支持。而一旦进入诉讼阶段后，随着被保险人律师等专业人士的介入，保险人继续收集证据将面临较大的困难。

关于保险事故相关证据收集中的法律风险，应主要注意以下方面：一是证据收集的时点，应在保险事故发生后尽早介入，掌握保险事故第一现场的情况；二是证据收集的环境，应尽量在被保险人或其他目击者在场的情况下，并且做好与被保险人的沟通，避免各方对于证据认识的误差；三是证据收集的保全，对于关键性、决定性的证据，保险人应提早做好证据保全工作，合理使用公证、第三方取证的法律手段固定证据。

第三节　诉讼外聘律师管理

诉讼外聘律师管理是保险公司法律风险管控的一个重要环节。由于保险公司诉讼（仲裁）案件数量巨大，仅由保险公司自己的员工处理无法实现，因此，保险公司会将部分案件授权给外聘律师处理。此外，对于一些专业性强、处理难度大的案件，保险公也会选择借助外聘律师的专业力量开展应诉工作。

当然，对于是由保险公司自己的员工代理诉讼（仲裁）案件，还是由专业律师代理每个保险公司都有自己的考虑，有的保险公司偏向于大多数案件由自己员工代理，这样做的原因包括：一是减少外聘律师的成本，二是有利于保险公司内部人员诉讼专业技能的提升，三是保险公司内部人员有时对保险理解比专业律师深刻，对于类型化的简单案件处理起来更加得心应手。但有的公司更倾向于将保险公司法律业务包括诉讼（仲裁）案件处理事宜交给外聘律师处理，他们认为外聘律师更加专业，同时可以减少公司内部劳动成本的花费。笔者认为，对于这两种模式应该区分案件类别，再决定如何管理。例如类型化的车险案件，法律知识应用较少，而车险中理赔相关事实问题应用较多，这种案件完全可以由保险公司内部法律人员代理完成。有时，保险公司内部人员代理案件的效果要远远好于外聘律师，同时还减少了外聘律师的费用。但对于船舶保险类、货运保险类、涉外责任险等诉讼（仲裁）案件涉及的金额较大，涉及的法律问题较多，案件比较复杂，由外聘律师团队处理会比保险公司内部员工自行代理效果好，这一类案件就应外聘律师代理。

一、诉讼外聘律师管理采用授权管理模式

（一）概况

这里所要探讨的诉讼外聘律师管理是针对于保险公司的保险业务类诉讼案件外聘律师的管理，包括保险公司作为被告的保险合同纠纷诉讼（仲裁）及保险公司作为原告的追偿诉讼（仲裁）。显然，诉讼外聘律师管理与诉讼（仲裁）案件管理是相辅相成的两个板块，因此，为适应保险公司诉讼（仲裁）案件管理体系，保险公司律师管理也采用授权管理模式。即总公司法律部将部分诉讼律师聘请权限授权给省级分公司，省级分公司再将部分诉讼律师聘请管理权限转授权给地市级分公司。授权权限以诉讼案件的诉讼金额为判断标准，按每年公司印发的《授权书》权限进行分级管理。

（二）超权限案件诉讼外聘律师的管理

1. 超过法律事务管理权限的诉讼（仲裁）案件追偿案件，其外聘律师方案应当报上级公司法律部门审核同意。未经批准，不得在财务上列支其外聘律师费及其他有关费用。下级公司应当将超过授权权限案件的外聘律师协议复印件报上级公司法律部门备案。

2. 上报外聘律师方案，应当同时报送下列材料：（1）承保、理赔材料；（2）诉讼

材料;(3)拟处理诉讼、追偿案件方案;(4)诉讼外聘律师代理费收取方案;(5)拟聘律师出具的法律意见书。

二、诉讼外聘律师的选聘

保险公司应在全系统范围内,以招标形式建立水险和非水险律师库,各级公司外聘律师从公司律师库中选聘。一般情况下,不得在库外选聘诉讼律师代理案件。这种律师库管理模式有以下三方面优点:一是可以充分发挥保险公司采购律师的优势地位,尽量以较低的成本采购到较高质量的律师服务;二是有利于公司对律师团队的统筹管理,各级法律部定期对律师库律师进行考核,及时将不合格的律师排除到库外,保证诉讼外聘律师工作质量;三是可将保险公司诉讼外聘律师库中的律师服务提供给客户,例如在责任险中,若被保险人遇到法律问题,可求助于保险公司采购的律师,律师免费向客户提供相应的法律服务,这种安排使律师管理延伸到保险业务服务环节,可以进一步提升保险公司服务水平。

公司确定诉讼外聘律师后,应当与其所在单位签订代理或聘请协议,明确诉讼外聘律师的义务与责任。诉讼外聘律师出具的重要法律文书应当经公司法律部门审定。

三、诉讼外聘律师律师费支付

诉讼、仲裁、追偿案件的外聘律师收费一般采取如下三种方式。

(一)固定费用

一般类型化且诉讼金额较小的案件易采用固定费用的方式,即每个诉讼案件支付给律师固定金额的代理费用,不管诉讼结果如何。

(二)风险代理的方式

一般诉讼金额较大且法律问题较复杂的诉讼案件保险公司会采用风险代理方式,即最终支付多少律师费取决于最终判决的结果。具体收费方案根据案件标的大小、难易程度、拟聘律师业务水平等情况协商确定。

(三)按小时收费

按小时收费的方式在国外普遍采用,但在中国一般应用于非诉业务,因此对于诉讼外聘律师来说,一般在涉外案件中,向境外律师支付律师费时采取按小时收费的方式。这种方式对于保险公司来说不太容易控制诉讼成本,因此建议在按小时收费的基础上与律师谈定一个封顶金额,以此控制成本。

第四节　通过推进"诉调对接"工作,降低诉讼发生率

企业诉讼风险的管控,一方面是对已发生的诉讼案件进行有效管理,争取有利诉讼结果,降低因诉讼产生的损失;另一方面是加强日常风险管理,将法律风险管控端口前移,避免出现系统性法律风险。对保险公司而言,由于其业务的特殊性,大量机动车交通事故责任强制保险(以下简称交强险)、机动车第三者责任保险(以下简称三者险)案件构成保险公司诉讼案件的主体,业务结构和险种特征决定了保险公司参与交强险、三者险诉讼案件成为常态。尤其是最高人民法院《关于审理道路交通事故损害赔偿案件适用法律若干问题的解释》出台后,保险公司在交强险、三者险诉讼案件中的被告主体地位得到了进一步明确,保险公司面临的诉讼压力日益增长,诉讼成本持续提高。

一、"诉调对接"的社会背景

2011 年 4 月 22 日,中央社会治安综合治理委员会、最高人民法院、司法部等 16 部门联合印发《关于深入推进矛盾纠纷大调解工作的指导意见》,提出了"坚持调解优先,依法调解,充分发挥人民调解、行政调解、司法调解的作用","调处工作平台与同级人民法院、人民检察院、司法行政机关、政府法制机构、信访部门及其他行政机关调解矛盾纠纷实现衔接"等要求,为全面建立纠纷调节机制指明了方向。

2012 年 12 月 18 日,最高人民法院、中国保监会联合下发了《关于在全国部分地区开展建立保险纠纷诉讼与调解对接机制试点工作的通知》[法〔2012〕307 号,以下简称《通知》]。

《通知》要求,试点地区人民法院、保险监管机构、保险行业协会要建立、完善保险纠纷的多元解决机制,通过建立"诉调对接"机制,实现保险纠纷的妥善解决,维护各方当事人的合法权益,推进保险业持续健康发展。非试点地区的人民法院、保险监管机构和保险行业协会可以积极探索保险纠纷的多元解决方式,借鉴试点地区的成功经验,为保险纠纷诉讼与调解对接机制的建立和完善奠定良好的基础。该《通知》的下发,对保险公司意义重大,有利于妥善解决保险理赔纠纷,改善公司诉讼案件总量高速增长的现状,缓解保险系统诉讼压力,维护公司利益,提升公司社会形象。

二、"诉调对接"的法律基础

《民事诉讼法》第 93 条规定:"人民法院审理民事案件,根据当事人自愿的原则,在事实清楚的基础上,分清是非,进行调解。"上述规定中的调解属于一般意义上的诉讼中调解。

《调解法》第 18 条规定:"基层人民法院、公安机关对适宜通过人民调解方式解决的纠纷,可以在受理前告知当事人向人民调解委员会申请调解。"该条规定将诉调对接的端口前移至立案前,构建了诉讼程序与人民调解程序的通道。

最高人民法院《关于建立健全诉讼与非诉讼相衔接的矛盾纠纷解决机制的若干意见》[法发〔2009〕45 号]第 10 条规定:"人民法院鼓励和支持行业协会、社会组织、企事业单位等建立健全调解相关纠纷的职能和机制。经商事调解组织、行业调解组织或者其他具有调解职能的组织调解后达成的具有民事权利义务内容的调解协议,经双方当事人签字或者盖章后,具有民事合同性质";第 14 条规定:"对属于人民法院受理民事诉讼的范围和受诉人民法院管辖的案件,人民法院在收到起诉状或者口头起诉之后、正式立案之前,可以依职权或者经当事人申请后,委派行政机关、人民调解组织、商事调解组织、行业调解组织或者其他具有调解职能的组织进行调解。当事人不同意调解或者在商定、指定时间内不能达成调解协议的,人民法院应当依法及时立案。"

三、"诉调对接"的内容

"诉调对接"包括"诉前调解"和"诉中调解"两个阶段。其中,"诉前调解"是指保险合同纠纷发生后,当事人自愿选择人民调解组织(包括保险行业调解组织、人民调解委员会、医疗纠纷调解委员会等各类第三方调解机构)作为争议解决机构,或者人民法院在收到起诉状或口头起诉之后、正式立案之前,依职权或者经当事人申请,将案件移送到相关的人民调解组织进行调解;"诉中调解"是指人民法院在案件立案受理后、审理过程中,经双方当事人同意将案件委托给人民调解组织进行调解或者邀请人民调解组织协助人民法院开展调解工作。

"诉调对接"适用于各类保险业务类合同纠纷,试点期间建议以车险类纠纷为主,由小及大,逐步拓展至各类险种纠纷。

四、"诉调对接"的工作目标

一是化解纠纷矛盾、提升公司形象。通过开展"诉调对接"工作,快速公正地处理保险纠纷案件，尤其是车险类案件，依法保障受害人的合法权益，实现有效化解矛盾，维护公司社会形象的目标。

二是维护公司合法权益。通过开展“诉调对接”工作，争取法院对保险公司赔付标准的理解、认可，积极有效地维护公司合法权益。同时，也积极协助被保险人妥善处理事故善后事宜，增强客户服务体验，提高客户服务满意度，促进公司业务发展。

三是增进与法院的关系，创造良好司法环境。通过开展“诉调对接”工作，加强保险理赔焦点、难点问题的交流，有利于弥合公司理赔标准与法院审判标准的差异，增进双方关系，增强公司法律风险的管控能力。

五、主要工作

一要主动参与。根据《通知》要求，试点工作主要由法院、监管机构推动，但这并不意味保险公司仅能被动参与。公司各分支机构应结合当地政策环境和司法环境，加强同地方法院、监管机构、行业协会的沟通和联系，并争取其他保险主体支持，可以以协会或公司的名义建立与当地法院的沟通机制，主动参与“诉调对接”平台的搭建工作。

二要做好调解员的选拔和推荐准备工作，并配合监管机构和行业协会做好调解员的培训工作。

三要深度参与调解标准的研究和制定工作，就赔偿标准及认定依据的观点与法院、监管机构、行业协会进行充分沟通和交流，争取有利地位，维护公司利益。

四要成立专项工作领导小组，由分管法律工作的分公司领导担任组长，负责所辖分支机构“诉调对接”工作的组织和开展。各地市分公司需成立由主管法律工作的总经理室成员任组长，由法律、理赔、相关产品线部门负责人为成员的“诉讼调解委员会”，负责年度法律授权范围内案件的调解，以及重大、疑难案件调解意见的协商。诉讼调解委员会下设调解工作组，由法律岗、理赔人员、外聘律师组成，具体负责日常案件的调解。

六、职责分工和具体流程

诉调对接工作的有效开展，需要法律部门（法律岗）和理赔部门的有效配合，二者需要本着充分发挥各自专长、分工配合、高效运作的原则，开展“诉调对接”工作。

各级法律部门（法律岗）牵头“诉调对接”工作的具体事宜，制定分公司“诉调对接”工作实施方案,总体推进,负责与法院、调解组织、外聘律师的联系沟通工作,并协调公司内部人员的沟通。理赔部门负责调解标准的具体制定工作,法律部门(法律岗)予以配合和协助。

具体工作流程如下:

1. 在接到法院和调解组织的调解通知后,调解工作组应及时介入案件处理,积极参与调解工作,包括收集案件材料、确定调解方案等。案件材料主要包括:

(1)承保资料,如保险协议、保险单、投保单、批单等。对于因销售或承保环节而导致争议或诉讼,应要求销售或承保部门提供相关材料并进行说明;

(2)明确基本案情事实及有关证据材料,如保险标的受损、灭失的有关证据等;

(3)确定责任的材料。如交警责任认定书、公安证明、安全生产事故责任调查报告、病历、入院记录、出院小结等;

(4)确定损失的材料,特别是定损的依据材料,如住院发票、用药清单、伤残鉴定书、被抚养人情况等。

2. 理赔人员根据案件材料提出初步调解方案,包括理赔标准、金额等。

3. 法律部门(法律岗)对案件材料和调解方案进行法律审核,针对案卷材料是否完备、证据材料的法律效力、调解主张是否于法有据等法律问题进行分析,对调解方案予以修改完善,必要时委托专业律师进行法律审核。

4. 法律部门(法律岗)和理赔部门对调解方案存在分歧,经沟通后无法达成一致,应提交“诉讼调解委员会”决定,仍不能形成一致意见,则报请上级公司理赔部门与法律部门共同研究决定。

5. 在调解过程中,法律部门(法律岗)和理赔部门要积极协作,法律部门(法律岗)负责法律问题的沟通解释工作,理赔部门负责案件事实、理赔原则、理赔标准的沟通解释工作。

6. 调解协议达成后,具有民事合同性质,必要时可以向具有管辖权的法院申请司法确认。

7. 调解协议达成后,应将其作为理赔依据主动履行赔偿责任。理赔部门应当按照调解协议内容进行赔案处理,具体细则参照公司理赔管理有关规定。

8. 客户服务管理部门在接到客户投诉案件后,如涉及具体理赔纠纷,应告知客户可向涉案分公司所在地保险行业调解组织寻求争议解决。客户同意后,按照前述程序进行处理。

七、"诉调对接"案件处理权限

省、自治区、直辖市、计划单列市分公司，杭州、广州分公司的"诉调对接"案件处理权限参照年度《授权书》诉讼处理权限。各地市分公司以省分公司年度《转授权书》为准。

八、试点经验类型

（一）分公司与法院合作成立"诉讼调解中心"

该模式主要特点为"全流程调解"，即"一个平台"、"三次调解"和"多方共赢"。

"一个平台"，即通过与法院合作设立"诉讼调解中心"，对于拟起诉的各类保险纠纷案件先不予立案，而是直接移交"诉讼调解中心"进行调解，调解成功后由法院出具调解书对最终调解结果进行确认，调解不成的，由"诉讼调解中心"移交法院立案庭立案后正常开庭审理。

"三次调解"，即由"诉讼调解中心"组织三次调解，直至达成最终调解协议：首先是立案前调解，即立案之前由立案庭首先告知当事人在"诉讼调解中心"进行首次调解。首次调解不成的，在法院立案后开庭前，由主审法官组织各方当事人对案件再次进行调解。再次调解还不成的，在开庭审理后判决下达前调解，主审法官择机组织各方当事人进行第三次调解。

"多方共赢"。调解作为一种结案方式，为解决争议、平息诉争起着无可替代的作用，不但对保险消费者是一种较为便捷经济的纠纷解决方式，也是当前法院系统大力提倡的结案方式，甚至有些地方法院将案件调解率作为法官工作绩效考核重要指标。基于此，全流程调解可以快速、高效地化解各类保险纠纷，既能降低诉讼发生率，减轻法院诉讼压力，也为消费者提供了高效低成本的纠纷解决通道。保险公司在与法院充分沟通的基础上，也能弥补理赔标准与审判标准的差异，依法维护保险公司的合法权益。

（二）地方行业协会与法院等相关部门搭建"诉调对接"平台

此模式有赖于行业协会的沟通协调，全国多个地市已经出现了较为成熟且运转良好的试点模式。例如：

1. 某地市分公司就挂牌成立了"道路交通事故纠纷人民调解委员会"，保障了调解工作的顺利进行。该市行业协会联合综治委、公安局、法院等五部门印发了《道路交通事故纠纷人民调解工作实施办法》，对调解组织和调解员、调解程序、工作机制做出了明确规定。由于建立了良好的沟通协调机制，尤其是获得了有力的外部支持，目前该模式运行情况良好。

2. 某省保险行业协会于2011年下半年成立了“保险合同纠纷人民调解委员会”，并相继颁布了基本方案、工作规则、调解员管理办法、费用管理办法等多项规章制度，我公司部分人员被聘为人民调解员。截止到目前，该调解委员会共受理公司调解案件近百笔，调解协议履约率100%。

(三)由法院、交警以及人民调解委员会多方参与的多元化纠纷调处机制

这种模式下，“诉调对接”工作由法院、交警、保险机构等合作开展，多元化调解中心一般设在交警大队，法院、保险公司各派驻人员参与调解，有些地区还同时聘请人民调解员介入调处。

交通事故发生后，案件进入多元化调解中心处理，先由交警组织车主、伤者进行行政调解，双方能够达成一致，则本起事故双方在交警组织下签署调解协议，并引导事故当事人向法院申请确认调解协议效力。不能达成一致的，由法院交通庭法官参与组织调解，此时就先前无法达成的赔偿项目进行协商，考虑适当调高标准但仍然低于法院标准，若双方能调解达成一致的，该起事故可结案；不能达成一致的，伤者可直接在多元化中心提起民事诉讼。正式开庭前，法院仍会先组织原被告双方进行诉前调解，若能达成一致，法院出具调解书结案，无法达成一致的，法院开庭审理该起诉讼案件。

保险公司需指派专人入驻多元化调解中心，当场向当事人做好相关赔偿项目的解释及告知、资料收集、人伤费用审核等，避免日后理赔纠纷，并积极促成调解工作；同时强化与法院、交警、人民调解委员沟通，争取其先采用保险公司理赔标准进行调解。而也有部分地区未派员驻点，但也建立纠纷解决机构的常态化联系，一旦发生案件，及时电话或邮件沟通反馈，必要时派人到现场解决。

第五节　车险诉讼、仲裁案件中特殊法律问题

近年来，随着我国机动车保有量、驾驶人员数量的快速增长，全国法院受理道路交通事故损害赔偿一审案件数量出现较大幅度的提高。2008年全国法院一审受理道路交通事故损害赔偿案件为375 082件，占民事一审案件的6.9%；2009年为464 703件，占民事一审案件的8.0%；2010年为612 596件，占民事一审案件的10.06%；2011年为755 570件，占民事一审案件的11.26%；2012年上半年达到

403 476 件。“无论从绝对数量还是所占比例上看,道路交通事故损害赔偿案件都呈现较快上升趋势。”最高人民法院有关负责人分析指出,民众的交通安全意识不强,道路交通秩序相对滞后,由此带来了道路交通事故的大幅增加和案件数量的显著增长。在今后一段时期内,道路交通事故损害赔偿案件可能依然是民事案件中数量增长最快、法律关系复杂、解决难度较大的案件类型。

在道路交通事故损害赔偿案件中,既涉及民事侵权法律关系,也涉及保险法律关系,尤其是强制保险制度。根据现有法律法规,处理好侵权责任制度与保险制度之间的关系,对于保险公司妥善处理保险消费者权益保护,减少诉累,平衡被保险人、受害人和保险公司间的关系和利益意义重大。

一、机动车交强险拒赔案件的法律审核标准

各级分支机构应本着谨慎拒赔的原则,根据所掌握的案件证据,对拟拒赔的交强险案件进行法律审核。以下六种情形下,可以拒赔:

(1)非本公司承保的机动车辆发生交通事故的损失。

(2)受害人故意造成的交通事故的损失。

(3)被保险人、本车车上人员所遭受的人身伤亡损失与财产损失。

(4)被保险机动车上的财产遭受的损失。

(5)被保险机动车发生交通事故,致使受害人停业、停驶、停电、停水、停气、停产、通讯或者网络中断、数据丢失、电压变化等造成的损失以及受害人财产因市场价格变动造成的贬值、修理后因价值降低造成的损失等其他各种间接损失。

(6)因交通事故产生的仲裁或者诉讼费用以及其他相关费用。

二、现阶段处理交强险诉讼案件的原则

(一)谨慎拒赔,减少诉讼,避免不良社会影响

由于交强险具有较强的社会性,受到监管部门、司法部门以及社会公众的高度关注,有关法律争议极易对公司形象造成负面影响。目前阶段,法院在审理交强险案件时也往往倾向于保护受害人的利益,交强险面临着比其他业务更为严峻的司法环境。因此,各级分支机构在处理交强险诉讼时,应当本着“谨慎拒赔,减少诉讼,避免不良社会影响”的原则,严格按照总公司《机动车交通事故责任强制保险拒赔案件法律审核标准》的相关规定,进一步规范交强险拒赔案件的法律审核工作。

(二)保险责任明确的案件,尽快赔付,撤出诉讼

对于保险责任较为明确的诉讼案件,各级分支机构应当尽快理赔,支付赔款;同时,要求原告撤销对保险公司的诉讼,尽早从诉讼中解脱出来,减少诉讼成本,降低诉讼对于保险公司的负面影响。

(三)加强与监管部门、司法机关、行业协会的沟通和联系

目前,立法机关、有关政府部门、最高人民法院尚未对《道路交通安全法》及《条例》的有关问题作出解释,各地方法院在判决时拥有较大的自由裁量权。各级分支机构应当积极与当地司法机关进行沟通、交流,向其解释法律法规和保险合同的有关内容,充分依托当地监管部门和行业协会的力量,争取更多的话语权,保障公司的合法权益,为公司交强险业务的持续健康发展创造良好的外部环境。

三、在道路交通事故损害赔偿案件中保险公司的诉讼地位

在车险诉讼案件中,交通事故受害人通常在起诉被保险人时申请法院将保险公司列为被告或者第三人。对于该类诉讼中,保险公司的诉讼地位问题,各地法院处理的情况并不一致。在《最高人民法院关于审理道路交通事故损害赔偿案件适用法律若干问题的解释》出台之前,并没有专门的法律法规、司法解释对该类情况进行明确规定。在一般实务操作中,保险人会根据《民事诉讼法》第五十二条的规定进行抗辩,即诉讼标的是共同的,或者诉讼标的是同一种类的、人民法院认为可以合并审理的并经当事人同意的,为共同诉讼。在道路交通事故损害赔偿案件中,涉及的当事人主要包括被保险人、受害人、保险公司,在上述三者关系中,被保险人和受害人之间为侵权关系,被保险人和保险公司之间为保险合同关系,而受害人与保险公司之间无直接合同关系,诉讼标的并非共同或者同一的。

对于该问题的争议,《最高人民法院关于审理道路交通事故损害赔偿案件适用法律若干问题的解释》第25条做了明确规定,“人民法院审理道路交通事故损害赔偿案件,应当将承保交强险的保险公司列为共同被告。但该保险公司已经在交强险责任限额范围内予以赔偿且当事人无异议的除外。人民法院审理道路交通事故损害赔偿案件,当事人请求将承保商业三者险的保险公司列为共同被告的,人民法院应予准许”。从该条规定可以看出,在道路交通事故损害赔偿案件中,承保交强险的保险公司一般应作为共同被告,承保商业三者险的保险公司可依当事人请求作为共同被告。一般而言,在实际承保业务中,投保人习惯选择一家保险公司投保交强险和商业三者险,保险公司将作为被告参与诉讼。

最高院在制定司法解释过程中认为,在保护私权、保障程序权利的前提下,应

当尽可能为当事人提供富有效率的一次性解决纠纷的机制，这是诉讼程序的基本价值追求。① 结合该解释第16条关于交强险与商业三者险赔偿规则的规定，保险公司参与诉讼可以有效地降低受害人、法院的诉讼成本，较为有效地解决纠纷争议。从法律安排上看，侵权责任法律关系及交强险法律关系中，均将受害人的保护作为法律的立法目的之一，围绕“以受害人保护”为中心的规则制定也并不违反法律的禁止性规定，我国的交强险制度更为强调的是对受害人损失的填补功能。作为一种基本保障功能，在交强险责任限额内，保险公司根据交强险的赔偿责任与被保险的侵权责任之间是相互脱钩的。

四、关于交强险与商业三者险之间的赔偿关系

(一)关于精神损害赔偿问题

对于是否在交强险范围内对精神损害进行赔偿的问题，在学理及实践中曾存在较大争议。一方面，《道路交通安全法》中并未规定受害人有主张精神损害赔偿的权利，另一方面，有人认为“因为机动车责任强制保险只对受害人提供基本保障，尤其是在保险金额较低，受害人较多的情况下，如果允许赔付精神损害赔偿，则势必使其他受害人难以得到救济，或救济份额微不足道。”②但从《最高人民法院关于审理人身损害赔偿案件适用法律若干问题的解释》和《最高人民法院关于确定民事侵权精神损害赔偿责任若干问题的解释》等中可以看出，因道路交通事故而受到人身损害的，造成身体权、健康权和生命权损害的，受害人或者其近亲属向人民法院起诉请求赔偿精神损害的，人民法院应当依法予以受理。

当机动车所有人在投保车险时，既投保了交强险又投保了商业三者险的，在保险事故发生后，被保险人一方面将面临对受害人的死亡或伤残损失、财产损失进行赔偿，一方面也可能面临对精神损害的赔偿，而上述赔偿单独或者合计很有可能超过了交强险的赔偿限额，但因为商业三者险不包括精神损害的赔偿承保范围，如果受害人在交强险范围内没有主张精神损害赔偿，则无法在商业三者险内获得精神损害赔偿。由此，引发出来精神损害赔偿与物质损害赔偿在强制责任保险限额内的赔偿次序问题。因当时法律、法规和保险条款中均未涉及过有关精神损害赔偿的问题，各地法院的裁量结果并非一致。曾有过法院在交强险项下按照一定比例承担受害人的精神损害赔偿，如(2008)苏中民一终字第1994号案件。

---

① 奚晓明主编：《最高人民法院关于道路交通损害赔偿司法解释理解与适用》，第329页。

② 李青武：《机动车责任强制保险制度研究》，法律出版社，2010年版，第218页。

对于受害人精神损害赔偿抚慰金在交强险中如何赔付问题，最高人民法院在(2008)民一字第25号复函中规定，精神损害赔偿与物质损害赔偿在强制责任保险限额内的赔偿次序，请求权人有权选择。该复函虽然是对个案的批复，但对当时各级法院审理交强险案件产生了重大影响。《最高人民法院关于审理道路交通事故损害赔偿案件适用法律若干问题的解释》第16条规定，被侵权人或者其近亲属请求承保交强险的保险公司优先赔偿精神损害的，人民法院应予以支持。

(二)关于商业三者险的赔偿规则

在交强险赔付之后的不足部分，商业三者险是否全部承担赔偿责任，《最高人民法院关于审理道路交通事故损害赔偿案件适用法律若干问题的解释》第16条确定的赔付规则为，“不足部分，由承保商业三者险的保险公司根据保险合同予以赔偿；仍有不足的，依照道路交通安全法和侵权责任法的相关规定由侵权人予以赔偿”。此项规定考虑到商业三者险是建立在合同基础上的保险安排，承保商业三者险的保险公司应当根据其与投保人之间的保险合同约定的权利义务履行赔付义务。

从法院实践来看，上海市徐汇区人民法院于2013年年初受理了一起机动车交通事故责任纠纷案，原告要求侵权人及承保交强险和商业三者险的保险公司承担赔偿责任。由于本案原告诉请的医疗费金额较大，已远远超出交强险医疗费用赔偿限额，因此对超出部分如何区分纳入商业三者险理赔范围成为当事人争议的焦点，也是审理中的难点。经审查，根据商业保险合同的有关规定：保险事故发生后，保险人参照国务院卫生主管部门组织制定的《交通事故人员创伤临床诊疗指南》和《国家基本医疗保险标准》核定当地医疗费用的赔偿金额，因此法院根据该约定采纳了保险公司的辩称意见，认定门急诊医药费、住院医药费中的自费部分不属于商业三者险的理赔范围，应由侵权人予以赔偿，同时采纳了被告保险公司关于住院医药费中的植入材料费按70%的比例赔偿、剩余部分由侵权人赔偿的意见。①

在处理商业三者险案件时，应按照国家法律规定、保险合同及条款的赔偿范围、项目和标准以及本保险合同的约定，在保险单载明的责任限额内核定赔偿金额，对于医疗费用的赔偿金额应当按照国家基本医疗保险的标准核定；未经保险人书面同意，被保险人自行承诺或者支付的赔偿金额，保险人有权重新核定。

---

① http://www.shzfzz.net/node2/xuhui/node1338/ftnw/u1ai368035.html，访问时间2013年8月1日。

五、关于无名死者死亡赔偿金的请求主体问题

在道路交通事故损害赔偿案件中，被侵权人死亡后，无近亲属或者近亲属不明的，对于谁有权利主张死亡赔偿金，在实践中，各地法院、公安机关、民政部门所采取的做法不一，而且，理论界也存在较大的争议。对于该问题，在符合交强险赔付条件下，保险公司应尽快做好理赔工作，但因死亡赔偿金的请求权主体没有法律上的明确规定，造成保险公司无法直接对适格主体进行赔付。《最高人民法院关于审理人身损害赔偿案件适用法律若干问题的解释》第 26 条规定，被侵权人因道路交通事故死亡，无近亲属或者近亲属不明，未经法律授权的机关或者组织向人民法院起诉死亡赔偿金的，人民法院不予受理。侵权人以已向未经授权的机关或者有关组织支付死亡赔偿金为理由，请求保险公司在交强险责任范围内予以赔偿的，人民法院不予支持。被侵权人因道路交通事故死亡，无近亲属或者近亲属不明，支付被侵权人医疗费、丧葬费等合理费用的单位或者个人，请求保险公司在交强险范围内予以赔偿的，人民法院应当予以支持。

虽然司法解释对有关问题进行了明确，但何为“经法律授权的机关或者组织”，《道路交通法》和《道路交通事故社会救助基金管理试行办法》均未明确授权道路交通事故社会救助基金管理机构具备在“无名死者”道路交通事故案件中作为适格原告主张死亡赔偿金的规定。[①] 在道路交通事故“无名死者”纠纷中，检察机关、民政部门、道路交通事故社会救助基金管理机构等以自己的名义起诉主张死亡赔偿金，难以认定其与诉讼标的之间的牵连，亦难以确认其与争议的案件有直接的联系。[②] 对此问题，司法解释没有正面给出答案，但从法理基础上排除了检察机关、民政部门、公安部门和道路交通事故社会救助基金管理机构，而且在该条第二款明确规定，侵权人向民政部门或者道路交通事故社会救助基金管理机构支付死亡赔偿金后向保险公司请求在交强险范围内索赔的，人民法院不予支持。

因此，在遇到此类案件时，需要注意，一方面需要结合各地法院的审判实践，如果有生效的法律判决文书时，应当遵照执行；一方面也要根据司法解释的规定，不能直接向检察机关、民政部门、公安部门和道路交通事故社会救助基金管理机构赔付死亡赔偿金。此外，对于这类案件的讨论中，有人主张保险公司采取提存的方式由道路交通事故社会救助基金管理机构提存，是保险公司对自身权利的处分行为，

① 奚晓明主编:《最高人民法院关于道路交通损害赔偿司法解释理解与适用》，第 349 页。
② 同上。

法律并不禁止。但是,如果"无名死者"近亲属出现后提出,保险公司仍应承担赔偿责任,不能以已提存为由拒绝赔付。

第六节 法院执行中的法律风险防范

执行,是指生效法律文书的执行,是法定的执行机关依照法定程序,运用国家强制力,采取法定措施,迫使义务人履行法律文书确定的义务的行为,一般称为强制执行。根据目前民事法律规定可作为执行依据的法律文书主要包括:①人民法院制作的发生法律效力的民事判决书、裁定书和调解书;②人民法院依照督促程序发布的支付令;③发生法律效力而具有财产内容的刑事判决书、裁定书;④仲裁机构制定的生效的裁决书;⑤公证机构制作的依法赋予强制执行力的债权文书。一般而言,被执行人应为生效判决、裁定中承担责任的一方,但如果被执行人未按照执行通知履行执行行为,则人民法院有权对被执行人的存款及债券、股票等有价证券进行执行,由此将涉及协助执行的问题。

根据《民事诉讼法》第 242 条的规定,被执行人未按执行通知履行法律文书确定的义务,人民法院有权向有关单位查询被执行人的存款、债券、股票、基金份额等财产情况。人民法院有权根据不同情形扣押、冻结、划拨、变价被执行人的财产。人民法院查询、扣押、冻结、划拨、变价的财产不得超出被执行人应当履行义务的范围。人民法院决定扣押、冻结、划拨、变价财产,应当作出裁定,并发出协助执行通知书,有关单位必须办理。根据《最高人民法院关于人民法院执行工作若干问题的规定》,查询、冻结、划拨被执行人在银行(含其分理处、营业所和储蓄所)、非银行金融机构、其他有储蓄业务的单位(以下简称金融机构)的存款,依照中国人民银行、最高人民法院、最高人民检察院、公安部《关于查询、冻结和扣划企事业单位、机关、团体银行存款的通知》的规定办理。依照《最高人民法院关于人民法院民事执行中查封、扣押、冻结财产的规定》第 2 条之规定,法院可以查封、扣押、冻结被执行人的动产、不动产以及其他财产权利。从现有法律规定中来看,均没有明确将保险金作为协助执行的财产,从某种程度来看,保险金给付请求权属于一种财产权利,而并非能够直接认定合同中约定的保险的保险金即为财产权。因为保险合同本身属于射幸合同,除部分保险产品具有较高储蓄性质外,保险公司的保险金给付义务主要取决于保险合同约定的保险金给付条件是否成就,而这与银行存款、股票、债权等有价证券显然有较大区别。

保险金是否可以作为可供执行的财产涉及复杂的法律关系，需要区别对待，而不应简单的一刀切。在人身保险合同中，投保人或者被保险人一般将保险金的请求权赋予给受益人，而且人身保险本身所具有的人身依附性，保险金的给付条件甚至以重大疾病或者死亡为给付条件，其保险金一般不应作为可被执行的标的。只有在特殊情况下，身故保险金才能作为被保险人的遗产。《保险法》第 64 条规定，被保险人死亡后，遇到下列情况之一的，保险金作为被保险人的遗产，由保险人向被保险人的继承人履行给付保险金的义务：（一）没有指定受益人的；（二）受益人先于被保险人死亡，没有受益人的；（三）受益人依法丧失收益权或者放弃收益权的，没有其他受益人的。根据《最高人民法院关于使用 < 民事诉讼法 > 若干问题的意见》第 274 条的规定，作为被执行人的公民死亡，其遗产继承人没有明确放弃继承，人民法院可以裁定变更执行人，由该继承人在遗产的范围内偿还债务。继承人放弃继承的，人民法院可以直接执行被执行人的遗产。从上述法律规定中来看，只有在被执行人的保险金能够作为遗产的情况下，人民法院才可以执行该保险金。

在财产保险合同中，如果保险事故没有发生，被保险人无权向保险公司主张保险金，法院无权要求保险公司履行协助执行义务。在很多案件中，被执行人一方面是案件中的民事侵权人，一方面是保险合同中的被保险人，而案件的发生则意味着保险事故的发生，在此种情况下，保险公司应当向被保险人履行合同约定的保险金给付责任。在民事侵权案件以及刑事附带民事案件的民事部分，因侵权法律关系与保险合同关系属于不同的法律关系，法院一方面并未合并审理或者要求保险公司参加诉讼，另一方面在做出生效判决后要求保险公司根据判决、裁定履行协助执行义务。在这种情况下对保险公司较为不利，一方面保险公司丧失了民事程序上抗辩的机会，另一方面保险公司也难以在合同基础上对保险金金额做出核赔。

某云南法院在审理一起道路交通肇事案件中，肇事方的主挂车对交通事故的发生负有全部责任，肇事者触犯刑法被判处有期徒刑并在刑事附带民事部分对受害者承担赔偿责任，其中判决明确要求肇事方投保的保险公司在交强险范围内承担物质损害部分的责任。在执行过程中，因肇事方无力承担赔偿责任，法院查明肇事方在某保险公司除了投保交强险之外还分别为主车、挂车投保了 50 万保额的商业三者险，因此向保险公司发出协助执行通知书，要求保险公司限期内将总计 100 万元的保险金支付到法院指定账户，否则将面临法院的强制执行。

在这个案件中，有以下几个需要思考的问题：

1. 生效判决中并未涉及商业三者险的保险金给付，法院执行是否超出了执行范围？

2. 保险公司并未参与诉讼程序，法院执行是否违反程序公平？

3. 法院执行金额是否超过了保险合同的范围？

在这个案件中，生效判决所确定的仅仅为交强险项下的财产部分，并未涉及商业三者车险部分。此外，保险合同明确约定，主挂车的最高赔付保险金以主车为准，其次赔付的前提条件为符合承保风险且不属于除外责任，这也是保险金与存款、债券存在的较大不同。法院要求保险公司协助执行的金额已经超出了保险公司依据保险合同所应承担的范围。

对于此种类型的案件，一方面，保险公司应当在接到报案或者知道事故发生后尽快完成理赔工作，避免因为延迟理赔导致的不合理的协助执行要求；另一方面，在接到协助执行通知或者执行通知时，应加强与法院的沟通工作，避免不合理执行的发生，必要时保险公司可以根据《民事诉讼法》第 225 条规定，当事人、利害关系人认为执行行为违反法律规定的，可以向负责执行的人民法院提出书面异议。当事人、利害关系人提出书面异议的，人民法院应当自收到书面异议之日起 15 日内审查，理由成立的，裁定撤销或者改正；理由不成立的，裁定驳回。当事人、利害关系人对裁定不服的，可以自裁定送达之日起 10 日内向上一级人民法院申请复议。

此外，根据《最高人民法院印发〈关于进一步加强和规范执行工作的若干意见〉的通知》要求，各级人民法院要设立专门的执行申诉处理机构，负责执行申诉信访的审查和督办，在理顺与立案庭等部门职能分工的基础上，探索建立四级法院上下一体的执行信访审查处理机制。上级法院要建立辖区法院执行信访案件挂牌督办制度，在人民法院网上设置专页，逐案登记，加强督办，分类办结后销号。进一步规范执行信访案件的办理流程，畅通民意沟通途径，对重大、复杂信访案件一律实行公开听证。要重视初信初访，从基层抓起，从源头抓起。要加强与有关部门的协作配合，充分发挥党委领导下的信访终结机制的作用。加大信访案件督办力度，落实领导包案制度，开展执行信访情况排名通报。完善执行信访工作的考评机制，信访责任追究和责任倒查机制。

第七节　保险公司知识产权法律风险管控

随着市场竞争机制的日趋激烈以及权利意识逐步提高，企业的知识产权逐渐成为了企业赢得市场响应，获得竞争优势的重要工具以及盈利手段。以知识产权运用与维护为核心的企业发展战略逐渐得到广泛的认同。合理的发挥知识产权效用能够为企业带来巨大的经济利益。以华为公司为例，华为基于技术优势申请了大量的国内外专利，强大的知识产权为华为进入欧洲、美国、日本等发达国家和地区参与竞争起到了重要作用。同时，正因为其巨大的经济利益也让市场主体更加注重知识产权的权利维护和风险防范，以唯冠与苹果之间商标权纠纷为例，苹果最终支付了6 000万美金作为IPAD商标纠纷案件的和解金额。

在民事权利制度体系中，知识产权是与传统的财产所有权相区别而存在的。广义上讲，知识产权包括了著作权、邻接权、商标权、商号权、商业秘密权、专利权、集成电路布局设计权等各种权利；狭义上讲，传统的知识产权，应包括著作权（含邻接权）、专利权、商标权。[①] 知识产权是公司重要的无形资产，具有较高的市场价值和经济效益。本节将围绕公司权益维护方面几类常见法律风险和案例，从《商标法》《著作权法》《专利法》《反不正当竞争法》等有关法律所规定，探讨防范业务经营活动中的知识产权维护、可能发生的知识产权侵权风险等，分析其问题表现及相应的防范应对措施，以期提高日常经营管理活动中公司知识产权保护以及品牌建设方面的意识和水平。

一、基本概况

对保险公司而言，主营业务是通过保险产品的开发、销售及相关服务赢得市场认可，实现盈利目的的。随着中国加入世贸组织的程度日趋深入，中国保险市场的竞争也更加激烈。为满足产品、品牌、服务的升级和创新需求，各保险公司之间在产品开发、信息技术、品牌宣传方面越来越重视知识产权的保护和风险规避。此外，因为知识产权的独占性特征，知识产权的所有人可以为同业竞争者，也可以为非同业的其他企事业单位、行政机关或者个人。因此，保险公司的知识产权保护及风险规避不仅涉及与市场同业竞争主体之间的关系，还涉及与其他主体、管理部门之间的关系。考虑到保险公司目前主要涉及的知识产权风险来源于商标权、著作权以及企业名称方面，本文将主要讨论以上几种权益所引发的法律风险防范问题。

（一）知识产权风险管控的重要性

从目前来看，随着市场竞争的加剧、信息传播的便捷，一方面，各保险公司间面向大众的产品逐渐有同质化的趋势。从目前来看，保险产品的表现方式为保险条款，所以新产品面市并获得初步成功后很容易被其他同业公司借鉴，开发同质化的产品。在无法规避这种情况的条件下，保险公司一方面在保险产品的附加服务上

① 吴汉东：《知识产权法学》，北京大学出版社，2011年8月第五版，第1~2页。

加大投入,另一方面也逐步将产品和服务以某一品牌的形式进行包装,在获得市场口碑的情况下加强推广和宣传。例如,国寿“康宁”终身重大疾病保险、国寿“福禄满堂”养老年金保险、太平洋保险公司的“神行车保”保险等。另一方面,为了赢得新兴市场的需求,独具特色的产品也逐渐走进市场。考虑到产品设计的专业性,采取通俗易懂或者便于普及的名称进行营销宣传成为较好的方式。此外,保险公司在产品开发、服务提升中注入了大量的人力、财力,并希望能够获得消费者的响应和认可,因此,合理利用知识产权对自身产品、服务的附加价值以及在提升产品、服务过程中产生知识产权的保护并有效进行风险防范显得尤为重要。

在林肯国民人寿保险公司诉泛美人寿保险公司专利侵权一案中,爱荷华州联邦法院陪审团于2009年2月做出了林肯国民人寿保险公司获得1 310万美元的赔偿裁决。据了解,该诉讼案件涉及的是依托计算机管理年金可变的产品的方法,该方法是将最小保证金与有计划地提款相结合。这项专利还包括在资金提取阶段中从公共基金中提款,尤其是有计划的从基金中提款时管理可变年金的管理方法。法官也向泛美公司发出了一个强制命令,要求该公司停止使用“以任何侵权方式”使用计算机对新的或已存在的用户进行管理。林肯公司在一项声明中说:“我们认为我们的专利和产品解决方案是我们的宝贵资产,我们将积极地维护我们的知识产权不受侵犯。”

(二)知识产权风险管控的方面

降低企业知识产权法律风险的做法大致可以形象地归结为三种:亡羊补牢、查漏补缺和未雨绸缪。因无意中侵犯第三方知识产权而被推上被告席或发现市场上侵权产品泛滥之后方才寻求法律保护,此为亡羊补牢;事先已对使用中的核心知识产权采取了法律保护措施,并定期投入一部分资金,根据业务发展和产品技术更新对现有知识产权保护现状进行“体检”,有针对性地进行完善工作,此为查漏补缺;预测公司业务和产品拓展范围,运用申请注册技巧或通过许可、转让等方式提前获得相关知识产权,变被动防御为主动进攻,此为未雨绸缪。在企业知识产权风险管理上采取什么策略取决于企业发展阶段和技术背景,也与企业管理者知识产权保护意识和对法务部的投入有直接关系,但说到底还是企业法务部能否让企业意识到知识产权法律风险管理的重要性并引导企业采取适当的保护措施。

从便于知识产权风险管理的角度出发,根据涉及的风险类型以及对象不同,企业知识产权的风险可以分为内部法律风险和外部法律风险。

1. 内部风险。内部法律风险主要涉及知识产权主体的保护、维护和实施其知识产权的有效性等几个方面,主要是由企业知识产权管理层面上出现的各种疏漏而引起的。企业知识产权管理制度体现于知识产权的创造、利用、管理、保护各个方面，由于企业知识产权管理的思想意识薄弱，主要存在以下法律风险。

(1)未通过法定程序获取知识产权的风险。知识产权的授予必须严格依照法律程序进行。其中，著作权是以作品的产生为条件而自动取得的，即著作权自动保护原则。而商标需要特定的行政程序即注册，产生商标权。至于专利权的取得，则需要履行更为严格的申请和审批手续。例如，以商标权为例，有很多企业没有对使用的商标进行注册申请或者注册申请被驳回，或到期后没有根据相关程序提出申请等导致商标专用权的丧失，由此引发商标侵权的巨大风险。

(2)未能合理利用知识产权的风险。因企业缺乏统一的知识产权管理体系，容易造成对相关知识产权的重复申请、开发或者不当利用。如应当采用商业秘密形式保护的知识产权却采取专利性质将导致关键技术成果的披露，不仅未能够将知识产权进行较好保护，反而会导致核心技术独有性的丧失。此外，在商标专用权转让、许可使用等环节中风险规避设计考虑不尽周全而导致的巨大风险。

(3)企业雇员的不当行为引发的知识产权风险。因人员流动，尤其是技术核心人员的流动极易导致企业知识产权的流失。对于保险公司的产品开发、理赔管理、经营分析等核心技术系统以及核心保密数据，如果一旦被流失员工透漏给同业竞争对手，将对企业产生非常不利的影响。一般情况下，企业会与员工签订保密协议来规避风险，但一旦员工破坏保密协议的规定，不仅导致企业知识产权流失的风险，而且极易引发新旧雇主企业之间的法律纠纷。

2. 外部风险。

(1)知识产权侵权诉讼风险。侵权诉讼风险是企业知识产权风险中最为典型的诉讼风险，既包括自有知识产权被他人侵犯，也包括自身行为侵犯他人知识产权的风险。知识产权领域的案件逐步发展为涉案金额高、影响范围大的特征，一旦涉嫌侵权风险将有可能面临高额的索赔请求。

(2)被撤销或者被异议的风险。以商标权为例，一旦获得商标专用权之后仍有可能被他人以“三年连续不使用为由”向商标局申请撤销或者以不具有显著性等商标法规定的有关情形向商标评审委员会提出商标异议申请。

二、商标专用权的法律风险防范

中国《商标法》(2013 年修正，下同)第 8 条规定，任何能够将自然人、法人或者其他组织的商品与他人的商品区别开的标志，包括文字、图形、字母、数字、三维标志、颜色组合和声音等，以及上述要素的组合，均可以作为商标申请注册。申请的注册商标应当具有显著性,便于识别,且不得与他人在先取得的合法权利相冲突。此外,《商标法》第10条至第12条对不得注册商标的情形做了明确的规定。对于保险产品而言,如果单纯表明产品的名称、属性的,则不能申请为注册商标,诸如"车险"、"企财险"以及"特殊风险"等险种。

对于保险公司而言,对于商标权广泛应用于企业宣传、产品或者服务的营销之中。在实践中,企业名称即商号与商标相同,例如,"中国平安"是中国平安保险集团有限公司的商号,平安集团也于2012年1月16日向商标局提交了注册商标申请。"中国人寿"是中国人寿保险(集团)公司的商号,同时是该公司的注册商标。一般而言,一个企业只有一个商号,指向的是企业本身,同时,一个企业可以申请数个注册商标,指向的是商标或者服务来源。

(一)保险公司的商标注册申请

商标注册实行自愿原则,并且需要取得专用权的商标应当注册,不经注册可以使用,但是除存在驰名商标情况下,否则一般不享有专用权。考虑到商标不注册一方面得不到现实、有效的保护,也有可能因为他人注册而引发权益争议,因此保险公司的商标使用应当遵循注册为一般原则,不注册为例外的情况。目前,根据《商标法》规定,自然人、法人或者其他组织可以申请商标注册,但是根据国家商标局网站公布的《自然人办理商标注册申请注意事项》规定,自然人提出商标注册申请的商品和服务范围,应以其在营业执照或有关登记文件核准的经营范围为限,或者以其自营的农副产品为限。申请商标注册或者办理商标事宜,可以自行办理,也可以委托依法设立的商标代理机构办理,外国人或者外国企业在中国申请商标注册或者办理其他商标事宜的,应当委托依法设立的商标代理机构办理。商标代理机构可以为专业的商标代理机构,也可以为有资质的律师事务所等组织。

在商标领域,对商标的效力产生重要影响为申请在先原则。申请在先原则又称注册在先原则,指两个或两个以上的申请人,在相同或类似的商品上以相同或者类似商品上以相同或者近似的商标申请注册时,申请在先的,可以获得商标专用权,而申请在后的予以驳回。[①] 根据《商标法》第31条的规定,两个或者两个以上的商标注册申请人,在同一种商品或者类似商品上,以相同或者近似的商标申请注册的,初步审定并公告申请在先的商标;同一天申请的,初步审定并公告使用在先的商标,驳回其他人的申请,不予公告。保险公司在开发商品或者提供服务时,如果希望以商标形式将产品名称固化,则需要在产品开发过程中对拟申请适用的产

① 吴汉东主编:《知识产权法学(第五版)》,北京大学出版社,2011年8月第五版,第262页。

品名称进行综合考量，即一方面要分析是否符合《商标法》规定的符合商标特征的使用，另外一方面也要做好商标专用权方面的尽职调查，调查该名称是否已经被人申请注册商标。一旦发现拟使用的名称被人注册为商标，则应该重新确定名称，以避免引发商标专用权争议。例如，因平安保险已经将“健康通”作为注册商标在第36类保险类下作了注册，则其他保险公司开发保险产品时则不能对单一产品或者组合产品命名为“健康通”，否则将引发法律风险。

虽然注册在先原则为国际惯例，也是我国《商标法》遵循的基本原则，但《商标法》也对申请在先原则进行了一定的限制。《商标法》第13条规定，就相同或者类似商品申请注册的商标是复制、模仿或者翻译他人未在中国注册的驰名商标的，容易导致混淆的，不予注册并禁止使用。就相同或者类似商品申请注册的商标是复制、模仿或者翻译他人已经在中国注册的驰名商标，误导公众，致使该驰名商标注册人的利益可能受到损害的，不予注册并禁止使用。《商标法》第15条规定，就同一种商品或者类似商品申请注册的商标与他人在先使用的未注册商标相同或者近似，申请人与该他人具有前款规定以外的合同、业务往来关系或者其他关系而明知该他人商标存在，该他人提出异议的，不予注册。《商标法》第32条规定，申请商标注册不得损害他人现有的在先权利，也不得以不正当手段抢先注册他人已经使用并有一定影响的商标。此外，在2010年最高人民法院《关于审理商标授权确权行政案件若干问题的意见》中规定，如果申请人明知或者应知他人已经使用并有一定影响力的商标而予以抢注，则可认定为其采取了不正当手段。

此外，还需要考虑的是商标的优先权。根据《巴黎公约》，商标注册申请的优先权为6个月，对在国际展览上首次展出的商品的临时保护，可以给予优先权，时间为6个月。《商标法》第25条规定，商标注册申请人自其商标在外国第一次提出商标注册申请之日起6个月内，又在中国就相同商品以同一商标提出商标注册申请的，依照该外国同中国签订的协议或者共同参加的国际条约，或者按照相互承认优先权的原则，可以享有优先权。

（二）商标专用权无效

商标专用权无效，是指商标不具备注册条件但取得注册的，依法定程序使其商标权恢复到未产生的状态。[①] 根据《商标法》都44条的规定，已经注册的商标，违反本法第10条、第11条、第12条规定的，或者是以欺骗手段或者其他不正当手段取得注册的，由商标局宣告该注册商标无效；其他单位或者个人可以请求商标评审

① 吴汉东主编：《知识产权法学（第五版）》，北京大学出版社，2011年8月第五版，第291页。

委员会宣告该注册商标无效。《商标法》的第10条、第11条、第12条规定了不得注册商标的情形。第45条已经注册的商标,违反本法第13条第2款和第3款、第15条、第16条第1款、第30条、第31条、第32条规定的,自商标注册之日起5年内,在先权利人或者利害关系人可以请求商标评审委员会宣告该注册商标无效。对恶意注册的,驰名商标所有人不受5年的时间限制。

商标专用权无效制度作为《商标法》的重要制度,是对在商标专用权形成之初因权利本身存在瑕疵而制定的一种补救制度。商标专用权无效的效力将追溯既往,产生自始无效的后果。商标权无效制度可谓是一把双刃剑,对于保险公司而言,一方面可以将他人已经注册但因存在无效情况的商标向商评委提出异议,而使得商标权无效以避免自身在使用该"商标"过程中产生法律风险;另外一方面,在自身商标面临被宣告无效的情形下,应当充分了解该制度的,以避免产生较大法律风险。

(三)商标专用权撤销

注册商标的撤销是指商标注册之后因违法使用或者不使用而导致商标权丧失。撤销权更大程度上可以被定性为商标行政管理制度中的一种形成处罚行为。《商标法》第49条规定,商标注册人在使用注册商标的过程中,自行改变注册商标、注册人名义、地址或者其他注册事项的,由地方工商行政管理部门责令限期改正;期满不改正的,由商标局撤销其注册商标。注册商标成为其核定使用的商品的通用名称或者没有正当理由连续3年不使用的,任何单位或者个人可以向商标局申请撤销该注册商标。《商标法》第50条规定,注册商标被撤销、被宣告无效或者期满不再续展的,自撤销、宣告无效或者注销之日起1年内,商标局对与该商标相同或者近似的商标注册申请,不予核准。

需要注意的是,商标专用权被撤销的效力与无效不同,并非是因为权利存在瑕疵,而是因为在商标使用过程中存在违反了法律规定,但被撤销之前的注册商标权仍然是有效的。因此,在商标侵权案件中,商标专用权无效和被撤销的后果显然不同,商标无效,被诉侵权人无须承担侵权责任,而在商标被撤销案件中,侵权人仍应当就商标被撤销之前的侵权行为承担责任。

三、公司标识的法律风险防范

(一)来自于客户侵权的法律风险

为提升自身产品或服务的市场形象和公信力,一些客户直接将我公司商标标识、名称、承保险种等内容印制在其产品或包装上,并且对社会公众开展不实宣传,严重夸大或歪曲有关险种的风险保障功能，误导消费者，该类情况在产品责任保险、产品质量保证保险等险种中尤为突出。甚至，有些市场主体并未与保险公司签订保险合同、投保保险公司有关保险的情况下，仍在产品或者服务中宣传有关风险或者责任由我公司承保。目前，各地工商局在处理消费者投诉或者执法检查中也逐渐发现此类问题。一方面，客户未取得保险公司的授权擅自使用保险公司商标属于对保险公司商标权的侵害；另一方面，客户通过对投保情况的不实宣传误导消费者、导致消费者损失的情况下，如果保险公司未能及时出面澄清或制止，社会公众可能会误认为保险公司与客户之间互相串通，共同欺诈消费者。保险公司如卷入消费者与客户之间发生的此类诉讼，可能被法院判决承担一定的赔偿责任。

对于此类法律风险，一是保险公司各级分支机构要提高认识，树立公司品牌形象是公司重要无形资产的理念，高度重视该问题，切实采取相关措施维护公司品牌形象。同时，要将维护公司品牌形象的职责落实到人，并制定相应的工作制度，保证该项工作常抓不懈。二是保险公司各级分支机构不得擅自授权客户使用公司商标标识。已经授权使用的要立即撤回，同时对授权客户使用公司商标标识情况进行全面清理。三是对于客户就其向保险公司投保情况进行夸大或不实宣传的行为，有关分支机构一经发现必须及时出面制止更正，并视具体情况，采取向客户发送书面通知、发布公告等方式予以澄清、制止。对于制止无效的，应在通知、公告发出后 7 个工作日内申请法院采取强制措施，以切实维护我公司合法权益。

例如，某保险公司与 A 房地产公司订立了《商品房屋销售五年期还本信誉保险协议》，后因投保人未按约定支付保费，该协议终止。期间 A 房地产公司在媒体上多次刊登广告就投保情况进行夸大宣传，诱使不少群众付款购买其开发的商品房。后因房地产公司未履行还本义务，120 名购房者向法院起诉，请求保险公司承担补充偿还购房款的责任。经审理，法院认为保险公司的行为对购房者所遭受的损害具有一定过错，应当承担房地产公司不足清偿还本债务 30% 的民事责任。

例如，某保险公司通过与某食品有限公司订立书面协议，许可食品公司在其销售的食品包装上使用“本产品质量由某保险公司承保”的宣传语。经保险公司责任信用险部查询，该食品公司实际并未在该保险公司投保产品质量保证保险。《反不正当竞争法》第 9 条规定：经营者不得利用广告或者其他方法，对商品的质量、性能、用途等作引人误解的虚假宣传。据此，食品公司的有关广告宣传涉嫌构成虚假宣传，依法应当承担相应法律责任。鉴于该食品公司的有关宣传行为已经涉嫌违反有关法律规定、构成虚假宣传，保险公司与该食品公司订立的书面协议也存在法定无效情形。

(二)来自同业不当竞争的法律风险

例如,登录某车险报价网站,点击“保险计算”和“汽车保险计算”均连接到同一页面,在该页面罗列了20多家保险公司及有关标识,在每个保险公司名称前面均有一个选择方框,既可以单独点击选择某个保险公司,也可以同时点击选择多个保险公司,但不管如何选择,只要点击下方的“开始计算”连接,均连接到A保险公司的网页。

本案中,网站将保费计算不当链接到A保险公司网站的行为,在一定程度上会使他人将A保险公司的经营行为误认为是其他保险公司的经营行为,构成擅自使用企业名称的不正当竞争行为。根据《反不正当竞争法》第20条规定:“应当承担损害赔偿责任,并应当承担被侵害的经营者因调查该经营者侵害其合法权益的不正当竞争行为所支付的合理费用。”若有确凿证据证明该网站的侵权行为受A保险公司的授意,那么两者则构成共同侵权。

对于此类问题,一是协商解决。可以直接与侵权方进行联系,或委托律师事务所出具律师函,要求其立即停止其不当行为,并采取措施消除相关行为所产生的不良影响。二是行政投诉,通过向保险监管机构、工商行政机关等管理部门投诉侵权方的不当行为。三是民事诉讼途径,以侵害名称权或不正当竞争纠纷为由,也可以采取由消费者以侵害消费者权益为由向法院提出诉讼,采取民事诉讼方式处理纠纷①。

四、公司著作权方面的法律风险防范

著作权是基于人类智慧所产生之权利,是指自然人、法人或者其他组织对文学、艺术或科学作品依法享有的财产权利和人身权利的总称②。著作权的内容主要包括人身权和财产权两部分,其中人身权包括发表权、署名权、修改权、保护作品完整权等;财产权包括复制权、发行权、信息网络传播权等。对于著作权的认定,包括我国在内的大多数国家采取《伯尔尼公约》的规定,即对著作权采取自动保护原则,作品产生便自动受到著作权法的保护,而无需登记注册、缴纳有关费用或者提出申请。因为著作权自动取得的属性,极有可能导致缺乏“公信力”或“公示性”的效力,在作品正式公开发表之前或者对外未公布权利主体的情况下,一旦发生侵权行为,将导致真正作者较难证明,陷入维权困境。例如,作者在正式发表、出版之前

---

① 李玉泉、李祝用:保险业使用《反不正当竞争法》的若干问题,中国保险,2001/05,第16~19页。

② 柯涛、林葵:《知识产权管理》,高等教育出版社,2004年1月版,第43页。

的手稿、摘录、实验结论等创作资料，一旦被抄袭、复制，作者将难以证明创作归属。因为法律对于独创性并未给出相关规定，而对作品进行认定最重要的标准是“独创性”，因为权利取得的成本较低，因此权利自我保护的力度也相较之专利法、商标法低。

著作权作为一种知识产权，同样是企业的无形财产，尤其是其中的财产险部分，如果保护利用得当，可能会给企业带来重大收益。相反，如果怠于主张，则可能会给企业造成严重损失。

（一）公司著作权的保护和维权

对于单位作者而言，因为涉及的创作法律关系比较复杂，如委托作品、职务作品等，且涉及的著作权产品一般影响和经济价值都更大，因此保存、保管与创作相关的资料就显得更为重要。[①] 保险公司对于所拥有的智力成果享有专有权利和著作权，包括公司研发的软件成果、公司宣传用语、广告创意、域名等。各分支机构应充分意识到知识产权作为无形资产的巨大潜在价值，提升知识产权保护意识和知识产权法制观念，及时到著作权登记机关进行登记，预防他人非法复制和使用[②]。

1. 完善著作权合同。

对于职务作品、委托作品的著作权，根据我国《著作权法》第 16 条的规定，职务作品的著作权归属可以归作者所有，也可以归单位享有，但作者享有署名权。《著作权法》第 17 条规定，委托作品的著作权归属由合同约定，合同未明确约定或者订立合同的，著作权归受托人所有。根据《最高人民法院关于审理民事纠纷案件适用法律若干问题的解释》规定，委托作品著作权属于受托人的情形，委托人可以在约定的范围内享有使用作品的权利；双方没有约定使用作品范围的，委托人可以在委托创作的特定目的范围内免费使用该作品。

权属争议在著作权法律争议中占有重要的位置，通过合同方式确定权属及使用范围可以有效的降低法律风险。在著作权领域，完善、合理以及明确的合同对于著作权的保护有着重要作用，尤其是对职务作品、委托作品权属的规定有着积极意义。

2. 规范合同中有关的著作权条款。

例如，某保险公司分公司在制作车险产品营销手册时，委托一家平面广告设计公司设计了手册版面，平面广告设计公司从某网站上截取了一幅漫画作为营销手册的配图。在该营销手册对外发放过程中，漫画作者委托律师向某保险公司分公

① 曾德国主编：《知识产权管理》，知识产权出版社，2012 年 3 月版，第 167 页。

② 胡天森：《企业内部控制法律实务操作指导》，中国法制出版社，2011 年 1 月版，第 113 页。

司发来律师函，主张其漫画著作权受到侵害，并提供了之前在某网站发表的截图以及授权合同。之后，某保险公司分公司与作者达成许可使用价格，支付了使用费用。某保险公司分公司依据手册设计合同由平面广告设计公司承担该使用费用。

保险公司在各类合同中应注意增加对著作权归属及侵权风险隔离条款，通过技术性合同约定，有效对著作权侵权风险进行隔离。但在此类合同中，尤其是对于商标设计图、产品外观设计等使用范围广泛、对公司经营有重要影响的设计要注重做好法律尽职调查以及签订完善的权属合同，避免产生较大的法律风险。

3. 做好著作权登记。

虽然著作权的保护随着作品的产生而产生，但我国对著作权专门设立了著作权自愿登记制度。该登记制度并不产生对权利归属的确定，而是对著作权进行形式上的确认，为作品的使用、版权交易提供便利。著作权登记主要是指权利人依据法定程序，向著作权行政管理机关或者其授权的机构提交著作权登记申请文件，并缴纳相应费用，由著作权行政管理机构或其授权机构对文件进行审查后，发给相应的著作权证书。我国 1994 年发布了《作品自愿登记试行办法》，2002 年 2 月开始实施新的《计算机软件著作权登记办法》，对登记的机关及相关内容和要求做了规定，根据规定，是否进行著作权登记采取自愿原则，不影响权利的取得和保护。[①]

对于保险公司，在做好信息化系统建设中开发或者委托开发的各类计算机软件及操作系统均具有著作权，而为做到对著作权的进一步保护，建议公司对计算机软件及时进行著作权登记。

（二）侵犯他人著作权的应对与处理

例如，某保险公司收到某电子有限公司发送的《字体使用提示函》，称保险公司未经电子公司授权许可，擅自使用电子公司设计字体进行相关商业发布活动行为，侵犯了其知识产权，要求保险公司与其进行联系协商，以取得相应的授权。《著作权法》第 47 条规定，使用他人作品，应当支付报酬而未支付的。根据该规定，若该保险公司使用了电子公司享有著作权的字体，且未向其支付报酬，若进入诉讼程序，法院认定保险公司构成侵权行为的可能性较大。

在著作权领域，常见的侵权行为包括：使用他人作品，应当支付报酬而未支付；未经著作权人许可，擅自修改或发表其作品；未经合作作者许可，当作自己单独创作的作品发表等。我国《著作权法》对著作权侵权行为的认定采取严格的无过错责任原则，除了法律、法规规定的特殊情况外，行为人只要未经著作权人的许可或

① 曾德国主编：《知识产权管理》，知识产权出版社，2012 年 3 月版，第 167 页。

同意,实施了侵犯著作权的行为,不论主观上是否存在过错,都构成侵权,应当承担侵权责任。侵犯著作权的法律责任包括民事责任、行政责任和刑事责任三种。其中民事责任主要包括停止侵害、消除影响、赔礼道歉和赔偿损失等。行政责任主要包括由著作权行政管理部门责令停止侵权行为,没收违法所得、销毁侵权复制品,并处罚款等。刑事责任包括对于违法数额较大或者有其他严重情节的,处以有期徒刑或者拘役,并处或单处罚金。单位犯罪的,还要追究直接负责的主管人员和其他直接责任人的相关责任。

对于此类法律风险的防范需要做到以下几点。一是增强法律意识,尊重其他公司或个人合法的著作权,依法开展经营活动,不侵犯他人的著作权。二是谨慎应对著作权纠纷,未经特别授权,任何部门、任何员工收到有关公司涉嫌侵犯他人软件著作权或其他侵权违法行为的投诉、指控、调查等信息,均不得擅自进行任何接待、答复、接受询问、接受访问等行为。三是应将有关情况上报公司相关部门统一处理。公司所属各部门、各分支机构发现以下任何与公司软件疑似的信息应立即反馈给公司。四是经初步判断确定侵权的行为,应及时报相关主管领导审批后启动有关侵权维权措施。做好收集和整理疑似侵权行为的初步证据及其他侵权维权需要的证据,并申请公证机构采取证据保全措施,包括公司软件权利证据、对方侵权行为证据、有关损失或对方获利情况证据等。报相关主管领导批准后,可视情况采取谈判、诉讼、和解等维权措施。公司可以通过制定或实施公证证据保全方案,采取公证证据保全措施,以及采取诉讼等法律措施,视情况聘请专业法律服务机构参与等方法维护自己的权益。

五、知识产权确认不侵权之诉

目前,我国实行知识产权“双轨制”的保护模式,即当权利受到侵害时,当事人既可以向行政部门投诉,又可以向人民法院起诉。而在知识产权保护领域中的确认不侵权则是一种较为新型的诉讼模式。简单而言,当涉嫌知识产权侵权时,涉嫌侵权的一方一般在诉讼中以被告身份出现,而对于何时被提起侵权索赔之诉、以及是否构成侵权则在权利方向法院或者工商行政主管部门提起权益维护诉请时,涉案知识产权侵权风险均处于待定的状态,虽然对于涉嫌侵权方不会面临直接的赔偿、禁售的要求,但仍然会对其生产、经营活动造成一定的影响。知识产权确认不侵权之诉相当于提供了面临知识产权诉讼中被诉侵权方主动确定权属纠纷的一种方式,当然这种诉讼的前提条件是,潜在的被诉侵权方有理由认为其并未侵犯他人的知识产权,而为自身权益的稳定,需要积极主动将不侵权的状态通过诉讼方式予以确认。

（一）确认不侵权之诉的内容

确认不侵权之诉是近年来我国知识产权保护领域的一个热点问题。一方面，它主要适用在知识产权保护领域，是我国知识产权司法实践创设的一种新型诉讼；另一方面，它在表现形式上突破了原告通常是权利人的传统，涉嫌侵权的当事人作为原告将权利人作为被告，要求法院确认原告没有侵犯权利人的知识产权。司法实践中，将最高人民法院 2002 年作出的针对江苏省高级人民法院《关于苏州龙宝生物工程事业公司与苏州朗力福公司请求确认不迁安专利权纠纷案的批复》被作为明确规定确认不侵权诉的开始。

在北京市高级人民法院知识产权庭 2008 年公布的《2007 年知识产权审判新发展》中，指出，近年来确认不侵犯知识产权诉讼纠纷越来越多。最高人民法院 2008 年 4 月 1 日起开始实施的《民事案件案由规定》中列举了请求确认不侵犯专利权纠纷、请求确认不侵犯商标权纠纷、请求确认不侵犯著作权纠纷，并不包括请求确认不侵犯商业秘密纠纷。对于当事人提出的请求确认不侵犯商业秘密纠纷是否应受理，在司法实践中仍存在争议。在史瑞龙诉田玉金、北京裕金化工有限公司请求确认不侵犯商业秘密纠纷一案中，史瑞龙请求法院确认其行为未侵犯田玉金、北京裕金化工有限公司的商业秘密。一审法院认为本案可以受理，并判决驳回史瑞龙的诉讼请求。北京市高级人民法院认为，史瑞龙系以田玉金与裕金公司多次向工商行政管理机关和公安机关举报其侵犯商业秘密、故其多次被相关部门询问或传唤致使其正常的生产经营和生活受到严重影响为由诉至法院，请求确认其不侵犯田玉金与裕金公司的商业秘密，而工商行政管理机关和公安机关依据田玉金与裕金公司的举报，对史瑞龙进行询问或传讯是依法行使其职权的行为。史瑞龙以此为由提起请求确认其未侵犯田玉金与裕金公司所主张的商业秘密的诉讼，不属于我国民事诉讼法规定的诉讼，人民法院并无相应的法律依据予以受理。二审法院依照《中华人民共和国民事诉讼法》第 108 条，最高人民法院《关于适用〈中华人民共和国民事诉讼法〉若干问题的意见》第 186 条之规定，裁定撤销一审判决并驳回史瑞龙的起诉。

（二）确认不侵权之诉的适用

原告请求确认不侵权的诉讼，主要是因为面临来自被告的威胁。考虑到诉讼成本的问题，被告往往不直接向法院或者行政主管部门提出诉请，而是通过向原告发送律师函、索赔函或者媒体炒作的方式，宣扬原告侵权了其知识产权，要求原告立即停止侵权、赔偿损失，易造成对公司，尤其是上市公司较为不良的影响。如果被告在较长时间内不向法院起诉，那么原、被告之间是否存在侵权关系则会在较长期间内处于不明确的状态。原告起诉将有利于将不确定的状态予以确定，原告的起诉主要是为了要求法院确定其行为不构成对被告知识产权的侵权，而并不追究被告的"侵权"行为及责任。原告主张其行为不违法，主要通过举证证明被告的权利本身不存在或者虽然被告享有知识产权但是原告的使用并不属于被告知识产权的保护范围。对于提起请求确认之诉是否应有条件和限制，除民事诉讼法第 108 条的规定外，目前还没有其他明确、具体的规定。

对于请求确认不侵权诉讼和侵权诉讼的两个案件的管辖权问题，最高人民法院批复认为：确认不侵权诉讼属于侵权类纠纷，应当依照民事诉讼法第 29 条的规定确定地域管辖。为避免被告发起的侵权诉讼选择的起诉地对原告不利，原告主动提起确认不侵权之诉也有利于原告选择适合的管辖法院。在一些涉及面广、案情复杂的案件中，因各地工商机关和法院在实务操作中对是否侵权的判断标准不尽相同，在不排除存在地方保护主义的情况下，提前选择向有管辖权的且知识产权审判经验比较丰富的法院（如北京、上海等）提起确认不侵权之诉，有利于案件的解决。但如果双方均提起了诉讼，一方为确认不侵权之诉，一方为侵权之诉，为了避免就同一事实的案件为不同法院重复审判，在后立案的案件应移送到先立案的法院合并审理。因此来看，如果一旦权利主体已经提起了侵权索赔之诉讼，则涉嫌侵权方将难以通过提起确认不侵权之诉的方式对案件进行审理。

第五章 “六五”普法相关文件

第一节 全国人民代表大会常务委员会关于进一步加强法制宣传教育的决议

（2011年4月22日第十一届全国人民代表大会常务委员会第二十次会议通过）

2006年至2010年，我国法制宣传教育第五个五年规划已顺利实施和完成，取得了明显成效。公民的宪法和法律意识明显增强，依法治理和法治创建活动有序推进，社会管理法治化水平进一步提高，法制宣传教育在服务经济社会发展、维护社会和谐稳定、落实依法治国基本方略中发挥了重要作用。现在，具有中国特色的社会主义法律体系已经形成，这是我国社会主义民主法制建设史上的重要里程碑，是中国特色社会主义制度逐步走向成熟的重要标志。法律的生命力在于实施。中国特色社会主义法律体系形成后，有法必依、执法必严、违法必究的任务更为突出、更加紧迫，对加强法制宣传教育提出了新的更高的要求。为适应全面建设小康社会和“十二五”时期经济社会发展需要，全面落实依法治国基本方略、加快建设社会主义法治国家进程，进一步增强全社会法治观念，有必要从2011年到2015年在全体公民中组织实施法制宣传教育第六个五年规划。为此，特作决议如下：

一、深入学习宣传以宪法为统帅的中国特色社会主义法律体系

要突出抓好宪法的学习宣传，深入学习宣传宪法确立的我国的国体政体、根本制度、根本任务、公民的权利和义务等主要内容和精神，进一步增强公民的宪法意识和社会主义民主法治观念，形成崇尚宪法、遵守宪法、维护宪法权威的良好氛围。深入学习宣传形成中国特色社会主义法律体系的重大意义、基本经验、基本特征，深入学习宣传中国特色社会主义法律体系的基本法律和促进经济发展、保障和改善民生、加强社会管理、反腐倡廉相关法律法规。深入开展社会主义法治理念教

育，推进社会主义法治文化建设，弘扬社会主义法治精神，形成人人自觉学法守法用法和依法行政、公正司法的社会环境。

二、进一步增强法制宣传教育的针对性和实效性

法制宣传教育的对象是一切有接受能力的公民。广大公务员尤其是各级领导干部要带头学习宪法和法律，系统学习和熟练掌握与履行职责相关的法律法规，不断提高自身法律素质和法治观念，增强科学执政、民主执政、依法执政的自觉性；要充分认识依法行政、公正司法是法制宣传教育最有效的实践，增强依法决策、依法行政、公正司法的能力，不断改善领导方式和执政方式，做全社会学法、守法、用法的表率。要根据青少年的身心特点和接受能力，结合道德品质教育和公民意识教育，有针对性地加强法制宣传教育，努力培养青少年遵纪守法的行为习惯。企业经营管理人员、事业单位和新经济、新社会组织管理人员应当重点学习掌握与市场经济、经营管理相关的法律法规，增强诚信守法、依法管理、依法经营的观念。要在城乡基层群众中重点宣传与生产生活密切相关的法律法规，引导群众依法维护权益、表达诉求、化解纠纷，提高群众参与基层自治和其他社会管理活动的意识和能力。

三、进一步丰富法制宣传教育的形式和方法

法制宣传教育要深入群众、深入基层，生动活泼、通俗易懂，为群众所喜闻乐见，力戒形式主义。广播、电视、报刊等各类媒体要继续履行好社会责任，通过开办法制栏目（专栏、专版）等，广泛开展公益性法制宣传教育。要充分发挥互联网、移动通信等新兴媒体的特点和优势，积极开展法制宣传教育。要努力办好普法网站，充分发挥政府网及门户网站在法制宣传中的重要平台和示范带动作用。要丰富法制宣传教育进机关、进学校、进企业、进单位、进乡村、进社区的内容和形式，不断增强针对性和实效性。要完善并落实公务员法律学习培训制度，把法制宣传教育纳入公务员理论学习规划和各类干部培训机构教学课程。要充分发挥学校作为法制宣传教育重要阵地作用，保证中小学校法制教育课时、教材、师资、经费“四落实”。要充分运用“12·4”全国法制宣传日开展集中法制宣传教育活动，不断扩大法制宣传教育的覆盖面和渗透力。要坚持法制宣传教育与法治实践相结合，善于运用典型案例剖析和群众关心的热点问题开展法制宣传教育，深入推进多种形式、多种层次的法治实践活动，用法治实践推动法制宣传教育、检验法制宣传教育的实效。

四、完善法制宣传教育的组织领导和保障机制

各国家机关和武装力量、各政党、各社会团体、各企事业单位和各类组织，都要高度重视法制宣传教育工作，积极组织开展本部门、本单位以及面向社会的法制宣传教育。要完善法制宣传教育领导体制和工作机制，加强组织领导，加强执法主体的法制宣传教育责任，加强各部门间的协调配合，形成工作合力。法制宣传教育要纳入各地经济社会发展规划和政府目标管理，法制宣传教育经费列入本级政府财政预算，切实予以保障。各部门、各单位要结合实际，统筹安排，保证法制宣传教育工作正常开展。要进一步加大基层法制宣传教育各项投入，努力为基层深入开展法制宣传教育创造条件。

五、加强对本决议贯彻实施情况的监督检查

要进一步完善法制宣传教育考核评估机制，加强年度考核、阶段性检查。各级人民政府要切实组织实施好法制宣传教育第六个五年规划，做好中期督导检查和终期评估验收，并向本级人民代表大会常务委员会报告。各级人民代表大会及其常务委员会要充分运用执法检查、听取和审议工作报告以及代表视察、专题调研等形式，加强对法制宣传教育工作的监督检查，保证本决议得到贯彻落实。

第二节　中央宣传部、司法部关于在公民中开展法制宣传教育的第六个五年规划(2011～2015年)

在党中央、国务院正确领导下，全国第五个五年法制宣传教育规划已顺利实施完成，取得了显著成效。全民法制宣传教育深入开展，法律进机关、进乡村、进社区、进学校、进企业、进单位活动蓬勃展开，依法治理和法治创建活动深入推进，宪法和法律得到较为广泛普及，全体公民宪法和法律意识明显增强，全社会法治化管理水平逐步提高，法制宣传教育在落实依法治国基本方略、服务经济社会发展、维护社会和谐稳定方面发挥了重要作用。五年来法制宣传教育取得的成功经验，为第六个五年法制宣传教育工作奠定了良好基础。

党的十七大和十七届五中全会提出了深入开展法制宣传教育的重大任务。中国特色社会主义法律体系的形成，整个社会和广大人民群众法治意识的不断增强，对法制宣传教育提出了新的更高要求。继续开展法制宣传教育，对于进一步增强

全社会法治观念、推进依法治国进程，为“十二五”时期经济社会发展提供良好法治环境和有效法治保障，具有十分重要的意义。为做好第六个五年法制宣传教育工作，制定本规划。

一、指导思想、主要目标和工作原则

第六个五年法制宣传教育工作的指导思想是：高举中国特色社会主义伟大旗帜，以邓小平理论和“三个代表”重要思想为指导，深入贯彻落实科学发展观，围绕“十二五”时期经济社会发展的目标任务，按照全面落实依法治国基本方略和建设社会主义政治文明的新要求，坚持法制宣传教育与社会主义核心价值体系教育相结合、与社会主义法治理念教育相结合、与社会主义公民意识教育相结合、与法治实践相结合，深入开展法制宣传教育，深入推进依法治理，大力弘扬社会主义法治精神，努力促进经济平稳较快发展和社会和谐稳定，为夺取全面建设小康社会新胜利营造良好法治环境。

第六个五年法制宣传教育工作的主要目标是：通过深入扎实的法制宣传教育和法治实践，深入宣传宪法，广泛传播法律知识，进一步坚定法治建设的中国特色社会主义方向，提高全民法律意识和法律素质，提高全社会法治化管理水平，促进社会主义法治文化建设，推动形成自觉学法守法用法的社会环境。

第六个五年法制宣传教育工作应遵循以下原则：

坚持围绕中心，服务大局。按照“十二五”时期经济社会发展的总体要求，深入开展法制宣传教育，服务经济平稳较快发展，服务改革开放，服务保障和改善民生，服务维护社会和谐稳定。

坚持以人为本，服务群众。着眼于群众的实际法律需求，在法制宣传中服务群众，把法制宣传教育的过程变成做群众工作的过程，实现好、维护好、发展好最广大人民的根本利益。

坚持分类指导，注重实效。根据不同地区、不同行业和不同对象的特点，确定法制宣传教育的重点内容，采取切实可行的方法，增强工作的针对性和实效性。

坚持学用结合，普治并举。坚持法制宣传教育与法治实践相结合，突出宣传法治实践的重要作用，不断提高法制宣传教育的实际效果。用法制宣传教育引导法治实践，在法治实践中加强法制宣传教育，深入推进各项事业依法治理。

坚持与时俱进，改革创新。把握法制宣传教育工作规律，创新工作理念，拓展工作领域，完善工作机制，改进方式方法，体现法制宣传教育的时代性、规律性和创造性。

二、主要任务

(一)突出学习宣传宪法

宪法是国家的根本法,是治国安邦的总章程,具有最高权威和法律效力。突出抓好宪法的学习宣传教育,大力宣传我国的根本制度和根本任务,大力宣传中国共产党的领导地位,大力宣传马克思列宁主义、毛泽东思想、邓小平理论和"三个代表"重要思想的指导地位,大力宣传工人阶级领导的以工农联盟为基础的人民民主专政的国体和人民代表大会制度的政体,大力宣传中国共产党领导的多党合作和政治协商制度、民族区域自治制度以及基层群众自治制度,大力宣传坚持公有制为主体、多种所有制经济共同发展的基本经济制度,大力宣传公民的基本权利和义务以及国家生活的基本原则等内容,使广大人民群众全面深刻理解宪法的基本原则和精神,充分认识社会主义制度的优越性,进一步增强全体公民的宪法意识、公民意识、爱国意识、国家安全统一意识和民主法制意识。在全社会牢固树立党的领导、人民当家做主和依法治国有机统一的观念,树立国家一切权力属于人民的观念,树立权利与义务相统一的观念,形成崇尚宪法、遵守宪法、维护宪法权威的良好氛围,使宪法在全社会得到一体遵行,促进国家各项事业健康发展。

(二)深入学习宣传中国特色社会主义法律体系和国家基本法律

加强中国特色社会主义法律体系的学习宣传,深入学习宣传中国特色社会主义法律体系形成的重要意义、基本经验及其基本构成、基本特征。深入学习宣传宪法相关法、民法商法、行政法、经济法、社会法、刑法、诉讼与非诉讼程序法等方面的法律,在全社会形成学法守法用法的良好法治氛围,充分发挥法律在经济社会发展中的规范、引导、保障作用。

(三)深入开展社会主义法治理念教育

组织广大党员干部特别是县处级以上领导干部认真学习社会主义法治理念,牢固树立并自觉践行依法治国、执法为民、公平正义、服务大局、党的领导理念,切实提高党员干部的政治意识、大局意识和法治意识。加大社会主义法治理念的宣传教育力度,推动社会主义法治理念逐步深入人心。

(四)深入学习宣传促进经济发展的法律法规

学习宣传国家基本经济制度、改革开放、社会主义市场经济、财税、金融、投资等方面的法律法规,促进经济平稳较快发展;学习宣传农村基本经营制度、农村土地管理制度、农业支持保护制度、农村金融制度、城乡经济社会发展一体化制度和农村民主管理制度等方面的法律法规,促进社会主义新农村建设;学习宣传加强资源节约和管理、环境和生态保护、防灾减灾等方面的法律法规，促进资源节约型、环境友好型社会建设；学习宣传推进科技进步、加快教育事业发展、加强自主创新能力建设、实施人才强国战略、保护知识产权等方面的法律法规，促进创新型国家建设；学习宣传区域协调发展和城乡规划建设管理相关法律法规，促进区域和城乡协调发展。

（五）深入学习宣传保障和改善民生的法律法规

重点学习宣传收入分配、社会保障、医疗卫生、社会救助等方面的法律法规，促进保障人民基本生活；学习宣传就业促进、劳动合同、劳动争议处理等方面的法律法规，促进建立和谐劳动关系；学习宣传土地征收征用与补偿、土地承包经营权流转、国有企业改制等方面的法律法规，维护人民群众合法权益；学习宣传安全生产、食品药品安全、抗灾救灾、公共卫生等方面的法律法规，保障群众生命财产安全；学习宣传维护妇女、未成年人、老年人、残疾人权益等方面的法律法规，做好特殊群体的权益保障工作。

（六）深入学习宣传社会管理的法律法规

学习宣传维护国家安全、社会稳定、促进民族团结相关法律法规，维护社会政治大局稳定；学习宣传社会治安综合治理、流动人口服务和管理、突发事件应急管理相关法律法规，促进提高社会管理水平；学习宣传信访、投诉、调解等相关法律法规，依法化解矛盾纠纷；学习宣传新闻出版、广播影视、文化文艺、网络电信管理相关法律法规，促进文化事业和文化产业发展。加强刑事、民事和行政诉讼法律宣传，引导公民依法按程序表达利益诉求。加强公正廉洁执法、公正司法教育，维护社会公平正义。

（七）加强反腐倡廉法制宣传教育

以领导干部和公务员为重点，加强公务员法、行政监察法、审计法和廉政准则等相关法律法规和党纪条规的宣传教育，坚持反腐倡廉法制宣传教育与政治理论教育、理想信念教育、职业道德教育、党的优良传统和作风教育相结合，充分发挥廉政教育基地的作用，不断增强各级领导干部和公务员反腐倡廉意识，提高廉洁自律的自觉性。广泛开展面向社会的反腐倡廉法制宣传教育，促进廉政法制文化建设。坚持廉政法制教育从青少年抓起，引导青少年从小树立正确价值观和高尚道德情操。

（八）积极推进社会主义法治文化建设

通过法制宣传教育，弘扬社会主义法治精神，在全社会形成崇尚法律、遵守法律、维护法律权威的氛围。开展丰富多彩的法治文化活动，使法制宣传教育与群众文化生活相结合，丰富法治文化活动载体和形式。引导法治文化产品创作和推广，增加产品数量，提高产品质量，推出精品、创出品牌，不断满足人民群众对法治文化产品的需求。鼓励各类文化团体参加法治文化建设，探索建设法治文化教育基地，发挥公共文化场所在法治文化建设中的资源优势，组织开展法制文艺演出等群众喜闻乐见的法治文化活动。

（九）继续深化“法律进机关、进乡村、进社区、进学校、进企业、进单位”主题活动

突出服务科学发展主题，立足提高公务员社会主义法治理念，深化“法律进机关”活动，不断增强依法管理和服务社会的能力；立足促进农村经济发展和维护社会稳定，深化“法律进乡村”活动，服务社会主义新农村建设；立足推进社会管理创新，深化“法律进社区”活动，提高社区自治和服务能力；立足培育青少年法律素养和道德情操，深化“法律进学校”活动，促进青少年健康成长；立足建立现代企业制度，深化“法律进企业”活动，提高企业核心竞争力和依法防范风险的能力；立足促进法治化管理，深化“法律进单位”活动，营造良好法治氛围。突出不同行业和对象特点，针对机关、乡村、社区、学校、企业、单位的不同需求，采取有针对性的工作措施，提高法制宣传教育的实效性。加强长效机制建设，落实责任单位，明确工作职责，量化工作指标，确保活动取得实效。

深入开展“12·4”全国法制宣传日活动，集中开展以学习宣传宪法为核心的法制宣传教育。利用法律宣传月、宣传周、宣传日等，开展形式多样的法制宣传教育活动。

（十）深入推进依法治理

扎实开展多层次多领域依法治理工作。推进法治城市、法治县（市、区）创建活动，总结推广经验，建立健全制度，不断提高创建水平。开展依法行政示范单位创建活动，推进部门行业结合自身特点开展依法治理，认真贯彻《全面推进依法行政实施纲要》和《国务院关于加强法治政府建设的意见》，健全行政执法程序，规范行政执法行为，强化行政监督和问责，完善执法责任制、执法公示制和执法过错责任追究制，积极推进法律的有效实施，不断提高政府公信力和执行力。开展基层法治创建活动，推进基层依法治理，促进基层民主法治建设。围绕社会热点难点问题和社会管理薄弱环节，开展法制宣传教育和专项治理活动，提高社会管理法治化水平。

三、对象和要求

法制宣传教育的对象是一切有接受教育能力的公民。重点加强对领导干部、

公务员、青少年、企事业经营管理人员和农民的法制宣传教育，把领导干部和青少年作为重中之重。

（一）切实加强领导干部学法守法用法

各级领导干部要把宪法和法律作为学习的重要内容，带头学法守法用法，不断提高依法决策、依法行政的意识和能力。健全并落实党委（党组）中心组集体学法、政府常务会议会前学法、法制讲座、法制培训、法律知识考试考核等制度，推进领导干部学法经常化、制度化。把法制教育纳入领导干部理论学习规划，纳入各级党校、行政学院和公务员培训机构教学课程。加强对领导干部任职前法律知识的考察、学法守法用法情况的督促检查和年度评估考核，把依法决策、依法管理、依法办事等考核结果作为干部综合考核评价的重要内容。

（二）大力推进公务员学法守法用法

加强通用法律知识和与履行职责相关的专门法律知识学习，不断提高公务员运用法律手段解决问题的能力。加大公务员培训力度，定期开展社会主义法治理念教育、专门法律知识轮训和新颁布法律法规专题培训。坚持和完善法律知识考试考核制度，将公务员依法办事情况作为公务员任职、晋升的重要依据。加强行政执法人员法律知识培训，完善和推广持证上岗制度，把有关法律知识作为持证上岗考试的重要内容。

（三）深入开展青少年法制宣传教育

根据青少年的特点和接受能力，结合公民意识教育，有针对性地开展法制宣传教育，引导青少年树立社会主义法治理念和法治意识，养成遵纪守法的行为习惯，培养社会主义合格公民。各级各类学校要根据学生特点进一步明确法制教育的地位和目标，完善法制教育的内容和体系，创新法制教育的方法和途径，发挥课堂教学的主渠道作用，努力实现学校法制教育的系统化科学化。深入推进中小学校法制教育课时、教材、师资、经费"四落实"。整合各种社会法制教育资源，建立多种形式的青少年法制教育基地，重视运用互联网等传播手段丰富青少年法制宣传教育的途径和形式，健全学校、家庭、社会"三位一体"的青少年法制教育格局。加强高等学校普法教育，加大中国特色社会主义法学理论教育力度，积极推进高校法学理论教育教材建设和师资队伍建设，引导高校学生牢固树立社会主义法治理念。结合学校校园及周边环境综合治理和安全防范工作，发挥中小学校兼职法制副校长、法制辅导员作用，加强青少年权益保护、预防和减少青少年违法犯罪等有关法律法规宣传教育，加强对有不良行为青少年、社会闲散青少年等特殊青少年群体的法制宣传教育。

（四）积极开展企事业经营管理人员法制宣传教育

加强社会主义市场经济和与企业经营管理相关的法律法规宣传教育，进一步增强企业经营管理人员诚信守法、依法经营、依法办事的观念。把法制培训纳入国有企业负责人培训内容，把依法决策、依法经营、依法管理情况作为考核企业经营管理人员的重要内容。进一步完善企业法律顾问制度，发挥法律顾问在企业依法经营管理中的作用。加强事业单位和非公有制经济组织、新社会组织管理人员法制宣传教育，提高他们依法管理、依法办事能力。深化企业职工法制宣传教育，引导职工遵纪守法，依法维护合法权益。

（五）扎实开展农民法制宣传教育

宣传与农民生产生活相关的法律法规，引导农民依法参与村民自治和其他社会管理活动，提高他们参与民主选举、民主决策、民主管理、民主监督的能力。加强农村“两委”干部法制培训，提高他们运用法律手段管理基层事务、防范和处理矛盾纠纷的能力。开展农村“法律明白人”教育培训，发挥他们在开展法制宣传、法律咨询和化解矛盾中的作用。加强农民工法制宣传教育，突出遵纪守法、依法表达利益诉求等内容的宣传，在农民工集中居住地、工作场所及主要活动场所开展经常性宣传教育，注重法制宣传教育与法律服务相结合，提高农民工的法治观念。

四、工作步骤和安排

第六个五年法制宣传教育规划从2011年开始实施，到2015年结束。分为以下3个阶段。

宣传发动阶段：2011年上半年。各地区各部门各行业根据本规划，研究制定本地区本部门本行业五年普法规划，做好宣传、发动和组织工作。各省（自治区、直辖市）、中央和国家机关制定的第六个五年法制宣传教育规划，报全国普法办备案。

组织实施阶段：2011年下半年至2015年。各地区各部门各行业依据本规划确定的目标任务和要求，结合实际制定年度计划，认真组织实施，确保本规划得到全面贯彻落实。2013年开展中期检查督导和表彰。

检查验收阶段：2015年下半年。在各级党委和政府统一领导下，各级普法依法治理领导小组办公室负责组织对规划实施情况进行总结验收，对先进集体和先进个人进行表彰。

五、组织领导和保障

（一）切实加强领导

各级党委和政府要高度重视，把法制宣传教育纳入当地经济社会发展规划，纳入党委和政府目标管理。进一步完善党委领导、人大监督、政府实施的领导体制，建立健全各级普法依法治理领导小组，完善领导小组定期召开会议、听取汇报、开展督查等制度。领导小组办公室日常工作由政府司法行政部门承担。各级人大要加强对法制宣传教育工作的监督检查，推进法制宣传教育立法。各级党委宣传部门、政府司法行政部门和领导小组办公室负责组织、协调、指导和检查规划的实施工作。各部门各行业负责本部门本行业法制宣传教育工作，按照谁执法谁普法的原则，积极面向社会开展本部门本行业相关法律法规的宣传教育。各类媒体要积极承担公益性法制宣传教育责任。鼓励引导各类社会组织和公民参与、支持法制宣传教育工作。

（二）健全考核评价体系

建立健全考核评估指标体系，完善考核评估运行机制，对本规划实施情况进行年度考核、阶段性检查和专项督查。建立健全激励机制，及时总结推广典型经验，并按照国家有关规定表彰先进。

第三节 中国保监会“六五”普法规划

根据《中共中央 国务院转发〈中央宣传部、司法部关于在公民中开展法制宣传教育的第六个五年规划〉的通知》，结合保险监管的实际情况，特制定保监会“六五”普法规划。

一、指导思想、主要目标和工作原则

“六五”普法工作的指导思想是：高举中国特色社会主义伟大旗帜，以邓小平理论和“三个代表”重要思想为指导，深入贯彻落实科学发展观，结合保险业和保险监管的实际，深入开展法制宣传教育，深入推进依法治理，努力为保险业的健康平稳科学发展营造良好的法治环境。

“六五”普法工作的主要目标是：通过深入扎实的法制宣传教育和法治实践，进一步增强保险监管工作人员法治理念，健全保险监管法律制度体系，提高依法监管能力和水平；进一步提高保险从业人员的法律意识和法律素质，以依法合规经营和诚信建设为重点，提升行业社会形象；进一步广泛宣传保险法律法规，普及保险知识。

“六五”普法工作的基本原则是：

坚持围绕中心，服务大局。紧紧围绕国家“六五”普法规划和保险业“十二五”规划的总体目标和部署，充分发挥法制宣传教育职能作用，深入开展法制宣传教育，服务保险业平稳较快发展，服务保险监管改革发展，服务维护保险市场和谐稳定。

坚持以人为本，服务群众。坚持以人为本、监管为民，是中国特色保险业最鲜明的特征。要在教育群众中服务群众，依靠群众推进法制宣传教育，从广大被保险人的需要出发，灵活多样地开展法制宣传教育。

坚持分类指导，讲求实效。实效是法制宣传的生命线。要结合行业和地域的特点，坚持抓住重点、分类指导，根据不同对象的特点和需求开展法制宣传教育，努力提高普法工作的针对性。

坚持学用并举，普治并举。坚持法制宣传教育与法治实践相结合，突出宣传法治实践的重要作用。用法制宣传教育引导法治实践，在法治实践中加强法制宣传教育，深入推进依法治理。

坚持求实创新，与时俱进。继承是前进的基础，创新是发展的动力。要准确把握法制宣传教育的内在规律，不断创新工作理念、工作思路、工作制度和方式方法，提高工作的实际效果。

二、主要任务

（一）突出学习宣传宪法

宪法是国家的根本法，是治国安邦的总章程。在“五五”普法学习宪法的基础上，继续抓好学习宣传宪法这项基础性、根本性的重点工作。进一步学习宣传宪法，努力提高各级保险监管工作人员的宪法意识，理解党和国家关于民主法制建设的理论、方针和政策，形成崇尚宪法、遵守宪法和维护宪法权威的良好氛围。

（二）深入学习宣传中国特色社会主义法律体系和国家基本法律

加强中国特色社会主义法律体系的学习宣传，深入学习宣传中国特色社会主义法律体系形成的重要意义、基本经验及其基本构成、基本特征。深入学习宣传宪法相关法、民法商法、行政法、经济法等方面的法律，努力在保险监管系统形成学法守法用法的良好法治氛围。

（三）深入开展社会主义法治理念教育

组织引导广大保险监管干部特别是领导干部认真学习社会主义法治理念，牢固树立并自觉践行依法监管、监管为民的理念，切实提高党员干部的政治意识、大局意识和法治意识，用法治的理念指导监管实践，用法治的意识促进行业发展。

（四）深入学习宣传加强和改进保险监管，促进行业改革发展相关的法律法规

加强对诚实信用、公平竞争等市场经济基本法律原则和制度的宣传教育，加强对与保险业发展密切相关的法律、法规的宣传教育，以对保险公司、保险中介机构高级管理人员的法制培训为着力点，促进保险公司、保险中介机构依法合规经营，推动行业快速健康协调发展。紧紧围绕广大被保险人关切、反映强烈和对行业发展危害严重的问题，有针对性地开展法制宣传教育，加强行业诚信建设，逐步构建政府监管、公司内控、行业自律、社会评价和舆论监督多层次综合治理的长效机制，切实维护保险市场秩序。

（五）坚持普法与法治实践相结合，大力推进依法治理

深入开展保险监管和行业依法治理，认真贯彻《全面推进依法行政实施纲要》和《国务院关于加强法治政府建设的意见》，健全保险监管行政执法程序，规范行政执法行为，强化行政监督和问责，完善执法责任制和执法过错责任追究制，围绕保险行业的热点难点问题和保险监管薄弱环节，有针对性地组织开展专项依法治理的执法检查活动，不断提高依法行政、依法监管的能力水平。

（六）进一步深化法制宣传教育主题活动

要坚持围绕中心、服务大局，大力开展法制宣传教育主题活动，充分利用宣传教育的生动形式和有效载体，在保险行业掀起学法用法的热潮，在全社会大力普及保险法律常识。

要让“法律进机关”，提高保险监管机关依法监管和服务社会的水平。把法律作为保险监管机关学习的重要内容，做到有计划、有安排、有落实、有检查。充分利用机关内部网络，建设机关法制学习资料信息平台，为机关工作人员学法提供条件；逐步建立对机关各部门和各保监局负责人定期法制培训制度、对法制工作人员和执法人员定期培训制度；健全行政执法责任制度，把依法行政水平和效果作为工作考核内容；积极开展面向社会的法制宣传教育，把法制宣传教育融入监管工作全过程。

要让“法律进公司”，促进保险公司、保险中介机构依法经营、诚信经营。围绕保险从业机构的经营特点，加强对公司高级管理人员的法制培训，提高公司经营管理人员和广大员工法律素质；促进公司建立健全规章制度，完善治理结构，提高依

法经营和管理水平;坚持法制教育与诚信教育相结合,促进各类从业人员进一步树立诚信守法经营意识。

要让"法律走近公众",开展面向社会公众的保险法律知识宣传教育活动。围绕保险经营的特点,通过深入浅出、通俗易懂的方式,向社会公众宣传、讲解基本保险法律知识,提高广大被保险人的维权意识和维权能力,促进保险业健康发展。做好"12·4"全国法制宣传日宣传教育活动,集中开展以《保险法》为核心的法制宣传教育。

三、对象和要求

法制宣传教育的对象主要是保险监管系统的全体干部。特别是要加强对领导干部和保险公司高级管理人员的法制宣传教育,把领导干部和保险公司高管人员作为重中之重。

要切实加强领导干部学法守法用法。领导干部要带头学习法律法规,不断提高依法执政、依法决策和依法办事的能力。健全完善党委中心组学法、领导干部法制讲座、领导干部学法用法考试考核等制度,把法制教育纳入领导干部理论学习规划,推进领导干部法制教育规范化、制度化。加强对领导干部任职前法律知识的考察、学法守法用法情况的督促检查和年度评估考核,不断提高领导干部学法守法用法的自觉性。

要切实加强保险监管干部学法守法用法。组织保险监管干部加强通用法律知识和与履行职责相关的专门法律知识学习,不断提高运用法律手段解决问题的能力。坚持和完善法律知识考试考核制度,将依法办事情况作为干部任职、晋升的重要依据。

要切实加强保险公司高级管理人员法制宣传教育。加强社会主义市场经济和企业经营管理相关的法律法规宣传教育,进一步增强保险公司高管人员诚信守法、依法经营的意识和能力。

四、工作步骤和安排

"六五"普法规划从2011年开始实施,到2015年结束。分为以下三个阶段:

宣传发动阶段:2011年下半年至2012年3月31日前。各保监局要根据本规划制定五年规划,做好宣传、发动工作,并将制定的"六五"普法规划报保监会法规部备案。

组织实施阶段:2012年至2015年。各保监局依据本规划确定的目标、任务和要求，结合地方和行业实际，制定工作计划，突出年度工作重点，做到部署及时、措施有效、指导有力、督促到位，确保“六五”普法规划全面贯彻落实。2013 年开展中期检查督导和表彰。

检查验收阶段：2015 年。保监会将对“六五”普法规划实施情况进行总结验收，对先进集体和先进个人进行表彰。

五、组织领导和保障

（一）加强领导，切实抓好组织推动

各保监局要建立普法依法治理领导机构，完善领导小组定期会议、年度工作汇报、工作督查等制度。各保监局要把法制宣传教育纳入自身的目标管理责任制。

（二）夯实基础，完善法制宣传教育工作制度

普法依法治理的日常工作由各保监局的法制工作部门承担，负责组织、协调、指导和检查法制宣传教育工作。要进一步健全完善法制宣传教育工作制度，推进普法工作制度化、规范化。法律宣传教育以效为先，注重实效，工作的开展应当从实际出发，突出重点，坚持分类指导、因人制宜，防止形式主义。

（三）健全机制，着力加强法制宣传教育评估体系建设

要逐步建立法制宣传教育评估考核机制，完善评估考核指标体系；建立健全激励监督机制，开展规划实施的年度和阶段性考核工作，开展法制宣传教育表彰奖励工作。

（四）强化保障，落实法制宣传教育经费使用

保险监管系统要将普法依法治理工作经费列入年度预算，专款专用，切实予以保障，保证法制宣传教育工作正常开展。

（五）创新方式，加强法制宣传教育阵地建设

各保监局要积极探索利用电视、广播、报刊、互联网等媒体，开展形式多样、生动活泼的法制宣传教育。要完善法制宣传教育设施，大力加强普法园地建设，不断拓宽法制宣传教育阵地，实现全方位、立体化的法制宣传教育格局，不断扩大覆盖面，促进“六五”普法规划顺利实施，全面完成“六五”普法目标任务。

第四节 中国人民保险集团股份有限公司“六五”普法规划

深入开展法制宣传教育是贯彻落实党的十七大和十七届五中全会精神的一项

重大任务，也是中国人保"十二五"期间建设一流保险金融集团的坚实保障，具有十分重要的现实意义。为促进中国人保"六五"普法工作的顺利开展，根据《中央宣传部 司法部关于在公民中开展法制宣传教育的第六个五年规划(2011～2015年)》精神，结合集团实际，制定本规划。

一、指导思想、主要目标和工作原则

中国人保"六五"普法工作的指导思想是：高举中国特色社会主义伟大旗帜，以邓小平理论和"三个代表"重要思想为指导，深入贯彻落实科学发展观，围绕"十二五"时期集团发展战略目标，深入开展法制宣传教育，深入推进依法治司、合规经营，坚持法制宣传教育与经营管理实际紧密结合，为实现集团"十二五"发展目标提供坚实保障。

中国人保"六五"普法工作的主要目标是：结合集团发展的现实需求，通过深入扎实的法制宣传教育和实践，广泛传播法律知识，进一步提高全体员工的法律意识和法律素质，提升公司依法经营管理水平，促进合规文化建设，形成并优化自觉依法合规经营的良好环境。

中国人保"六五"普法工作遵循以下原则：

坚持围绕中心，服务大局。紧紧围绕集团"十二五"发展目标，贯彻落实各项法制宣传教育任务，服务集团改革发展，服务保障和改善民生，服务维护社会和谐稳定。

坚持以人为本，服务群众。从公司客户和广大员工的实际需求出发，始终恪守"人民保险 服务人民"的宗旨，坚持在法制宣传过程中服务群众，实现好、维护好、发展好公司客户和广大员工的根本利益。

坚持结合实际，注重实效。各子公司、各级分支机构根据不同业务、不同地区和不同对象的特点，确定本公司法制宣传教育的重点内容，研究切实可行的方法，提高工作的针对性和实效性。

坚持与时俱进，开拓创新。积极研究集团改革发展面临的新局面、新问题，探索法制宣传教育的新领域、新方法，把握法制宣传教育工作的内在规律，创新工作理念，完善工作机制，体现法制宣传教育的时代性、规律性和创新性。

二、主要任务

(一)继续深入学习宣传以宪法为核心的法律法规

在"五五"普法宣传的基础上，继续抓好宪法的学习宣传工作。大力宣传党和国家关于民主法制的制度、方针、政策,使广大员工深刻理解宪法的基本原则和精神,进一步增强广大员工的宪法意识、公民意识、爱国意识、国家安全统一意识和民主法制意识,形成崇尚宪法、遵守宪法、维护宪法权威的良好氛围。

(二)深入学习宣传与保险业和集团经营发展相关的法律法规

加强国家关于保险业改革发展的方针政策的学习宣传,加强诚实信用、公平竞争等市场经济基本法律原则和制度的宣传教育。深入学习研究国企改革、现代公司治理、集团管控以及上市公司管理相关的法律法规,深入学习保险法、公司法、证券法、合同法以及国务院、保监会制定的、规范保险业经营管理和保险金融集团改革发展的规章、制度,促进依法合规经营管理,保障公司持续健康快速发展。

(三)坚持法制宣传教育与经营管理实际相结合,深入推进依法治司、合规经营工作

围绕集团改革发展中心任务,以集团和广大员工的需要为出发点,扎实开展多种形式的法制宣传教育培训,进一步提高员工法律素质。加强内部规章制度管理,及时将外部法律规定内化为内部规章制度,规范并完善依法运行机制,切实落实依法治司、合规经营工作;坚持法制教育与合规文化建设相结合;广泛开展合规诚信服务,不断提升企业社会形象。

(四)突出宣传教育重点,着力加强对经营管理人员和一线业务人员的法制宣传教育

细分普法宣传教育对象,分别开展针对性宣传教育,做实普法宣传效果。将对经营管理人员的法制宣传与廉政教育相结合,培养经营管理人员的廉政意识、法治意识,不断提高其依法决策、依法经营、依法管理的意识和能力;把对一线业务人员的法制宣传教育与合规经营和职业道德教育结合起来,通过合规培训、合规讲座、法律知识考试考核等制度手段,提高其法律意识与道德素养。

(五)积极开展法制宣传教育主题活动

充分利用“3.15”消费者权益保护日、“12.4”全国法制宣传日等重要宣传节点,加大投入,突出主题,做好法制宣传教育活动;围绕重点工作,搭建法制宣传教育载体,提高法制宣传教育的针对性和实效性;利用多种媒介、创新宣传形式、扩大教育范围,营造学法用法的氛围,在集团内外广泛开展法制宣传教育活动,将法制宣传教育与业务拓展和员工文化生活相结合,切实提高法制宣传的实效。

三、工作步骤和安排

中国人保“六五”普法规划从2011年开始实施,到2015年结束。共分三个阶段:

宣传发动阶段:2011 年。集团公司成立"六五"普法工作领导机构,集团公司制定"六五"普法规划并报上级普法领导机构。各子公司根据国家、保监会要求和集团规划,研究制定本公司的"六五"普法规划实施方案,并报集团公司备案。各子公司要做好"六五"普法的宣传、发动和组织工作,营造"六五"普法开局的良好氛围。

组织实施阶段:2012 年至 2015 年。集团公司和各子公司根据本规划确定的目标任务和要求,结合自身实际,制定年度计划,认真组织实施,做到部署及时、措施有效、指导有力、督促到位,确保集团规划和各子公司实施方案得到全面贯彻落实。2013 年,集团公司将对各子公司开展中期检查督导。

检查验收阶段:2015 年下半年。在集团公司"六五"普法工作领导机构的统一指导下,各级普法工作机构组织对规划实施情况进行总结验收,对先进集体和先进个人进行表彰。

四、组织领导和保障

(一)建立健全组织机构和工作机制

集团公司成立中国人保集团"六五"普法依法治理工作领导小组,总体负责集团法制宣传教育领导工作,建立健全领导小组会议制度和检查指导工作机制。领导小组办公室设在集团公司法律合规部,具体负责制订法制宣传教育工作计划与实施意见,做好日常法制宣传教育的组织、宣传、协调、检查和指导,并承担与上、下级法制宣传教育机构的联络工作。各子公司结合自身情况,成立本公司普法依法治理工作机构,建立健全工作制度,保障"六五"法制宣传教育工作顺利开展。

(二)健全法制宣传教育考核评价与激励监督机制

集团公司建立健全子公司综合评价体系中的合规指标,将法制宣传教育情况纳入考核评价范围,指导各子公司对普法规划实施情况进行阶段性检查和专项督查,同时及时总结推广普法典型经验,开展法制宣传教育表彰奖励,巩固法制宣传教育工作效果。

(三)落实法制宣传教育经费保障

各子公司要把法制宣传教育经费纳入本公司的年度财务预算,根据实际情况统筹安排法制宣传教育专项经费,专款专用,保证普法工作正常开展。

(四)抓好法制宣传教育队伍建设

各子公司要加强法制宣传教育队伍建设,不断提高法制宣传教育工作者的法律素质和业务能力,建立健全法制宣传教育工作者的定期培训和日常管理制度,筹建法制宣传教育人才资源库，深入推动集团各级机构法制宣传教育工作的开展。

（五）推进法制宣传教育阵地建设

各子公司要充分利用新闻媒体法制专栏、公司网站、公司微博、内部刊物、板报橱窗、日历月历等各类传播媒介，运用法律咨询服务、专题文艺汇演等多种宣传形式，开展形式多样、内容丰富、新颖生动的法制宣传教育，不断增强法制宣传教育的活力。

第五节 中国人民财产保险股份有限公司“六五”普法规划实施方案

法制宣传教育是提高全民法律素质、推进依法治国基本方略实施、建设社会主义法治国家的一项基础性工作。深入开展法制宣传教育是立足公司实际，贯彻落实科学发展观，加快转变发展方式，增强信心、凝聚力量的坚实保障。“十二五”时期是公司传承“十一五”，站在新的历史起点上，可以大有作为的重要战略机遇期，是构筑新的发展格局，深化改革转型，实施新时期发展战略的关键阶段，深入开展法制宣传教育对于为公司在“十二五”期间建设成全球领先的财产险公司提供良好法治环境和有效法治保障，具有十分重要的意义。

一、指导思想、目标要求、工作原则

（一）指导思想

公司“六五”普法工作的指导思想是：以邓小平理论和“三个代表”重要思想为指导，全面贯彻落实科学发展观，紧紧围绕公司“十二五”时期的发展格局，深入开展法制宣传教育，积极推进依法治司、依法经营管理，坚持法制教育与公司经营发展相结合，全面提高干部员工的法律素质和法律信仰，切实增强依法合规经营的自觉性，为构建和谐企业和实现公司战略目标提供有力保障。

（二）主要目标

公司“六五”普法工作的主要目标是：围绕保险业和公司发展的需求，紧密结合国家民主法制建设的进程，通过深入扎实的法制宣传教育和法治实践，进一步提高广大干部员工的法律意识和法律素质；进一步增强各级领导干部依法履行职责、依法经营管理的理念和能力；以扎实推进公司依法治理为核心，全面提升公司法治化管理水平，进一步促进公司内在品质明显改善，面向未来的发展能力显著提升，

为把公司打造成为战略领先、文化先进、机制科学、队伍一流的财险公司提供坚实保障。

(三)工作原则

坚持围绕中心,服务大局。紧紧围绕公司努力开创“十二五”发展新格局的目标,安排和落实法制宣传教育各项任务,深入开展法制宣传教育,服务公司改革发展大局,服务构建和谐企业。

坚持以人为本,服务群众。始终坚持全心全意为人民服务的根本宗旨,从广大被保险人和公司全体员工的需要出发,灵活多样的开展法制宣传教育,着力解决被保险人和员工关心的热点难点问题,真正将为人民服务的理念落到实处。

坚持求实创新,与时俱进。在总结“五五”法制宣传教育工作成绩和经验的基础上,在新形势、新任务、新要求下研究保险业和公司发展对法制宣传教育的新需求,探索内在规律,转变工作观念,不断创新法制宣传教育工作的新内容和新形式,切实增强法制宣传教育的实效性。

坚持从实际出发,分类指导。各分公司要根据不同地域、不同对象的特点,确定本公司法制宣传教育的重点内容,研究切实可行的方法,制定年度工作计划,提高法制宣传教育的针对性和有效性。

坚持学用并举,普治并举。坚持法制宣传教育与法治实践相结合,突出宣传法治实践的重要作用。用法制宣传教育引导法治实践,在法治实践中加强法制宣传教育,深入推进依法治理。

二、主要任务

(一)继续深入学习宣传以宪法为核心的法律法规

在“五五”普法学习宪法的基础上,继续落实宪法的学习宣传工作,进一步增强全体公民的宪法意识、国家安全统一意识和民主法制观念,形成崇尚宪法、遵守宪法,维护宪法权威的良好氛围;进一步学习宣传党和国家关于民主法制建设的各项法律法规,促进党的领导、人民当家做主和依法治国的有机统一;加强中国特色社会主义法律体系的学习,宣传各项法律法规,在全社会形成学法用法的良好法制氛围。

(二)深入学习宣传与保险业和公司经营发展相关的法律法规

紧紧围绕公司改革转型的主基调,以开展法制宣传教育为主线,加强国家关于保险业改革发展的方针政策的学习宣传,加强诚实信用、公平竞争等市场经济基本原则和制度的宣传教育。深入学习与公司经营发展密切相关的法律法规以及整顿和规范市场经济秩序的法律法规，促进公司依法合规经营管理，为公司的改革和发展提供良好的社会法治环境。

（三）坚持法制宣传教育与经营管理实际相结合，深入推进“依法治司”工作

紧紧围绕公司“十二五”期间改革转型主基调，以公司广大员工的需要为出发点，扎实开展多种形式的法制宣传教育培训，进一步提高员工法律素质。加强内部规章制度管理，及时将外部法律法规内化为内部规章制度，规范并完善依法运行机制，切实落实“依法治司”工作。要广泛开展诚信服务、创先争优活动，不断提升公司企业社会形象。

（四）坚持法制教育与法治实践相结合，大力开展依法治司

紧紧围绕保险业参与平安建设、和谐企业建设以及群众特别关注的热点难点问题，深入开展专项治理活动和依法治理示范单位创建活动。妥善处理学法和用法的关系，以法制教育为基础，以依法决策、依法管理、依法经营为重点，以法制化管理为目标，努力提高公司法治化管理水平。

（五）坚持法制宣传教育与内控合规文化建设相结合

紧紧围绕公司“必须坚持合规经营底线，强化内控管理，防范经营风险，坚定不移地走合规发展之路”理念，加强法制宣传教育，规范公司的经营管理，促进公司持续健康发展。各级领导干部要进一步增强合规意识和风险意识，坚定不移的带头依法合规经营、完善内控合规体系、增强内控合规的执行力。不断倡导“合规文化”体系建设，不断强化“合规创造价值”的理念，构建具有公司特色的内控合规文化体系框架。

（六）以法制宣传日为载体，积极开展各种形式的法制宣传教育主题活动

充分利用“3.15”消费者权益保护日、“12.4”全国法制宣传日等重要宣传节点，紧紧抓住开展法制宣传活动的良好契机，加大投入，突出主题，做好法制宣传教育活动；围绕重点工作，搭建法制宣传教育载体，提高法制宣传教育的针对性和实效性；利用多种媒介、创新宣传形式、扩大教育范围，营造学法用法的氛围，在公司内外广泛开展法制宣传教育活动，将法制宣传教育与业务拓展和员工文化生活相结合，切实提高法制宣传的实效。

三、对象和要求

公司全体干部员工都是“六五”普法的对象，要结合工作、学习和生活实际，认真学习法律，维护法律权威，增强社会主义民主法制意识，自觉做到学法、守法、用法、护法。要细分普法宣传教育对象，分别开展针对性宣传教育，做实普法宣传

效果。

(一)加强领导干部法制宣传教育

要着力提高领导干部依法行使权力、依法决策的能力,实现领导方式的转变。领导干部要带头学法用法,树立在宪法和法律范围内活动的观念,树立正确的权力观念,提高依法管理公司各项事务的能力,规范权力行使、决策管理行为。要大力推进领导干部法制教育制度化、规范化,继续坚持和完善领导干部各种考核机制,并把学习和掌握法律知识的情况作为领导干部年度考核和任用考察时的重要内容。

(二)加强经营管理人员法制宣传教育

要着力提高经营管理人员依法经营、依法管理的能力和水平。要培养经营管理人员树立诚信守法、依法经营、依法管理、依法办事的观念。采取多种形式,结合公司管理工作需要,开展经营管理人员法制教育和法制培训。将对经营管理人员的法制宣传与廉政教育相结合,培养经营管理人员的廉政意识、法治意识,不断提高其依法决策、依法经营、依法管理的意识和能力。

(三)加强一线员工法制宣传教育

要着力提高一线员工诚信守法观念和依法合规意识。一线员工要把学法、守法、用法贯穿到自身职业道德建设和保险服务的各环节中,树立保险行业的新形象,树立公司的新形象。把对一线员工的法制宣传教育与职业道德教育结合起来,通过法制培训、法制讲座、法律知识考试考核等制度手段,提高其法律意识与道德素养。

四、工作步骤和安排

公司“六五”普法规划实施方案从2011年开始实施,到2015年结束,共分三个阶段:

(一)宣传发动阶段:2011年至2012年3月31日

各分公司要根据集团公司“六五”普法规划及本实施方案的要求,结合各分公司具体情况,研究制定各分公司“六五”普法规划实施方案,报上级“六五”普法依法治理工作领导小组备案,并积极组织做好“六五”普法的宣传动员工作,利用多种形式,动员广大干部员工积极参与法制宣传教育。

(二)组织实施阶段:2012年至2015年

根据集团公司“六五”普法规划及本实施方案的目标任务和要求,结合各分公司实际情况,制定年度工作计划,突出年度工作重点,做到部署及时、措施有效、指导有力、督促到位,组织开展专项检查,并做好年度总结检查工作,确保法制宣传教育工作落到实处。

2013 年,各分公司要做好“六五”普法的中期检查总结和表彰工作,届时总公司将对各分公司开展中期检查和表彰工作进行督导。

(三)检查验收阶段:2015 年下半年

在公司“六五”普法依法治理工作领导小组的统一指导下,按照集团公司“六五”普法规划及本实施方案的目标任务和要求,各分公司采取自检自查、总公司采取抽查的办法,对“六五”普法工作的开展情况进行检查验收。各分公司要认真总结“六五”普法相关工作,并写出总结报告,报上级“六五”普法依法治理工作领导小组。

总公司将在公司“六五”普法依法治理工作领导小组的领导下结合集团公司有关要求,召开“六五”普法工作总结表彰会议,总结交流经验,对取得显著成绩的单位和个人予以表彰。

五、组织领导和保障

(一)建立健全组织机构和工作机制

建立“六五”普法依法治理工作领导小组和办事机构,理顺法制宣传教育工作管理体系。总公司成立了系统“六五”普法依法治理工作领导小组,总体负责系统“六五”法制宣传教育的领导工作。领导小组办公室设在总公司法律部,具体负责制订“六五”普法规划实施方案及年度工作计划,做好日常法制宣传教育的组织、宣传、协调、检查和指导,并承担与上、下级法制宣传教育机构的联络工作。

各分公司要建立由主要负责人任组长,办公室、法律工作部门和有关业务部门负责同志为成员的“六五”普法依法治理工作领导小组,工作领导小组下设办公室,办公室设在分支机构法律工作部门,具体负责结合自身情况制定“六五”普法规划实施方案及年度工作计划,做好“六五”普法各项工作的组织开展,确保“六五”普法的顺利进行。同时,各分公司应将设立的“六五”普法依法治理工作领导小组报上一级“六五”普法依法治理工作领导小组备案。

(二)加强“六五”法制宣传教育工作队伍建设

各分公司要培养并不断充实法制宣传教育队伍。通过专项培训活动,提高专职法制宣传教育工作人员的政治、法律素质和业务能力。加强法制宣传教育培训力度,建立法制宣传教育人才资源库。加强法制宣传队伍的组织协调、培训指导和规范管理,切实发挥队伍建设在法律宣传教育中的积极作用,最大程度地实现系统内法制宣传教育资源共享、优势互补,提升系统法制宣传教育的整体水平。

根据集团公司"六五"普法规划及本实施方案的目标任务和要求,各分公司要结合具体情况,在辖区内进行法律人才调查,建立法律人才档案,并结合各分公司具体情况,建立一支政治强、业务精、高效精干的法制宣传教育工作队伍。

(三)建立健全"六五"法制宣传教育工作监督和激励机制

各分公司要加强对"六五"法制宣传教育工作开展情况的监督检查,建立健全评估考核机制;根据集团公司普法规划,按照本实施方案的要求,开展阶段性检查和专项督查,同时及时总结推广普法典型经验,定期分析"六五"法制宣传教育工作形势,肯定成绩,表彰先进,查找不足,提出措施,充分调动干部员工的积极性,推动法制宣传教育工作的深入开展。

(四)建立"六五"法制宣传教育责任制和联络员制度

各分公司要根据管理权限和职责分工,落实各分公司"六五"法制宣传教育工作的组织实施和监督检查工作。各分公司要确定一名法制宣传教育的责任人与联络员,定期将各分公司开展法制宣传教育的情况报告上级"六五"普法依法治理工作领导小组,以加强沟通,总结交流经验。

(五)加强调查研究、理论探讨和经验推广,提高"六五"法制宣传教育工作整体水平

在"五五"普法工作的基础上,各分公司要根据法制宣传教育工作出现的新情况、新问题,重点研究新时期法制宣传教育的规律和特点,不断探索法制宣传教育在促进公司各项事业发展中的地位和作用,创新法制宣传教育的途径和方法。重点解决公司法制宣传教育实践中带有普遍性的难点问题,认真总结法制宣传教育工作的新做法、新经验,抓好典型,及时推广,努力开创法公司"六五"法制宣传教育工作新局面。

(六)落实"六五"法制宣传教育经费保障

根据集团公司"六五"普法规划及本实施方案的要求,各分公司要根据当地经济社会发展水平和自身承受能力,安排法制宣传教育专项经费,并列入各分公司年度预算。各分公司要积极组织开展各项法制宣传教育培训、购置书籍,组织征文及法律知识竞赛等各项活动,确保经费落到实处,保证法制宣传教育工作正常开展。

(七)推进"六五"法制宣传教育阵地建设

各分公司要充分利用公司的新闻媒体法制专栏、公司网站、公司微博、内部刊物、板报橱窗、日历月历等各类传播媒介,组织开展形式多样、内容丰富、新颖生动的法制宣传教育,不断增强法制宣传教育的活力。

（八）践行“法律走近公众，法律服务人民”理念

各分公司要根据自身情况有针对性的组织开展面向社会公众的保险法律知识宣传教育活动。围绕保险经营的特点，通过深入浅出、通俗易懂的方式，向社会公众宣传、讲解基本保险法律知识。各分公司要积极部署、撰写策划方案、通过制作宣传栏、拍摄活动照片、制作横幅等形式将法制宣传教育活动丰富化，以提高广大被保险人的维权意识和维权能力，促进保险业健康发展。同时，各分公司应将开展各项法制宣传教育活动的照片、活动总结报上一级“六五”普法依法治理工作领导小组备案。

参考文献

[1]吴江水. 完美的防范:法律风险管理中的识别、评估与解决方案[M]. 北京:北京大学出版社,2010.

[2]罗伯特 · C. 克拉克. 公司法则[M]. 北京:工商出版社,2011.

[3]孙森焱. 民法债编总论(上下)[M]. 北京:法律出版社,2006.

[4]崔建远. 合同法总论(上卷)(第2版)[M]. 北京:中国人民大学出版社,2012.

[5]胡天森. 企业内部控制法律实务操作指导[M]. 北京:中国法制出版社,2011.

[6]奚晓明. 最高人民法院知识产权审判案例指导(第1辑)[M]. 北京:中国法制出版社,2012.

[7]潘国平,马利民. 中国法律 China's Laws(英文版)[M]. 北京:五洲传播出版社,2011.

[8]Roger McCormick. 金融市场中的法律风险[M]. 北京:社会科学文献出版社,2009.

[9]陈丽洁. 企业法律风险管理操作实务[M]. 北京:法律出版社,2012.

[10]郑新建. 商誉权的法律保护[M]. 北京:中国人民公安大学出版社,2011.

[11]吴定富.《中华人民共和国保险法》释义[M]. 北京:中国财政经济出版社,2009.

[12]杨崇学,王成钧,马维国. 企业法律风险管理与控制[M]. 北京:人民法院出版社,2010.

[13]李小海. 企业法律风险控制[M]. 北京:法律出版社,2011.

[14]王正志,王怀. 公司法律风险防范与管理[M]. 北京:法律出版社,2007.

[15]陈晓峰. 公司治理法律风险管理策略[M]. 北京:法律出版社,2011.

[16]周玉华. 保险公司合规风险管理[M]. 北京:法律出版社,2010.

[17]陶顾中,乔钢梁等.跨国公司法律与合规风险管理体制及运作机制研究[J].北京:《北京仲裁》,2011 年第 4 辑.

[18]杨文士,焦叔斌,张雁,李晓光.管理学[M].北京:中国人民大学出版社,2009.

[19]邓峰.普通公司法[M].北京:中国人民大学出版社,2009.

[20]范健,王建文.公司法[M].北京:法律出版社,2011.

[21]胡大平.总经理授权经营一本通[M].广州:广东经济出版社,2012.

[22]张峰,郭晓丽.一把手控权技巧与授权艺术[M].北京:中国经济出版社,2010.

图书在版编目(CIP)数据

保险公司法律风险管理实务/本书编写组编著. —北京:首都经济贸易大学出版社,2014.4

ISBN 978-7-5638-2208-9

Ⅰ.①保… Ⅱ.①本… Ⅲ.①保险法—研究—中国 Ⅳ.①D922.284.4

中国版本图书馆CIP数据核字(2014)第046789号

保险公司法律风险管理实务

本书编写组 编著

出版发行 首都经济贸易大学出版社
地 址 北京市朝阳区红庙(邮编 100026)
电 话 (010)65976483 65065761 65071505(传真)
网 址 http://www.sjmcb.com
E-mail publish@cueb.edu.cn
经 销 全国新华书店
照 排 首都经济贸易大学出版社激光照排服务部
印 刷 河北三河长城印刷有限责任公司
开 本 710毫米×1000毫米 1/16
字 数 223千字
印 张 13.25
版 次 2014年4月第1版第1次印刷
书 号 ISBN 978-7-5638-2208-9/D·146
定 价 30.00元